光明社科文库
GUANGMING DAILY PRESS:
A SOCIAL SCIENCE SERIES

·法律与社会书系·

民事诉讼繁简分流问题研究

林 鸿 | 著

光明日报出版社

图书在版编目（CIP）数据

民事诉讼繁简分流问题研究 / 林鸿著. -- 北京：光明日报出版社，2021.12
ISBN 978 - 7 - 5194 - 6405 - 9

Ⅰ.①民… Ⅱ.①林… Ⅲ.①民事诉讼—诉讼程序—研究—中国 Ⅳ.①D925.118.4

中国版本图书馆 CIP 数据核字（2021）第 266118 号

民事诉讼繁简分流问题研究
MINSHI SUSONG FANJIAN FENLIU WENTI YANJIU

著　　者：林　鸿	
责任编辑：王　娟	责任校对：张惠芳
封面设计：中联华文	责任印制：曹　诤

出版发行：光明日报出版社
地　　址：北京市西城区永安路 106 号，100050
电　　话：010 - 63169890（咨询），010 - 63131930（邮购）
传　　真：010 - 63131930
网　　址：http://book.gmw.cn
E - mail：gmrbcbs@gmw.cn
法律顾问：北京市兰台律师事务所龚柳方律师
印　　刷：三河市华东印刷有限公司
装　　订：三河市华东印刷有限公司
本书如有破损、缺页、装订错误，请与本社联系调换，电话：010 - 63131930

开　　本：170mm×240mm	
字　　数：305 千字	印　　张：18
版　　次：2022 年 5 月第 1 版	印　　次：2022 年 5 月第 1 次印刷
书　　号：ISBN 978 - 7 - 5194 - 6405 - 9	
定　　价：95.00 元	

版权所有　翻印必究

序

收到林鸿法官的书稿《民事诉讼繁简分流问题研究》，翻阅之下，颇有感触，记述一二。

厦门经济特区因改革开放而生，也因改革开放而兴。经济特区建设40年来，包括广大政法干警在内的特区建设者们弘扬特区精神、锐意改革创新，努力探索高素质高颜值、现代化国际化的社会治理新路。在法治建设上，厦门同样勇担使命，主动承接了多项国家重大改革任务。在习近平新时代中国特色社会主义思想的指导下，厦门的法治建设者认真学习贯彻习近平法治思想，以打造法治中国典范城市为目标，大力推进法治厦门建设，获评全国首批"法治政府建设示范市"，人民群众的安全感率、执法工作满意率屡创新高。

民事诉讼是人民群众化解矛盾纠纷的主要渠道之一。近年来，随着人民群众法治意识的提升，同时受到经济社会转型期的影响，我国民事诉讼数量总体呈现高位运行态势。如何把民事诉讼办得更快更好，有效化解庞大的案件与有限的司法资源之间的矛盾，让人民群众切实感受到公平正义就在身边，成为摆在新时代人民法院面前的重要课题。为此，最高人民法院开展了民事诉讼繁简分流改革试点，厦门正是试点城市之一。

本书，正是在这一背景之下应运而生的。书稿较为系统地介绍了十八大以来各地法院在民事诉讼繁简分流实践中的探索，特别是真实反映了厦门法院自2020年以来的改革探索，体现了特区担当。

这是一部基层法院视角下的民事诉讼题材研究专著，因为作者身处审判一线，该书既能够紧密联系我国的司法实践展开论述，做到调研充分、数据扎实，又能够运用民事诉讼法的基本理论进行学理分析，不流于虚妄空谈，言之有物。相关成果，填补了基层法院视角研究的空白，以强烈的问题意识分析了实践中的突出问题、提出了具有较强可操作性的解决建议，为相关领域的司法实践带来了有益的启发，是一部不可多得的佳作。

本书的作者林鸿法官是基层人民法庭的一名法官。我国东南沿海基层法院案件压力沉重，以厦门为例，2021年受理各类案件突破17万件，法官年人均结案388件，连续居福建省首位。林鸿法官在司法审判一线工作逾13年，个人办案数量已经超过六千件。在繁重的审判压力之下，还能够牺牲业余时间，开展调查研究，发表学术论文，出版个人专著，结出了累累硕果，实属难能可贵，体现了审判业务专家的担当。林鸿法官也绝非个例，他从一个侧面，展现了厦门市政法队伍教育整顿工作的成果，值得高度肯定。是为序。

　　　　　　　　　　吴少鹰（厦门市法学会党组成员、专职副会长）

序 言

2021年12月5日，收到林鸿法官的书稿《民事诉讼繁简分流问题研究》，希望我写一个序言。当时慨然答应，一因为林法官作为我的微友经常发表我认同的精彩言论，二因为我欠他一个情：2018年6月，我请一对意大利夫妇来厦大讲学。女教授法略里的丈夫Cernuto先生就是米兰法院的法官。我于2013年在米兰大学访学时法略里安排我到她丈夫主审的法庭听审一个轻罪刑案，让我对一个大陆法系国家的法律运作有了直观认识，尤其感受到法院和检察院同楼办公的法国式审检关系，非常心感。所以，Cernuto法官到了厦门，我自然想到也安排他到中国法院观审。但这属于涉外活动，胆小的单位不敢接招，我利用共同参加厦大举办的一个法庭辩论竞赛活动认识林法官的缘，请求他安排，想不到他一口答应。于是，我率领法略里、Cernuto法官及其子女共同观审林法官主审的一个金融案件。林法官还殷勤地把关键文书的副本给我们看。Cernuto法官看不懂中文，但看得懂其中的数字。得知我国最高法院认可的最高利率是24%，他极为震撼，连呼这样的利率在意大利构成犯罪。在对待高利贷问题上，两国的差异就有这么大！我作为罗马法专家，深深理解Cernuto的震撼，因为按照《十二表法》，可以容忍的最高利率是8.33%，我国的容忍度差不多是这个容忍度的3倍。无论如何，审完后，林法官还脱下法袍与我们闲谈，英语棒棒的，体现了上海交大毕业生的高素养。总之，没有林法官的担当，我做不成一个中意法庭实务交流的牵线者，为此，我欠他的。而且，还因为我自己的缘由也欠他的，尽管我从事法律职业43年，到法庭观审也少而又少，林法官给我的，可能是我的唯一。

接到林法官的委托时，其书稿的主题"民事诉讼繁简分流"正在民事诉讼法学界热议，研讨会一天开两个。通过我的微信朋友圈我知道，在2021年11月7日下午，举行了"长三角地区民事诉讼法学者关于民事诉讼法修改的专题研讨"；同一天又举行了"民事诉讼法修改理论研讨会"。两个会议都展现出实务界立场与学界立场的分歧。实务界认为案多人少问题突出，非实行效率取向的修法不可。学界认为让小额案件实行独任制审判，取消上诉程序难以保障当事人的诉权。我作为一个行外人看得眼花。

然而，2021年12月9日，体现实务界意见的民事诉讼法修正草案提上了十三届全国人大常委会第三十一会议审议，12月24日，新版的民事诉讼法经十三届全国人大常委会第三十二会议通过，将于2022年1月1日施行。可以说，林法官此书中提出的建议，已经成为法律，明年就要成为司法现实。所以，阅读他的此书，等于是回顾新法的孕育和诞生过程。

尽管实务界与学界就民事诉讼繁简分流的看法不尽相同，实务界的意见也是艰苦的科学研究的结晶。我从林法官的本书知道，2019年12月底，经最高人民法院建议，全国人大常委会作出《关于授权最高人民法院在部分地区开展民事诉讼程序繁简分流改革试点工作的决定》，授权在包括厦门在内的全国15个省（区、市）的20个城市开展民事诉讼程序繁简分流改革试点工作。该工作分若干部分（独任制、小额诉讼、电子诉讼等）分别进行，林法官深度参与其中。与此同时，作为法院系统的科研行家，厦大兼职硕导，林法官还领衔科研项目《繁简分流诉讼体系的法律标准与规则重构》，所以，本书不仅是一个实务者的成果，也是一个学人的成果。站在厦门人的立场看本书，它是厦门司法界人士对于中国司法进步的第三大贡献。第一大贡献是法槌；第二大贡献是把拒不执行法院判决的赖账者的名字上"曝光台"，最终推动了全国联合失信惩戒机制的形成；第三是效率取向的民诉程序规格专著性献策。

在三大司法系统中，法院系统向来注重人才培养、引进、交流，所以人才济济。厦门的法院，也是人才辈出，林法官为其中之一。作为厦门人，我为其感到骄傲。作为法律人，经常看到经济发达地区法官一年审400多个案子的报道、不少法官累死在工作岗位上的报道、不少法官逃离法院的报道，总之，法院在为过于轻重不分的繁复诉讼程序流血！现在的效率取向的改革，进展快、步子大，看来，法院是不得不如此了。我深为同情。

必须强调的是，本书倡导的一些改革如电子诉讼，当然也提高了效率，但更重要的是现代化改革，让诉讼跟上了网络时代的步伐，由此减少了大量从当事人所在到法院的来回旅行，从而减少了碳排放，也可以说是在民事诉讼中贯彻了《民法典》第九条规定的绿色原则。

要想了解新版的《民法诉讼法》体现的改革是如何形成的，理由者何，请看本书吧！

是为序。

徐国栋
2021年12月27日于胡里山炮台之侧

自　序

　　法律是治国之重器，法治是国家治理体系和治理能力的重要依托，也是一个社会文明进步的体现。在一个法治社会里，诉讼，是解决纠纷的主要方式，作为公力救济取代私力救济的结果，是人类对于纠纷解决方式的革命性创造。

　　民事诉讼，是人民法院最主要的诉讼形态，在人民法院受理与审执结的案件中长期占据半壁江山，全国法院民事诉讼更是早已突破千万，并以年均10%的速度持续增长15年[1]。新时代对人民法院提出的最大挑战，就是面对呈几何级数增长的诉讼案件大潮，人民法院如何有效化解有限的司法资源与海量增长的庞大案件数量之间的矛盾。

　　新时期，经济的发展、社会的剧变以及互联网时代的渗透，也深刻影响了司法审判工作，如何从诉讼制度层面进一步推进改革，提升效能，满足信息时代人民群众高效、便捷、公正解决纠纷的多元需求，是摆在人民法院面前的重大课题，是时代之问、人民之问。

　　习近平总书记在2019年中央政法工作会议上指出，要深化诉讼制度改革，推进案件繁简分流、轻重分离、快慢分道。党的十九届四中全会对完善正确处理新形势下人民内部矛盾有效机制做出部署，要求完善人民调解、行政调解、司法调解联动工作体系，完善社会矛盾纠纷多元预防调处化解综合机制，努力将矛盾化解在基层。可以说，深化民事诉讼制度改革，改进和完善程序规则，全面推进民事诉讼繁简分流，是人民法院满足新时代人民群众日益增长的多元化司法需求的必然选择。

　　法律是一门实践科学，法律的生命在于经验。笔者长期在审判一线工作，办案以来，历经民二庭、民三庭、派出法庭、政治处、研究室以及跨行政区域

---

[1] 周强. 最高人民法院工作报告——2021年3月8日在第十三届全国人民代表大会第四次会议上 [EB/OL]. 新华网, 2021-03-15.

专业审判团队等多个岗位；2007年、2012年民事诉讼法的两次修正，办理各类民商事案件近六千件。本轮民诉法改革，厦门又成为民事诉讼繁简分流改革的试点城市。笔者有幸在经济特区、改革前沿——厦门，切身经历了本轮改革的谋划与推进工作，积累了一些经验与体会。本书扎根于厦门法院，特别是厦门金融司法协同中心推进繁简分流司法体制改革一年多来的司法实践，收集第一手数据，总结司法实务经验，汇集梳理各方资料，以期为理论与实务界相关研究提供参考，希冀为民事诉讼制度的完善有所助力，这，正是本书写作的初心！

  由于作者水平有限，且本书写作系在繁忙的工作之余，时间仓促，本书的错漏之处在所难免，恳请读者谅解，也欢迎您批评指正。

  是为序。

林 鸿[1]

2021年8月于厦门第一广场

---

[1] 作者简介：林鸿，男，1981年出生，福建莆田人，法官，厦门金融司法协同中心金融（一审）审判团队负责人，毕业于上海交通大学法学院，研究生学历。厦门大学知识产权研究院兼职硕士研究生指导教师、教育部人文社会科学重点研究基地（省部共建）福建师范大学闽台区域研究中心兼职研究员、集美大学卓越法律人才培养工程校外导师。

题　记

　　司法体制改革在全面深化改革、全面依法治国中居于重要地位，对推进国家治理体系和治理能力现代化意义重大①。

　　要深化诉讼制度改革，推进案件繁简分流、轻重分离、快慢分道。②

——习近平总书记

---

① 习近平.2017年7月，习近平总书记对司法体制改革作出批示."平语"近人——习近平谈司法体制改革［EB/OL］.新华网，2017－07－14.

② 习近平.2019年1月，习近平总书记在中央政法工作会议上的讲话."平语"近人——习近平谈司法体制改革［EB/OL］.新华网，2019－01－16.

目 录
CONTENTS

第一章 民事诉讼繁简分流的提出与现状 …………………………… 1
  一、繁简分流提出的背景 ……………………………………………… 1
  二、进行繁简分流的必要性 …………………………………………… 3
  三、民事诉讼繁简分流的现状 ………………………………………… 10

第二章 正义与效率及相关的哲理思考 ………………………………… 16
  一、公平正义的效用之维 ……………………………………………… 16
  二、进行繁简分流的效率与公平正义考量 …………………………… 19
  三、繁简分流、简化程序与公平正义的统一维度 …………………… 21
  四、繁简分流的哲理思考 ……………………………………………… 24

第三章 当前民事诉讼繁简分流存在的问题 ………………………… 29
  一、繁简分流立法方面存在的问题 …………………………………… 29
  二、繁简分流司法方面存在的问题 …………………………………… 36

第四章 完善民事诉讼繁简分流的思路 ……………………………… 40
  一、立法的完善 ………………………………………………………… 41
  二、法院管理制度的完善 ……………………………………………… 56
  三、流程改革或工作模式创新 ………………………………………… 59
  四、民事诉讼繁简分流改革试点 ……………………………………… 84

第五章　优化司法确认程序研究 **86**
- 一、关于优化司法确认程序 86
- 二、司法确认程序的定位、原则和机制 100
- 三、优化司法确认需健全完善特邀调解管理制度 106
- 四、优化司法确认流程 108
- 五、强化司法确认保障 110
- 六、优化司法确认的地方实践探索 111

第六章　完善小额诉讼程序研究 **135**
- 一、关于小额诉讼程序 135
- 二、小额诉讼程序的适用条件 142
- 三、简化小额诉讼程序的审理方式 146
- 四、小额诉讼程序的程序转换规则问题 150
- 五、完善小额诉讼程序的其他细节 154

第七章　完善简易程序规则研究 **160**
- 一、关于简易程序 160
- 二、我国民事诉讼简易程序立法的简要回顾 167
- 三、完善简易程序实务中的若干问题探讨 169

第八章　扩大独任制适用范围研究 **175**
- 一、独任制的概念 175
- 二、扩大独任制适用改革的主要内容 178
- 三、民事诉讼独任制适用的若干问题 181

第九章　健全电子诉讼规则研究 **189**
- 一、关于电子诉讼 189
- 二、正确认识繁简分流背景下的电子诉讼改革 192
- 三、电子诉讼的发展前景：智能裁判辅助 202
- 四、厦门金融司法协同中心健全电子诉讼规则的经验与对策 209

第十章　民事诉讼繁简分流之再思考 ……………………………… **215**
　一、厦门法院繁简分流改革试点推进情况 ……………………… 215
　二、繁简分流可借鉴的理论模型分析 …………………………… 217
　三、笔者民事诉讼繁简分流改革畅想 …………………………… 221

附件 …………………………………………………………………… **225**
致谢（代后记） ……………………………………………………… **266**

第一章

民事诉讼繁简分流的提出与现状

一、繁简分流提出的背景

法治是一个社会文明进步的体现,而法治的核心与要义,是规则之治。"法律规则为个人的自治提供了一个私人空间。在这个空间里,个人无须考虑他人的行为,并无须担心受到主权的压迫。主权者对法律的维护将会保障个人自治的实现,一旦有了纠纷和争议,人们就依据法律来裁决。"[①] 因此,司法裁判是国家的重要特征。正如学者所言,"国家者,乃一定之土地,有统治组织之人类社会也。社会的秩序之维持,为国家存在之要件。国家因维持社会的秩序,有司法权,使裁判所行之"。[②]

民事案件是我国审判工作的重点,其不仅案件数量巨大,类型丰富多样,纠纷解决手段也较多,并直接涉及人民群众的日常生活以及经济社会的稳定和发展。因此,公正、高效、低成本地解决民事纠纷就显得十分重要。由于民事诉讼中复杂案件与简单案件差异巨大,如果一刀切地实施一个标准,就会导致占案件绝对多数的简单案件被削足适履采用复杂案件的冗长程序,从而得不偿失。正是基于此,为了平衡司法资源的有限性与司法需求无限性之间的矛盾,民事诉讼实行繁简分流、速裁快审也就显得很有意义。

2003 年 12 月,最高人民法院制定并公布了《关于落实 23 项司法为民具体措施的指导意见》,特别提出:"对简单的民事案件适用简易程序速裁,减轻涉诉群众的讼累。要规范简易程序的操作规程,方便当事人诉讼,充分保护当事人的诉讼权利。"当时,我国的城市化进程刚刚起步,加入世贸组织(WTO)不久,经济也刚刚腾飞,案件数量尚未爆炸。但是,最高人民法院已经意识到

[①] 徐亚文. 程序正义论 [M]. 济南:山东人民出版社,2004:151.
[②] 松冈义正,熊元襄. 民事诉讼法 [M]. 李凤鸣,点校. 上海:上海人民出版社,2013:69.

相关问题，并有前瞻性地提出"简易程序速裁"等问题。随后，包括笔者所在厦门市思明区人民法院的全国各地众多基层法院根据《人民法院第二个五年改革纲要（2004—2008）》及《人民法院第三个五年改革纲要（2009—2013）》进行相关的改革尝试，设立速裁法庭，逐步建立起民事案件速裁审判机制。

2012年，《中华人民共和国民事诉讼法》（以下简称《民事诉讼法》）继2007年后第二次修订，在立案受理阶段首次明确规定了先行调解制度，增加了审理前准备和庭前会议制度，并规定了起诉分别情形处理制度，以提前分流可调解案件，梳理当事人相关诉讼请求和意见，组织交换证据，归纳争议焦点，为进一步提高庭审效率奠定基础，这本质上也是繁简分流的一种体现。

司法资源是有限的，也是昂贵的。随着我国经济发展、社会进步以及民众的法治意识的稳步提升，法院"案多人少"问题日渐突出，案件数量的压力日渐增长。实现案件"繁简分流"，统筹协调有限的司法资源，对简单案件适用简易程序，对重大疑难复杂案件投入相对更多的司法资源，是司法机关适应经济社会转型的现实需要，也是全面深入推进司法改革的题中应有之义。

2016年9月和2017年5月，最高人民法院先后颁布《关于进一步推进案件繁简分流优化司法资源配置的若干意见》[①]（以下简称《意见》）和《关于民商事案件繁简分流和调解速裁操作规程（试行）》，努力通过深化司法体制改革，完善诉讼繁简分流制度，以缓解"案多人少"矛盾，提高审判质量和效率。经过三年多的探索，改革取得了一定的成效，但也逐步进入了深水区，"简案不简""速裁不速""送达不畅"等现象在实践中普遍存在。总结各地法院对于推进繁简分流机制的司法实践可以发现尽管各地法院都进行了有效的尝试，但是进度不一，侧重点也各不相同，关于如何定义案件繁简的标准以及如何处理，不同的地区和不同的法院有不同的理解，多数的法院倾向于在立案阶段将案件进行简单的繁简分类，再适用简易程序或普通程序进行审理，将简单的案件尽量在简易程序内解决，从而减少进入普通程序的案件数量以此来缓解法院的压力。

司法实务中，民事案件繁简分流机制的推行可以显著缓解法院"案多人少"的压力，但是一种新的制度的构建和完善，必须建立在合乎法律基础以及实践经验的基础上。繁简分流机制的推行不能于法无据，同时，只有在人民法院的

[①] 最高人民法院. 关于进一步推进案件繁简分流优化司法资源配置的若干意见 [N]. 人民法院报，2016-09-14（4）.

司法实践中不断总结经验,结合实务需要,适时调整,逐步完善,这样才可以有效提升司法效率,缓解"人少案多"的困境,从而为后续更大范围内有效推行提供依据,最终促进司法体制与机制改革。

习近平总书记指出:"要深化诉讼制度改革,推进案件繁简分流、轻重分离、快慢分道。推动大数据、人工智能等科技创新成果同司法工作深度融合。"① 为了进一步从制度上"挖掘潜力、提升效能、激发活力"②,2019 年 1 月 24 日,中共中央办公厅发布《关于政法领域全面深化改革的实施意见》,将"推进民事诉讼制度改革"确定为重大司法改革任务。经中央司法体制改革领导小组专题会议审议通过后,第十三届全国人大常委会第十五次会议作出《全国人民代表大会常务委员会关于授权最高人民法院在部分地区开展民事诉讼程序繁简分流改革试点工作的决定》(以下简称《授权决定》)③,授权最高人民法院在包括厦门在内的全国 20 个城市的普通法院和专业法院试点开展为期两年的民事诉讼程序繁简分流改革试点④,为司法改革的全面推进提供了法律支撑。最高人民法院随之研究制定了《民事诉讼程序繁简分流改革试点方案》(以下简称《试点方案》),并制定了《民事诉讼程序繁简分流改革试点实施办法》(以下简称《实施办法》)⑤ 等配套方案。上述规定对司法实践中民事诉讼程序繁简分流改革的推进提供了原则指导和基本遵循。

二、进行繁简分流的必要性

在我国当下的民事诉讼的司法审判实践中,面临着新的形势,也存在着以下这些问题,有必要深入推进"繁简分流",优化司法资源配置,提高司法效率。

---

① 习近平. 在中央政法工作会议上,习近平提出这些要求![N]. 人民日报,2019-01-16(1).
② 刘峥,何帆,李承运.《民事诉讼程序繁简分流改革试点实施办法》的理解与适用[N]. 人民法院报,2020-01-17(5).
③ 全国人民代表大会常务委员会. 关于授权最高人民法院在部分地区开展民事诉讼程序繁简分流改革试点工作的决定[EB/OL]. 中国人大网,2019-12-31.
④ 为深入贯彻落实全国人大常委会《授权决定》,最高人民法院印发《民事诉讼程序繁简分流改革试点方案》(以下简称《试点方案》),并据此制定《民事诉讼程序繁简分流改革试点实施办法》(以下简称《实施办法》)。试点法院开展此项试点工作的具体依据,必须严格遵照实施,确保各项机制在《授权决定》和《实施办法》框架内运行有序、于法有据。
⑤ 孙航. 最高法启动民事诉讼程序繁简分流改革试点工作印发改革试点方案及实施办法[N]. 人民法院网,2020-01-16.

(一) 经济社会的迅速发展

改革开放以来，我国经济高速发展，社会也不断进步，转型升级不断推进。转型期社会一个鲜明的特征是矛盾高发，而这些纠纷主要是民事类纠纷（含商事类案件）。这些纠纷一部分通过双方当事人间内部消化解决，另有一些进入人民调解、仲裁、公证等非诉程序分流解决，但其中除了适用范围相对有限的人民调解外，仲裁、公证基本上以高端商务类纠纷、涉外纠纷以及互联网金融纠纷为主，消化案件数量有限，而且由于其仍然对于法院的执行保障有巨大需求，诉源治理的成效有限，随着这些解纷机制的运行，包括执行在内的大量纠纷越来越多地涌入法院。

(二) 立案登记制实施

长期以来，我国一直存在立案难的情况[1]，为了彻底解决这个问题，2006年12月19日，国务院公布《诉讼费用交纳办法》，自2007年4月1日起施行，在行之有年的原交纳办法基础上，大幅降低诉讼费用交纳标准；同时对执行案件实行先执行、后收费。2015年4月，最高人民法院进一步公布《最高人民法院关于人民法院登记立案若干问题的规定》，于2015年5月1日起在全国范围内正式实行"立案登记制"改革。自这些制度实施以来，随着立案门槛降低，许多原先基于经济考虑不会起诉而采用其他解决方式的纠纷，现在也进入法院司法程序。在以往，立案登记制与立案审查制之间的区分存在一定程度的混淆，"我国的民事立案登记程序在学术界被定义为立案审查制，而且在《民事诉讼法》中也没有具体规定立案受理条件，规定的仅仅是当事人向人民法院起诉的条件。"[2]

在案件受理制度方面，我国经历了以下几个阶段的发展变迁：①新中国成立开始到20世纪80年代的"立审合一"阶段。②1986—1996年的"立审分立的探索和试行"阶段。③1997—2000年的"立审分立的规范"阶段。④2002—2012年的"立案制度完备"阶段。⑤2013年至今的"立案制度的改革"阶段。[3] 随着立案登记制的实施，全国法院案件数量大幅上升。2015年5月1日至2017年3月的近两年时间，全国法院登记立案数量超过3100万件，同比大幅

---

[1] 张卫平. 起诉难：一个中国问题的思索 [J]. 法学研究，2009，31 (6)：65.
[2] 刘楠，等. 立案登记制度研究——以诉讼辅导为中心的设计 [M]. 北京：法律出版社，2017：135.
[3] 刘楠，等. 立案登记制度研究——以诉讼辅导为中心的设计 [M]. 北京：法律出版社，2017：132-135.

上升33.92%，当场立案率超过95%①。以2016年为例，全国地方各级法院共受理案件2303万件，同比上升18%，审执结共1977.2万件，同比上升18.3%，考虑到每年都有一定数量未结转入下一年的案件，中国的法院可以说是不堪重负。而这些案件里，绝大多数案件都是民商事案件。纠纷增量不断增长，民事案件不仅整体呈现持续普遍增长的态势，在沿海发达地区的法院，更是无一例外地面临诉讼爆炸的情况。这也是当前法院工作的主要矛盾之一，即人民群众日益增长的司法需求与司法资源不足的矛盾。

（三）"案多人少"矛盾有加剧的倾向

（1）办案法官数量减少。自1978年改革开放正式启动以来，直至2015年最高法院改革前，全国法院受理的案件总数量增长30多倍，而同期法官人数仅增长了3倍多，两者增长速度明显不成比例。②"案多人少"矛盾突出。员额制改革后，全国法官人数精简至12万人，相比原来减少近40%，进一步加剧了本已严峻的人案矛盾。

（2）某些改革措施进一步加剧了问题。一方面案件年年增加，另一方面法院的编制却增长乏力，不仅不能持续增加，个别地区甚至还反而有所减少。尤其是本轮司法改革实施以来，为了防止司法地方化，地方法院进行省统管之后，司法编制被列进省编制不再归属地方。众所周知，省级部门的工作习惯与思维方式与基层存在较大差异，对基层的实际困难了解也不多，由此带来的直接后果就是，基层法院与省级相关部门之间的沟通不及此前与地方同级政府那样顺畅，相对而言更难争取到编制。而如果招录大量非编制人员，薪酬待遇显然不能满足相关人员的要求。而随着员额制改革的落地实施，司法改革的推进，法院的办案人数往往是不升反降，"案多人少"的矛盾日益突出。

（3）法院工作劳累度高。相比律师同行的高薪水和灵活工作时间，法院的工作量大、待遇一般、责任也重，相比于律师工作"性价比"较低，因此导致部分经验丰富的优秀法官向律师行业流失。在各种因素的综合作用下，人才流失问题成为长期困扰法院的严重问题。雪上加霜的是，部分地区的法院招考时有时报考人数较少，有时甚至出现报考人数为零的情况。这又加剧了"案多人少"的恶性循环。不仅仅是案件多，法官在具体的案件审理中，还有各种繁重

---

① 苏洋. 立案登记制的成功实施具里程碑意义[N]. 人民法院报，2018-10-28（2）.
② 天津东丽区法院课题组. 关于基层法院民商事案件立案环节繁简分流标准的调研报告[EB/OL]. 天津东丽区人民法院网，2017-12-13.

的工作压力,也需要减负解压。"对于法官而言,最重要的就是以非个性化的方式处理问题,在案件中不包含法官个人的利益和偏见。……在这个过程中,法律系统将充分运用形式逻辑、语言分析、经验观察,或这些方法的综合来解决问题,并要求法官对他的判断提出理性的说明。"① 所以,即便是在单一的案件审理中,法官都需要进行综合判断,并需要详细说理。即使是根据国家的法律、司法解释进行案件的裁判,也需要尊重传统习惯,法官也需要根据社会的各种传统、观念以及利益进行平衡。正如哈耶克所指出的那样,"法官的工作乃是在社会对自生自发秩序赖以形成的各种情势不断进行调适的过程中展开的,换言之,法官的工作是这个进化过程的一部分。法官参与这个进化选择过程的方式,就是坚决采纳那些(正如那些在以往很好地发挥了作用的规则一样)更有可能使人们的预期符合而不是相冲突的规则"。② 在现有的司法体制、诉讼程序和工作模式下,法官不仅案件数量较大,需要依照法律规则进行案件审理,还需要考虑社会的民情民风,进行充分说理,工作压力较大;因此,要进一步推动司法体制、诉讼程序和工作模式的改革,降低法官的案件数量和工作压力。

(4) 审判工作专业性强,审判队伍难以在短时间内扩容。社会治安、公安警务等领域其实同样存在人案矛盾,在这些领域,往往采取大量聘用协警、辅警、社区工作者等聘任制模式以及引入志愿者等方式解决。司法审判与此不同,聘任制模式较难推广。在西方国家,法官被认为是上帝在人间的代表,其处理纠纷问题涉及正义与非正义的裁判,是较高级的知识,也具有较强的专业性,司法权不容对外转委托。而且,不同类型的案件之间的专业性要求也不一样。施行民事诉讼程序繁简分流有利于加强法官的专业化管理,推进法官的专业化建设。③ 安排少数水平较高的审判人员采用较复杂的审判方式审理较少的复杂案件,做到繁案精审,能有效配置有限审判资源,发挥最大效能。

当然,"案多人少"矛盾的产生除了上述原因,也是受当前司法体制和机制仍存在一系列其他问题等因素的综合影响。需要深入分析,对症下药。但众所周知,专业化能够带来高效率,从而消化更多的案件,办案质量也更高。推行繁简分流更能充分发挥各类人员特长,实现案件难易程度与法官能力相匹配,

---

① 徐亚文. 程序正义论 [M]. 济南:山东人民出版社,2004:151.
② 哈耶克.《法律、立法与自由》(第一卷) [M]. 邓正来,张守东,李静冰等译. 北京:中国大百科全书出版社,2000:185.
③ 姚筱玲. 完善案件繁简分流机制研究 [EB/OL]. 长春市中级人民法院网,2017 - 11 - 30.

降低了法官对能力、专业不适宜案件办理的心理负担,确保"审有所专,审有所长"。① 因此,进行繁简分流改革,有效重置司法资源,充分调动体制内和体制外各方力量,才是破解人案矛盾,提升司法公正、效率和公信力的治本之策。而这,只有通过持续深化司法改革,才能真正解决。

（四）人民群众多元化司法需求

在中国特色社会主义进入新时代的背景下,社会主要矛盾已经转化为人们日益增长的美好生活需要和发展不平衡不充分之间的矛盾,该矛盾在司法层面上体现就是人民日益增长的多元司法需求与人民法院工作发展不平衡、保障群众权益不充分之间的矛盾。随着人民群众法治意识逐步提高,法治观念深入民心,民众对人民法院审判活动的期望值越来越高,对司法公正提出了更高的要求。人民越来越认识到社会正义的最后一道防线是司法,在遇到纠纷时首先想到的是拿起法律这把武器来维护自己的合法权益。法院的民事诉讼制度就是为了解决人民群众的纠纷而设立,如果法院不能够及时有效地解决纠纷,会极大地降低民众对法律的信心,转而寻求其他纠纷解决替代方式,甚至通过暴力等非法手段,这样不仅损害了司法公信力,更会影响到社会秩序的和谐稳定。

对此,洛克早已有预期,他指出,有法而不行的社会不仅不是政治文明社会,甚至还不如自然状态,而是战争状态,"不存在具有权力的共同裁判者的情况使人们都处于自然状态;不基于权利以强力加诸别人,不论有无共同裁判者,都造成一种战争状态"。因为,"人们受理性支配而生活在一起,不存在拥有对他们进行裁判的权力的人世间的共同尊长,他们正是处在自然状态中。但是,对另一个人的人身用强力或表示企图使用强力,而又不存在人世间可以向其诉请救助的共同尊长,这是战争状态。"不仅如此,"纵然存在诉诸法律的手段和确定的裁判者,但是,由于公然的枉法行为和对法律的牵强歪曲,法律的救济遭到拒绝,不能用来保护或赔偿某些人或某一集团所作的暴行或损害,这就难以想象除掉战争状态以外还有别的什么情况。"② 因此,国家提供公正而且充足、便捷的司法服务,对于社会的平稳运行就显得十分重要。

但是对于法院而言,司法资源毕竟是有限的,繁杂的诉讼程序意味着诉讼

---

① 吕飞,王磊,江新年. 优化司法资源配置 民事案件繁简分流[N]. 安徽法制报,2018-10-9(5).

② 洛克. 政府论(下篇)[M]. 叶启芳,瞿菊农,译. 北京:商务印书馆,1996:11-13.

迟延，当事人要付出巨大的人力、物力以及精力，诉讼成本的增加具有双重副作用，极大地加重了法院和当事人的负担。诉讼迟延是诉讼制度"程序性"特有的滋生物，自诉讼制度设立以来，一直是法院需要面对的难题，在司法运作中诉讼迟延不可避免地影响到效率，对于法院而言几乎可以说是一种"宿命的慢性病"。① 人民群众根据案件的性质以及诉讼成本的差异对司法的需求也有不同，对于复杂案件而言，当事人可能更愿意接受相对复杂的普通程序并支付较高的诉讼成本，并为等待一个公正的判决而预期更长的时间；但对于简单案件，当事人更倾向于使用相对简化的偏重及时、便捷、低成本、高效益的简易程序，以减少因为程序复杂而导致诉讼拖延进而加重诉讼成本。因此，民事诉讼制度的改革应当以服务大众为出发点，通过诉讼程序的改革以及法院内部的改良，让民众在公正高效的纠纷解决氛围中感受司法为民，增强对法律的信心。至于如何"高效解决"，笔者认为满足民众的多元司法需求本来就不是仅仅通过法院一家能够实现的，民事案件繁简分流机制立足于人民群众多元化的司法需求，需要通过多方社会资源，形成体系化、多元化的纠纷解决机制。至于如何实现繁简分流，可以分为三个层次：一是宏观层面的分流，包括诉内诉外的分流，也包括合理优化分配司法资源；二是诉讼程序的分流即通过程序的再改造，改良审判模式，对于简单案件使用调解、速裁或者其他简易程序快速处理，对于复杂案件适用普通程序严格规范审理；三是解决纠纷方式的分流，根据案件特点适用诉内的不同程序，或者选用电子送达、网络庭审等不同的工具，以及适用诉外的其他解决纠纷方式。无论如何，至少可以确定的是，繁简分流的初衷是在司法资源有限的前提下，合理配置司法资源以取得较好的平衡与较为理想的法律与社会效果。

(五) 人民要求司法兼顾公正与效率

我国司法制度建设的目标是建立"公正、高效、权威"的社会主义司法制度，民众需要"看得见的公正""能感受到的高效"，法院才能够得到"被认同的权威"。在当前的司法实践中效率也一直是司法制度追求的基本价值目标之一，需要我们明确的是效率以公正为基础。易言之，司法本身不同于行政，公正是司法的生命，也是最基本的底线，繁简分流的基本理念只能是：在公正的

---

① 范愉. 非诉讼纠纷解决机制研究 [M]. 北京：中国人民大学出版社，2000：117.

前提下追求更高的效率。①

司法是重要而有限的公共资源，面对新时期社会的海量案件，可以预知的是不可能通过无限制的投入和扩张来解决司法资源有限性与稀缺性的问题，而提高效率为解决这个问题提供了可行之道。一种实用的民事诉讼程序必然强调效率，以适应现代市场经济的发展，通过提高效率的方式优化分配司法资源。因此，效率已成为国家在进行司法制度建设时的必选项，在进行司法改革的同时，不能顾此失彼，公平和效率应当俱为改革的题中应有之义。程序法的设定应考虑人们所能负担的司法成本范围，尽量以最经济的程序模式保证人们以最简便的手续、最少的时间耗费，高效率地达到解决纠纷的预期目的。② 在民事案件繁简分流机制推进过程中需要明确的是司法公正和司法效率是相辅相成的关系，两者互相依托，相互促进。实现司法公正与司法效率平衡不仅仅局限在个别程序以及个别案件中，需要在更高层次上要求两者兼顾，严格保障在司法公正的前提下强调司法效率，追求投入的司法资源与取得的诉讼成果成"反比"，达到公正与效率的理想化平衡③。目前关于如何应对"案多人少"的问题似乎陷入了困境，在员额制下增加一线办案法官人数不现实，减少案件数量可以减轻法院压力，但是并不是治本之策，提高诉讼门槛与立案登记制的初衷背道而驰，通过减少当事人诉求使得诉讼法程序欠缺正当性、合理性；而寻求靠多元化纠纷解决机制减少进入诉讼程序的案件数量由于该机制权威性不足影响运行实效；深度挖潜提高诉讼效率已达边际。④ 如何合理高效地调配有限的司法资源，做到简单案件快审快结保证高效，同时保证复杂案件得到精细地审理，有效降低错案率，保障公正是推进民事案件繁简分流机制改革必须面对的问题。我们需要认识到"快"并不是推进民事案件繁简分流机制的唯一初衷，应充分注意到，在司法领域里，政策追求的目标应当是"又好又快"而非相反，作为社会目标的公正与效率有别于经济领域，"好"放在"快"之前是推进繁简分流机制的前提准则，不能舍本求末。一味追求"快"反而背离了繁简分流机制

---

① 吴燕，张慧超. 积极推进我国"繁简分流"改革——专访社科院研究员、博士生导师王敏远 [J]. 人民法治, 2016, (10): 51 - 52.
② 王斐弘. 中国程序法论稿 [M]. 北京: 法律出版社, 2008: 15.
③ 棚濑孝雄. 纠纷的解决与审判制度 [M]. 王亚新, 译. 北京: 中国政法大学出版社, 1994: 266.
④ 张海燕. 法院案多人少的应对困境及出路——以民事案件为中心的分析 [J]. 山东大学学报（哲学社会科学版）, 2018, (2): 45 - 58.

的本质。在司法改革的背景下，各地审判机关已经普遍意识到民事案件繁简分流机制是治疗"人案矛盾"的良药，① 如何将有限的司法资源进行有效配置，针对案件繁简难易，按照所涉利益大小，统筹调配人力、分配法庭、设置程序、安排审限，最大化利用司法资源，使得人尽其能、物尽其用，案件有条不紊，各行其道。一言以蔽之，只有兼顾司法公正与效率，才能够有效推行繁简分流机制。

三、民事诉讼繁简分流的现状

（一）立法现状

通过对目前民事诉讼法的立法规定以及最高人民法院的相关司法解释和规范可以发现，民事案件繁简分流不是一个独立的民事程序。在立法上，民事诉讼法主要通过对庭前会议等有关审前分流的规定以及对简易程序、小额速裁程序、调解程序和督促程序等程序的适用范围规定来体现繁简分流理念。

审前分流是各地法官在民事案件繁简分流机制提出前最常用的分流尝试，案件在进入诉讼程序前法官可以根据案件的性质和繁杂程度分情形处理，适宜调解的，如果当事人未明确拒绝的情况下，法官可以依职权先行调解，案件进入诉讼程序后，法官可以决定适用普通程序或简易程序，以及简易程序中的小额诉讼程序，甚至督促程序等②。

法官在审前可以进行程序选择意味着在法院立案后，对于已受理的案件可以通过选择适用何种程序在一定程度上解决简单案件分流问题。对于不能适用简易程序或者当事人拒绝适用简易程序的案件，则需要适用普通程序并开庭审理。以类似西方国家"审前会议"制度的"庭前会议"程序为例，2012年刑事诉讼法修改增设了庭前会议程序，2015年民事诉讼法司法解释第二百二十四条明确规定了民事诉讼庭前会议制度的内容。法官可以召开庭前会议，要求当事人交换证据、听取当事人诉求等方式来明确争议焦点并且预先解决庭审中的程

---

① 庞闻淙，何建. 中级人民法院推进案件繁简分流的实践思考［J］. 人民司法，2017 (10)：70-74.

② 参见《民事诉讼法》第一百三十三条："人民法院对受理的案件，分别情形，予以处理：（一）当事人没有争议，符合督促程序规定条件的，可以转入督促程序；（二）开庭前可以调解的，采取调解方式及时解决纠纷；（三）根据案件情况，确定适用简易程序或者普通程序；（四）需要开庭审理的，通过要求当事人交换证据等方式，明确争议焦点。"

序性问题，在开庭审理时法官可以集中精力解决案件的实质性问题。审前会议还有一个作用是法官可以根据在审前会议中掌握的信息有针对性地展开调解工作，从而促进当事人和解，避免案件进入普通程序，在节约了法院司法成本的同时也促进了纠纷的快速解决，提高了诉讼效率。从我国民诉法的相关规定可以看出，在司法实践中民事诉讼审前程序以及审前会议制度已经确立，从侧面也可以反映出我国目前的民事案件分流倾向于审前分流，我国繁简审前分流机制仍然处于起步阶段，并未形成理论化、体系化的诉讼机制，需要进一步在司法实践和理论水平上提高。

最高人民法院的相关司法解释及指导意见也体现了分流原则，2015年最高院《关于适用〈中华人民共和国民事诉讼法〉执行程序若干问题的解释》对于小额速裁的相关规定，体现了我国司法实务界早在繁简分流机制改革正式提出前，已经开始尝试通过对简单案件进行分流来提高司法效率，其中（一）买卖、借款、租赁类合同纠纷；（二）赡养费、抚育费、抚养费类纠纷；人身损害赔偿类纠纷；（三）劳动劳务类合同纠纷；（四）银行卡、物业、电信服务类合同纠纷等标的额较小、权利义务没有争议的金钱给付案件可以直接适用小额速裁程序。[1] 2016年最高院又发布《关于进一步推进案件繁简分流优化司法资源配置的若干意见》，该意见规定了地方各级人民法院可以根据法律规定并参照该意见科学制定简单案件和复杂案件的区分标准和分流措施。在这一文件的繁简分流机制设计中，法院具有较大的自主权，可以设立速裁庭或者组织专门的速裁团队及时审理简单案件，由同一审判组织审理复杂案件。分案方式上，有随机分案和指定分案两种方式，以前者为主。对于案件繁简程度难以及时准确判断的情况，立案部门与审判部门需要在审判管理部门的组织下及时会商沟通，实现有序、高效的分案工作。2017年《最高人民法院关于民商事案件繁简分流和调解速裁操作规程（试行）》发布实施，在全国范围内，民事案件繁简分流机制开始作为一种相对独立的诉讼机制在各地法院中推行。

从民事案件繁简分流的相关立法情况以及司法解释来看，目前关于案件分流的相关法条规定以及司法解释主要集中在审前程序的交换证据、整理争议焦点，主要目的是促进庭审顺利推进，而忽略了繁简分流不仅仅包括审前阶段还

---

[1] 最高人民法院关于适用《中华人民共和国民事诉讼法》若干问题的解释第271条、274条。

贯穿了整个诉讼程序。① 笔者认为繁简分流应当包括立案和审理两个阶段,其中审前分流阶段,应当在立案环节对案件是简单或复杂进行甄别,法官可以直接参照民事诉讼法中对复杂案件的规定,对于起诉时被告下落不明的、发回重审的、共同诉讼中一方或者双方当事人人数众多的,以及案件事实有待查实、权利义务关系模糊、争议标的较大的案件可以作为复杂案件来处理。而简单案件的参照标准在民事诉讼法中的规定一般由三个描述性条件组成,即"事实清楚、权利义务关系明确、争议不大",此外对于该规定的司法解释也较模糊,在甄别简单案件时法官具有较大的裁量空间,这就要求办案法官具有较高的法律素养和能力。民事案件繁简分流机制的初衷是通过对诉讼程序的改革以及完善,建立科学合理的民事案件繁简区分机制,并配套相适应的繁简案件审理规则。在这个过程中需要严格遵循客观司法规律并且充分考虑到当事人的需求,保障当事人合法权益,这样可以最大化地体现民事案件繁简分类机制的内涵,缓解司法资源有限的困境,进而减轻法院压力,提高司法质量和效率。因此繁简分流在立法上还有待根据司法实践进行不断完善。

(二) 各地法院民事诉讼繁简分流实践状况

最高人民法院提出民商事案件繁简分流后,在全国范围内确定了一批试点法院,各地法院主要是通过对程序的繁简进行改革,或者设立速裁庭,划分各庭室的职责来提高效率,也有法院对具体繁简标准进行了简单划分。在程序分流上,各地法院更倾向于传统式的分流理念和方式,主要通过审前分流和审理时分流对民事案件进行分流。其中审前分流又分立案前分流和立案后分流。立案前分流主要是发挥调解的先行解纠作用,建立以法院为主、基层调解组织为辅的多元化调解机制,基层调解组织作为调解的第一次顺位,在法院大门外将纠纷解决以减少进入法院的案件数量,在立案庭设立专门的诉前调解机构作为调解的第二顺位,将纠纷于进入诉讼程序前化解,二者双管齐下减少立案数量以及进入诉讼程序的案件数量来减轻法院的负担。

依据2012年民事诉讼法第一百二十二条,案件适宜调解的,法院在充分尊重当事人的意愿的前提下,应当引导当事人先行调解,并出具先行调解告知书。根据经验,适宜调解的案件主要有:(一)家事纠纷;(二)相邻关系纠纷;(三)劳动争议纠纷;(四)交通事故赔偿纠纷;(五)医疗纠纷;(六)物业纠

---

① 黄忠任.民事审判方式改革新举措之繁简分流的探索[J].法制与社会,2017(30):119.

纷；（七）消费者权益纠纷；（八）小额债务纠纷；（九）申请撤销劳动争议仲裁裁决纠纷；（十）其他适宜调解的纠纷。对于以上纠纷，法官同样可以引导当事人委托调解。在案件不能通过调解或者和解解决时，再进行繁简划分，根据案由、标的等相关要素确定繁简程度，将案件交由不同裁判庭审理，组建速裁团队，简案快审。如九江市浔阳区法院作为"分调裁"改革示范法院，实行流水化作业，形成"庭前调解+释法—庭前会议—证据交换—庭审—当庭宣判+判后答疑"的完整办案流程。该法院在试点组建速裁团队时同时聘任人民调解员在立案阶段及时参与案件调解，在诉讼程序前尽量化解纠纷，从源头减少诉讼案件。

另外一个重要措施是确定案件繁与简的识别标准，方便分案法官对案件的繁简进行判断，从而抽调人员组织专门的审判团队对简单案件快速处理，让其他法官脱离数量繁多的简案，有更多的时间和精力去审理重大疑难复杂案件。

对内部机构的改革也是很多法院在推进繁简分流机制时采取的措施，各个机构之间的配合以及职责划分直接决定了繁简分流的效果，在繁简分流改革前一般由办案法官兼负调解与审理职责，不能很好地发挥调解的功能，也可能因调解阶段先入为主影响公正审判，因此一些法院专门独立设置了调解室进行调解工作，间接提升了调解的功能地位。建立速裁庭或者速裁团队也是各地法院的常见做法，一般而言，由立案庭或单独设立的速裁庭统一负责多元调解和速裁工作。① 具体形式总结起来一般有三种：一是单独设立速裁法庭或者将法院原有的派出法庭改成速裁法庭，例如广东省深圳市福田区、罗湖区等基层法院设立专门的速裁庭，也有法院成立速裁中心，在人力资源极为紧张的情况下，配齐配强速裁快执团队对案件进行快速审理裁判。二是在法院立案庭内部设立速裁法庭，在立案时对案件进行繁简分流，对简易案件进行快速受理与速裁解决，山西省朔州市中级人民法院采取了这种方式，通过给立案法官增设繁简分流职能，在案件进入法院后，立案法官甄别出简单适宜速裁的案件移交法官快速移交速裁团队，快速审理裁判。三是在法院各个业务庭内部组织人员组成速裁组，对分到该庭的案件进行繁简分流并且快速处理。青海省格尔木市人民法院在推进繁简分流机制时进行了专业化的机构设置和人员配置，该法院在民庭设立调解速裁中心，配备调解速裁能力较强的司法人员，集中力量，通过专业化的机

---

① 北京市高级人民法院办公室．《北京法院关于民事案件繁简分流和诉调对接工作流程管理规定（试行）》第 11 条 [EB/OL]．北京法院网，2018-03-30．

制专门负责调解与简单民事案件审理和裁判,发挥调解和简易诉讼程序的作用,快速公正解决矛盾纠纷。

通过对案件具体繁简标准进行简单划分来确定案件繁简也是部分法院的做法。其划分标准也各不相同,各地主要通过三种方式来确定标准,包括精确识别、反向识别、经验识别三种方式。

第一,精确识别。多数法院将民事诉讼法中关于简易程序案件范围的规定复制到繁简案件的判断标准里。由于该标准比较抽象、模糊,对具体对案件繁简区分产生了困难,在司法实践中并不妨碍法官利用主观能动性对民事案件繁简进行精确化区分。有的法院通过对标的额、案件类型进行明确规定来区分案件繁简。例如标的额为20万元以下的金钱给付类型的民事案件直接作为简案处理;起诉时被告下落不明或者原告不能提供被告详细地址的案件、发回重审的案件作为繁案处理。采取精确识别的浙江岱山法院对应当采取速裁程序的纠纷类型进行规定,主要包括标的额较小的金钱给付类纠纷;当事人责任明确,仅对给付数额、时间、方式存在争议的交通事故损害赔偿和其他人身损害赔偿纠纷;确认调解协议、实现担保物权案件等民事诉讼特别程序;督促程序、公示催告程序案件;可以采取速裁方式的其他纠纷。不采取速裁方式的案件包括新类型案件;重大疑难复杂案件;上级人民法院发回重审以及指定受理类案件,或其他人民法院移送管辖的案件;再审案件;其他不适宜采用速裁的案件。这种识别标准采取了肯定性和否定性相结合的列举办法来区分简案,较民事诉讼法更加具体地限定了简易案件的范围,正面确定了适用简易程序的案件,反面限制了不能适用简易程序的案件类型,较高地提升了繁简案的区别标准的精确性。

第二,反向识别。简易程序在基层法院一审民事案件的适用比例较高,这也是目前各地基层法院的普遍做法,有的基层法院采取负面清单、反向识别法,先确定民事诉讼法规定的破产、发回重审等确认为不适用简易程序的案件作为繁案,排除适用简易程序或速裁程序,其他案件立案后全部当作简单案件处理,由速裁团队审理适用简易程序处理,经审理后发现属于复杂案件的,再转交繁案团队适用普通程序审理。可以看出这种识别没有参照具体的区分繁简标准,而是根据案件进入诉讼程序后,逐步筛选出繁案,漏下的则为简案按简易程序审理。浙江省衢江法院采取了这种方式,该法院将事实不清或者法律关系不明,当事人争议较大的案件;第三人撤销之诉、执行异议之诉案件;具有重大社会影响的案件;新类型或者具有典型、指导意义,适宜通过裁判树立规则的案件;

人民法院移送院机关的案件、再审和发回重审案件等复杂案件作为疑难复杂案件。这种方式由于对简案标准没有确定，导致了简案范围过宽，大量案件进入诉讼程序，使得推行繁简分流机制的初衷没有得到很好的体现。此外，一旦繁案被当作简案处理一定程度上损害了当事人的诉讼权利，因此笔者并不赞同这种方式来识别案件繁简。

  第三，经验识别。这种识别方式更多是依靠办案法官的审判经验，有的基层法院先确定简案占所有受理案件的比例，明确简案的数量，法院受理案件后，由简案法官挑选出其认为是简案的案子并按照简易程序处理，剩下的则认定为繁案，这种方式一般由法院速裁法庭与立案庭法官凭借个人经验选取简案，优点是充分发挥了人的主观能动性，能够个性化地跳过一些非标准的不必要流程。但这种识别方式对繁简案区分没有具体标准，完全依赖审判经验，主观性较强，简案法官在挑选简案时只能通过原告的诉状及立案证据，在缺乏被告的答辩状的情况下初步估计出案件的难易程度或者繁简程度。笔者认为这种方式更多是法院内部的管理措施，而不是推行民事案件繁简分流机制的表现。

  从各地法院实践来看，这些改革和尝试并没有真正体现民事案件繁简机制的初衷，只是把繁简分流当作一种管理措施。在这种语境下，繁简分流只是审判管理工作的一道工序，而不是一个完整的法律程序或工作机制。全面推进民事诉讼繁简分流，需要针对性地解决上述问题，构建一个立体、动态、分层的分流"漏斗"，进行多层次分流。①

---

① 李少平. 大力推进繁简分流全面深化司法改革 [N]. 人民法院报，2016-09-14 (5).

第二章

正义与效率及相关的哲理思考

在民事诉讼繁简分流的改革探索中，需要对基本的价值进行研析。根据《牛津法律大辞典》的界定，价值观（values）是"可能对立法、政策适用和司法判决等行为产生影响的超法律因素。它们是一些观念或普遍原则，体现对事务之价值、可追求的理想性等进行的判断。在存在争议的情况下，它们可能以不同的方式深刻地影响着人们的判断。这些价值因素包括国家安全，公民的自由，共同的或公共的利益，财产权的坚持，法律面前的平等、公平，道德标准的维持等。另外还有一些较次要的价值，如便利、统一、实用性等"。① 法哲学需要对诸多价值需要进行探讨；而对于繁简分流而言，需要探讨的主要价值问题就是正义、效率这两个最重要的价值以及两者之间的关系。

法律是公平正义的事业，但是任何社会的运行也需要成本，如果成本过于高昂，则无法长期维持。从法律程序上看，主要的价值除了正义之外，还有效益/成本、和谐等诸多价值。"促进民事诉讼的迅捷化是西方各国一致认同的目标。一般而言，西方民事诉讼中的主要冲突是公正与经济、公正与效率、形式公正与实质公正。在这些冲突中，首要的是公正与效率的冲突……"② 如果进行繁简分流、简案快审，则我们首先需要对正义与效益问题进行一定的分析研究。

一、公平正义的效用之维

当代的政治哲学/法哲学流派中，强调公平正义的主要代表人物就是罗尔斯。他主张公平正义的优先性，而效率应当服从于正义标准；他指出，"正义否认为使一些人享受较大的利益而剥夺另一些人的自由是正当的。在一个正义的

---

① 戴维·M. 沃克. 牛津法律大辞典 [M]. 北京社会与科技发展研究所，译. 北京：光明日报出版社，1988：820.
② 张卫平. 诉讼架构与程式：民事诉讼的法理分析 [M]. 北京：清华大学出版社，2000：69.

16

社会里，基本的自由被看作是理所当然的。由正义保障的权利不受制于政治的交易或社会利益的权衡"。① 所以，在他看来，与利益相比，公平正义具有优先性，"作为公平的正义中，正当的概念是居于首位的，高于善的概念。一个正义的社会规定了个人必须在已确定的范围之内来实现目标。正义的优先，部分地体现在这样一个主张中，即，那些需要违反正义才能获得的利益本身毫无价值。由于这些利益一开始就无价值，它们就不可能逾越正义的要求。"②

此外，在《正义论》中，罗尔斯强调规范、强调程序、强调合作，"在作为公平的正义中，社会被解释为一种为了相互利益的合作冒险。其基本结构是一个公开的规范体系，它确定一种引导人们合力产生较大利益，并在此过程中分派给每一合理要求以应得的一份的活动方案"。③ 此类观点，已经能够被演化论所部分论证。

既然在部分当代政治哲学代表性学者看来，公平正义如此至高无上，而"司法"也被称为公平正义，其英语都是"justice"，那么在司法活动中，公平正义是否就是至高无上的价值，其绝对凌驾于效率/效用、成本、便捷等其他价值之上？

在演化博弈的部分研究看来，公平正义与效用的统一在于："公平感"可能是一种"远古的理性"。这种"远古的理性"在人类长期的演化过程中最后沉淀为人类的"情感或直觉"。这种理性向情感的沉淀过程，不是自觉的，相反是基于"优胜劣汰"的自然理性。④

演化博弈理论从最基础的博弈策略开始进行优势策略的计算和筛选，并拉长历史时间，从数千代的博弈中梳理出公平正义的优势策略属性，从而证明了司法是一种演化博弈的优势策略；⑤ 阿克塞尔罗德在其《合作的进化》中对于各类策略的竞争进行分析，发现最佳的策略是"一报还一报"（tit for tat）人格。这种人格首先是善良合作的，而且具有报复性，从而能使其在长期社会合作中

---

① 约翰·罗尔斯. 正义论 [M]. 何怀宏，何包钢，廖申白，译. 北京：中国社会科学出版社，1988：25.
② 约翰·罗尔斯. 正义论 [M]. 何怀宏，何包钢，廖申白，译. 北京：中国社会科学出版社，1988：28.
③ 约翰·罗尔斯. 正义论 [M]. 何怀宏，何包钢，廖申白，译. 北京：中国社会科学出版社，1988：85.
④ 吴旭阳. "公平感"或源于自然演化 [N]. 中国社会科学报，2013 – 01 – 21（A08）.
⑤ 吴旭阳. 从演化博弈看"司法裁判"的本质和完善——行为策略实验的视角 [J]. 自然辩证法通讯，2017，39（2）：117 – 124.

17

获得最佳优势。"一报还一报"的行为策略,其实就是最简单的公平合作策略的一部分。"公平的行为策略是最简单的公平策略,其既具有平等的合作性,也具有报复性(对不公正的愤怒和报复),从而能够获得广泛的合作,并且排除或惩罚背叛。应该说,公平的行为策略,能够比不公平的行为策略,获得更多的合作机会,从而提升该个体的生存概率。更进一步地,如前所述,如果我们进一步将公平的行为策略分成情感的模式和理性的模式,则公平的行为策略如果加以情感的固化,使其更稳定,运用更广泛、更迅速、更节能,则其还能够胜于公平的理性模式。"①

这种"一报还一报"策略具有极大的优势,能够成为优势策略,所以能够在人群中不断扩散,逐渐成为主导性的合作策略。相关的计算机模拟演化结果也表明:从生物基因演化的视角看,在各种策略的竞争中,"一报还一报"策略对遗传产生了巨大的影响力。在计算机模拟实验中,以20个个体,每代运行24000次行动,一次运作含有50代,进行40次的模拟运作表明,到了第2000轮/代时,"一报还一报"占到了人口的97%。②

依据类似的演化模型,我们做一个"更为理想化的假设":公平在最初刚刚作为一个群体合作的行为策略出现时,其是一种理性决策,是为了更好地合作所进行的周密考虑,当时尚未出现具有"公平感"之类的道德感的人性或人格的个体。由于此时公平是一种理性决策而不是一种情感决策,所以是更耗能、耗时、不稳定的一种决策模式。"因为该策略属于群体合作的优势策略,行为策略者可以获得更多的合作机会和收益。然而,一旦有一天,有群体成员的后代发生了基因突变。该突变导致了一种新的人性的出现——第一次出现了具有公平情感或直觉的某个人,而与之前'公平理性'的个体完全不同。这个'新人'在与他人交往或合作中作出的公平决策,比之前的所有人都更迅速、更执着、更广泛,也更节能,因为他的决策模式是情感或直觉,而不是理性。拥有这种'公平感'的个体,由于其能够与其他成员更好地展开合作,那么,该个体会因为这种行为的策略优势,而获得生存优势和繁衍优势,从而不断地在群体中拓展他的这种优势基因。"③ 最后,经过数代繁衍之后,群体中的一大部分

---

① 吴旭阳."公平感"或源于自然演化[N].中国社会科学报,2013-01-21(A08).
② 阿克塞尔罗德.合作的复杂性——基于参与者竞争与合作的模型[M].梁捷,高笑梅,等译.上海:世纪出版集团,2008:20-21.
③ 吴旭阳."公平"本质的实验研究——神经认知与演化的视角[J].厦门大学学报(哲学社会科学版),2014(4):7-15.

个体可能具备"公平感"的人性。因此,"公平感"可能就是"远古的效用"或者"远古的理性"。其具有演化意义上的自然规律的本质属性,在这一漫长历史或地质时代层面,公平与效用/效益具有统一性。①

所以,从演化的视角看,经过长时期的演化仿真和计算,我们可以发现,所谓的公平正义,也是"远古的效用"或者"远古的理性"。但是,毕竟这二者存在数以万年计算的地质时代的代差,因此在当代,我们不能简单粗暴地将公平正义与效用/效益画等号。当然了,功利主义作为一种"简单粗暴"的决策模式,在多数决策中具有特殊的优势地位;然而,在一些难度较大的情境中(如道德难题),我们就可以发现其不足,需要公平正义的纠偏,这就体现了选择上的难题。这种不足,恰恰反映了人类理性上的不足。"从人类的演化史来看,道德具有极为重要的作用,其能够让人类的群体合作更为牢固紧密。道德难题,看似一种困境,一种让人类十分纠结的问题;然而,从长期的人类发展演化史来看,这种难题实际上是一种福音——人类由于发育出了道德情感,使得群体合作的可能性和效率都得到极大的提升。我们相信,从演化史看,对'道德难题'存在纠结心理的人类分支,一定比没有所谓'道德难题'的分支更具有合作生存能力。"② 所以,人作为一种高级动物,其优势不仅体现在智商上,更体现在情商方面。理性作为一种逻辑清晰的决策模式,有其优势之所在;但其也因为人类理性之不足,在面对复杂情境时所做的决策,其正确性和反应时间会大打折扣。而道德情感的决策模式,作为一种人类长达几百万年群体合作生涯"阅历"的极度浓缩,是一种超长时间历史经验的反复总结和筛选,演化成为先天的情感决策模式,辅佐人类防范"理性之不足"所带来的危害(仿佛万千先人在我们的耳边告诫、辅佐)。③

二、进行繁简分流的效率与公平正义考量

所谓司法的效率性,指的是,"从一个给定的投入量中获得最大的产出,即以最少的资源消耗取得同样多的效果,或以同样的资源消耗取得最大的效

---

① 吴旭阳."公平感"或源于自然演化[N].中国社会科学报,2013-01-21(A08).
② 吴旭阳."危难见真情"——"道德难题"中情感的功用[N].中国社会科学报,2013-08-12(B01).
③ 吴旭阳."危难见真情"——"道德难题"中情感的功用[N].中国社会科学报,2013-08-12(B01).

果"。① 经济分析法学主张"效率或财富极大化应是法律的唯一目的"②。诉讼需要具有经济性，诉讼经济的理念可以体现为，"诉讼主体乃至整个社会，利用诉讼制度或程序，以最低的成本与时间消耗，获得最优的法律或社会效益，并最大化地实现诉讼目的。"③ 甚至有学者激进地认为，"因为国家既然制定了实体法来保障国民权利，就应有责任不要花费国民自己的财产来实现这些权利"。④ 而反对意见则认为，"与私人成本公共化这一普遍趋势不同，公共成本私人化是特定历史时期各国根据本国国情而采取的一种成本政策，这一成本政策的出发点在于平衡司法的供给与司法的需求之间的矛盾"。⑤

而进行繁简分流、简案快审的改革，其主要是要实现以下目的。

1. 节约诉讼成本

社会资源是有限的，而司法资源也是如此。任何事务均需要考虑成本，低成本的制度设计才具有更强的生命力。从产业的分工而言，国家、司法属于第三产业/服务业，其建立和活动也需要符合一定的效率/成本要求。虽然司法是公平正义的事业，更强调其公平正义性，但是如果能够更好地降低成本也依然需要进行制度设计的修正以提升效率。"在讨论审判应有的作用时不能无视司法成本的问题。因为，无论审判制度能够怎样完美地'再现'甚至还原事实真相，从而实现正义，但如果付出的代价过于高昂，则人们往往只能放弃通过审判来实现正义的希望。或许也能够说国家的使命是实现正义，所以无论花费如何高昂也必须在所不惜，但是在社会现实语境下，成本过于巨大的审判，与其他具有紧迫性和优先性的社会任务相比，结果仍然是不能容许的。这种成本问题的不可避免至少在一般的层次上恐怕是谁都会承认的事实。"⑥

曾有学者批评，"我们的司法是不习惯计算、不习惯经济分析的"。⑦ 而 20 世纪下半叶，随着司法事业的蓬勃发展，其程序愈加复杂，其成本愈发高昂，

---

① 张文显. 法学基本范畴研究[M]. 北京：中国政法大学出版社，1993：273.
② 迈克尔·贝勒斯. 法律的原则——一个规范的分析[M]. 张文显，宋金娜，朱卫国，等译. 北京：中国大百科全书出版社，1996：1.
③ 廖中洪. 民事速裁程序比较研究[M]. 厦门：厦门大学出版社，2013：68.
④ 谷口安平. 程序的正义与诉讼[M]. 王亚新，刘荣军，译. 北京：中国政法大学出版社，1996：56.
⑤ 樊崇义. 诉讼原理[M]. 第二版. 北京：法律出版社，2009：180.
⑥ 棚濑孝雄. 纠纷的解决与审判制度[M]. 王亚新，译. 北京：中国政法大学出版社，1996：226.
⑦ 钱弘道. 经济分析法学[M]. 北京：法律出版社，2005：98.

而一旦越来越多原本属于国家管辖调整的纠纷，脱离了司法的调整，则可能就回到原初的私力救济的报复模式。而私力救济的精确性、公平性、科学性往往不如司法，也不如司法那样客观、严格，这样就不利于社会的和谐与发展。进行民事诉讼的繁简分流，在简案领域实现快审、速裁，国家能够在既定的成本下提供更多的司法服务，同时还能够保持一定的效率，并不一定增加司法成本，在司法的公平正义、覆盖面、成本方面实现较为均衡的同时发展。

2. 缩短诉讼周期

诉讼的周期与成本之间存在较为强烈的正相关关系。通常而言，诉讼周期越长，往往诉讼成本越高。而施行繁简分流之后，部分简案的诉讼周期变短，也因此能够降低成本、提升效率。同时，也能够让相关社会关系迅速地明确下来，从而节约社会损耗。

3. 合理安排诉讼程序

诉讼程序的安排能够体现经济效益的特点，而繁简分流能够让诉讼根据繁案、简案进行分类；除了繁案需要合理安排各种精审程序之外，简单案件就能够安排快审的程序，从而使得诉讼的经济原则得以实现。

4. 充分保障当事人权益

司法具有公平正义的本质属性，也是维护社会公平正义、保障民众合法合理权益的最后一道防线。所以在民事诉讼中，虽然在简案快审中，能够节约诉讼成本、缩短诉讼时间、合并部分诉讼流程，但是不能因此忽视当事人的合法权益。在简易、小额诉讼程序中对于当事人的基本权益应当有充分的保障机制。不能为了简化而简化，不能因为简化而不保障当事人的权益，这样司法就丧失了自身的公平正义本质属性。同时，繁简分流的简案快速，也能够在有限的司法资源前提下，为更多的纠纷提供司法救济，这样扩大司法的覆盖面，也能够更为充分地保障纠纷各方当事人的合法权益。

三、繁简分流、简化程序与公平正义的统一维度

在简案快审中，程序的简化可能会因为简易便利从而部分地牺牲了程序正义。但是，这可能仅仅是表面的现象。从严格意义上看，其所牺牲的有可能仅仅是程序正义的表面正义，而不损害程序正义的正义实质。繁简分流、简化程序与公平正义在某些维度也能具有一致性，在某个维度上，甚至能够实现统一。

（一）满足感、幸福感

繁简分流的简化便利既属于经济性、效益性，也能够给当事人各方带来心

理的舒适，也属于人民的满足感、幸福感的司法体验，在一定程度上也具有公平正义、和谐等社会价值属性。

（二）更好地解决纠纷

程序正义不能简单体现为烦琐和精审，不是因为越来越烦琐就越正义，而是需要直指程序正义的精神内涵——就是更好地解决纠纷。只要能够更好地解决纠纷，其程序就越具有正义性。

从诉讼效益的视角看，"诉讼效益固然可以通过成本政策加以实现，然而，在经济成本不变甚至有所减少的情况下，诉讼效益还可以通过经济收益的提高而得以实现。程序经济收益的提高意味着一项诉讼程序能够解决多个当事人的纠纷或者一个当事人的多个不同请求，意味着诉讼制度功能的扩大"。[1] 正义的第二个特征就是效率，在保障公正的前提下，诉讼应当快速进行。在司法中，公正审理案件不仅仅包含公平正义，其还包含着经济原则、快速原则等内容。从这个意义上看，繁简分流之后的简案快审，在保障基本公平的前提下，通过快审的模式也能够从另一个维度提升司法公正。

（三）平等接近正义

从哲理上看，简案快审具有独自的正义价值，即人民有接近司法、实现正义的权利。"现代社会蕴含着一个深刻的法理，即承认公民之法的主体性，将公民定位为法的主体，并确保他们平等地使用诉讼制度和接近法官的机会。"[2]

所以，"为了实现这一权利，必须使当事人和法官之间的距离拉近，使司法大众化"[3]。而在当代法治社会的基本理念中，司法是作为公平正义的最后一道防线，是和平解决纠纷的最后保障。为了保障这一基本性权利，就必须要让普通公民能够更为便利、更为经济地获得司法救济。20世纪70年代，意大利著名法学家卡佩莱蒂提出当事人有接受裁判的权利，并且要求各国有义务为当事人实现该项权利提供实质的保障。因此，在繁简分流的施行中，由于纠纷解决机制不断完善，简案快审能够节约部分司法资源，这些节约下来的司法资源经过合理安排后能够为民众提供更多的司法服务，从而也能够让更多的民众获得司法救济的机会。这样使得更多小额、微小的案件也能够被法院受理，更好地保障社会正义和当事人权益，"平等接近正义"程度的提高使得司法的便民性和可

---

[1] 樊崇义. 诉讼原理（第二版）[M]. 北京：法律出版社，2009：178.
[2] 杨荣馨. 民事诉讼原理 [M]. 北京：法律出版社，2003：417.
[3] 杨荣馨. 民事诉讼原理 [M]. 北京：法律出版社，2003：417-419.

接近性不断提升。这一点，在互联网时代，尤其具有现实意义。

新中国成立 70 多年，特别是改革开放 40 多年来，我国早已经解决了温饱问题，2020 年更是已经提前全面建成了小康社会，人民群众对于物质之外的精神需求不断提升，对于公平正义的感受和需求也不断提升。在此情况下，国家一方面需要提供更好的物质福利，另一方面也需要提供更多公共服务产品，要提供更多的司法服务以提升民众的获得感、和谐感和幸福感。因此，繁简分流之后，简案快审就能够节约一定的司法资源，为民众提供更多的公平正义的司法服务。

（四）快速稳定社会关系

简案快审，要能够较好地解决纠纷，能够迅速地排除社会关系的不确定性而将社会关系调整后稳定下来，对于经济社会的发展也具有较强的正面意义，其也正义性。贝勒斯认为，"法律的主要目的之一是避免诉讼（为了合理而及时解决争端所必要的诉讼除外），因为诉讼是负值交互行为"。[①] 所谓负值交互行为，就是相关的行为具有负价值。因为诉讼需要成本，程序越烦琐成本越高，社会关系也越难以尽快确定下来，就不利于稳定社会关系、财产关系和维护个人利益。虽然，在复杂烦琐的程序中，部分当事人的利益也能够获得更好的救济，但是"诉讼周期过长会带来两个方面的负面影响：一是造成当事人私人成本的增加；二是造成法律秩序的不稳定。这是因为，诉讼周期越长，当事人投入诉讼的时间、人力、物力和财力越多，纠纷在社会上存续的期限也越长。过长的诉讼周期对当事人来说是一种难以忍受的负担，精神上和经济上的双重压力，并造成取证困难和证据的可信度降低，由此削弱了当事人求诸诉讼的动机，损害了法律秩序的威望以及社会对司法程序的信心。鉴于此，'二战'以来，世界各国纷纷将缩短诉讼周期作为程序改革的一项重要内容，有的国家如日本、美国甚至把'迅速裁判'规定为当事人的宪法权利"。[②]

（五）纠纷类型化与诉讼类型化

虽然纠纷在本质上具有共同性，但是其依然可以进行各种分类；而同样的，诉讼程序也不是一成不变的，纠纷从简单到复杂的演化过程，也是随着人们对于纠纷解决的认识不断深入和全面，随着纠纷越来越复杂的演变，诉讼也演化

---

① 迈克尔·贝勒斯. 法律的原则——一个规范的分析 [M]. 张文显，宋金娜，朱卫国，等译. 北京：中国大百科全书出版社，1996：85.
② 樊崇义. 诉讼原理 [M]. 第二版. 北京：法律出版社，2009：187.

出各种复杂的程序。所以，诉讼程序不应是一成不变的复杂，而应该因应纠纷的变化，也是适应认识和案件的复杂度而演化出各类复杂的程序。因此，针对不同类型的纠纷，应当有更为适应配对的诉讼程序；"繁简分流，简案快审，繁案精审"具有这方面的合理性。所谓"案件事实清楚，权利义务关系明确，争议不大"的类型案件，就可以有适合其自身特点的特定程序，以满足其迅速、效率、便利、低廉的各种需求。

四、繁简分流的哲理思考

除了公平正义与效率的价值之外，还可以从其他多个视角对于繁简分流进行法哲学思考。

（一）现实主义视角

从现实主义法学的视角看，法是一种社会现实，是为了维护社会安全而建立起来的国家机器，需要以务实的态度去对待法律和司法。以此视角而言，法律和司法应当顺应社会发展的需要，更加灵活、高效、简单、实用。面对不同类型的案件，司法应当提供不同的程序——该繁则繁，该简则简；这也应当是司法适应社会需求而不断进行自身改革的一个方向。司法程序的严格与烦琐，虽然能够反映法律的严肃与慎重，但是过于严格的规则和程序，对于当事人或者社会而言都会产生过高的时间、金钱成本，甚至精神煎熬，从而导致民众产生畏难情绪，退而改求其他的纠纷解决模式。法乃公器，"既然审判权是为诉权而设，那么，无论在任何诉讼程序中，国家的审判权都应当最大限度地实现诉权主体的利益。而且，国家握有公共成本与私人成本之间关系的主动权，可以采取多种灵活措施，通过调整私人成本与公共成本之间的负担分配来影响诉讼效益的实现。"① 因此，"当诉讼案件激增，司法资源供给不足时，国家可以增加诉讼费用，提高私人成本以抑制滥诉；当诉讼涉及公共利益，或者诉讼程序成为民众不可企及的'奢侈品'时，国家可以免除诉讼费用，简化诉讼程序，增加公共成本投入，以换取民众对司法的信赖。"②

（二）管辖权理论

依照英美司法哲学中的"内在管辖权"或者"内在权限"理论，"法院为保证诉讼的顺利进行以防止当事人滥用诉讼程序，固有地享有对诉讼进程控制

---

① 樊崇义. 诉讼原理 [M]. 第二版. 北京：法律出版社，2009：178.
② 樊崇义. 诉讼原理 [M]. 第二版. 北京：法律出版社，2009：178.

的权力。"① 依照相关理论，法院可以基于确保法律程序的便利和公正、防止由于实施了某些步骤而使司法效率低下、防止滥用诉讼程序等相关目的而行使内在管辖权。据此，法院可以通过运用内在管辖权而实现对诉讼程序的控制，以及对诉讼参与人的控制，排除妨碍和干扰司法活动的行为，以达到加快推进诉讼进程的目的。② 依照相关学说，能够为推进即决判决、缺席审判在内的速裁程序建构提供理论支撑和实践经验，能够为简案快审提供理论支持。

（三）协同主义视角

此外，还可以从民事速裁程序理论中的协同主义理论进行思考分析。该理论是德国的法学理论，虽然协同主义的理论历史较长，但是直到1972年德国学者贝特曼（Bettmann）才将其引入民事诉讼理论中去，其主要的内涵是强调法院与当事人之间进行的行动协同，即在"协同主义诉讼模式之下，民事诉讼的所有参与者，即双方当事人与法官，都应积极作为以协同推进程序进行"。③ 在此情况下，虽然双方当事人具有一定的对抗性，但是他们依然也要进行一定程度的合作，而法院也需要与他们一起协同，促进诉讼程序的完成，完成诉讼的基本任务，从自由主义民事诉讼观向社会民事诉讼观转化。这样，虽然对抗、竞争性的庭审可能会增加庭审的激烈程度，增加诉讼的时间和成本，然而由于协同主义的作用能够在一定程度上提高各方积极性和主动性，从而提高效率。

（四）当事人主义和职权主义

在民事诉讼中，法院审判行为与当事人诉讼行为之间的关系主要的两种模式，一种是当事人主义（adversary system），一种是职权主义（qffizialmaxime），前者注重当事人行为，后者注重法院职权。当事人主义强调的是当事人在民事诉讼中具有的启动、推动作用等。当事人主义包括处分权主义、当事人进行主义、辩论主义等各项具体内容。"把当事人应当在民事诉讼程序中启动、诉讼终了和诉讼对象的决定等方面拥有主导权的法理称为'处分权主义'。当事人对诉讼程序继续拥有主导权的法理称之为'当事人进行主义'。作为法官判断的对象的主张受当事人的限制，证据资料只能来源于当事人的法理则称为'辩论主义'。"④ 职权主义强调的是法官在民事诉讼中拥有主导地位，而主流的理论是

---

① 廖中洪．民事速裁程序比较研究 [M]．厦门：厦门大学出版社，2013：226．
② 廖中洪．民事速裁程序比较研究 [M]．厦门：厦门大学出版社，2013：226 - 228．
③ 廖中洪．民事速裁程序比较研究 [M]．厦门：厦门大学出版社，2013：69．
④ 张卫平．诉讼架构与程式：民事诉讼的法理分析 [M]．北京：清华大学出版社，2000：10 - 11．

强调当事人主义。当事人主义的一个特点是效率低、成本高。

根据传统的当事人主义司法诉讼理论。当事人居于中心进行积极、主动的诉讼行为，诉讼的启动、进程和终结均由当事人根据自己的实际情况和自由意志进行处分和决定，而法官处于消极、中立、被动的地位。英美法系国家多采取当事人主义。虽然这一模式能够更好地保障当事人的权益，发挥他们的积极性和主动性，同时有效防止法官脱离中立审判的立场；但是，这种诉讼模式也具有诉讼延迟、费用高昂、司法资源浪费等缺陷。而关于当事人主义中的辩论主义问题，其过于注重当事人之间的辩论，非经当事人充分辩论法官则不得直接裁判。这样就会限制各类速裁程序的推进，显然不适合占民事案件绝大多数的简易案件，所以也应当限制辩论主义在诉讼中的适用，以针对部分简案进行快审。

如果按通常当事人主义诉讼程序进行审理，可能会造成时间、劳力、金钱的浪费，虽然在个案中争取到了最大的公平可能和机会，但是因为过多地消耗了司法资源，使得司法不能够为社会提供更多的纠纷解决服务，从总体而言反而不利于社会整体正义的提升。此外，虽然经济效益问题不是司法应当考虑的首要问题，但是也是不容忽视的另一个重要问题。当事人主义也不符合诉讼经济的基本理念。

诉讼程序复杂的原因，主要在于以下的两个要素，"①诉讼程序的复杂程度。由于程序复杂，诉讼主体的诉讼行为又必须按照这些程序实施，遵循程序的时间和物质特性。②案件本身的复杂性，导致诉讼的复杂性……"① 而基于上述的两个方面的要素，可以考虑从这两个视角进行分析研究，以此作为繁简分流尤其是简案快审的改革角度。从第一个要素看，可以在不减损当事人基本权益、不降低公平正义的基础上对诉讼程序进行简化改革。从第二个要素看，由于各类案件本身的复杂性并不一致，可以针对不同类型的案件进行繁简分流，针对部分的简单案件进行快速、简捷、便利的审理程序改革。而从总体上看，在这两个要素中，第二个要素中的案件本身的复杂性，是实际所需要的复杂性，显然具有更强的刚性，为了保障公平正义而较难删减复杂的程序。而第一个要素的程序复杂程度不一定具有刚性，可能仅仅是基于制度的传统或者延续，则更可能有删减程序、缩短时间和降低成本的空间。

---

① 张卫平. 诉讼架构与程式：民事诉讼的法理分析 [M]. 北京：清华大学出版社，2000：126-127.

（五）事实认定的知识论

从真实性的角度看，事实认定也需要一定的经济性。虽然立法者、相关学者提出"客观真实"的要求，但是从知识论的视角看，事实认定是对事实的观念重建，是"人对客观世界的能动反映，实际上是主体以特定的方式对来自客体的信息进行有组织地加工、改造和整合的过程，即在主体的头脑中构建出一个与客体具有同构异质关系的观念或观念系统的过程。"① 而从马克思主义认识论来说，"如果是作为一种理想，应该说是可以理解的。因为基于与事务的本来面目不完全符合甚至发生背离的认识而作出的判断以及对问题的处理，有可能违背事物发展的客观规律，其结果或者事倍功半，甚而南辕北辙"，因此"从认识论的一般原理来看，任何人的认识能力都是有限的，在这一点上立法者和司法者都不例外"。② 所以，并非为了极小概率的"真实"的可能，而耗费极大的司法成本就具有正当性。

相似的，例如美国《联邦证据规则》第403条"因偏见、混淆或浪费时间而排除相关证据"规定，"证据虽然具有相关性，但可能导致不公正的偏见、混淆争议或误导陪审团的危险大于该证据可能具有的价值时，或者考虑到过分拖延、浪费时间或无须出示重复证据时，也可以不采纳。"所以，在诉讼中对于事实认定也需要考虑经济成本，证据规则虽然需要公平正义，但也需要"通过排除对事实裁判者裁断实质问题没有帮助的信息，减少了考量这些信息的时间花费，从而服务于司法经济的价值"③。

（六）迅速原则

"迟来的正义是非正义"，民事诉讼必须遵循的原则有"迅速原则"，即"诉讼如有迟延，虽获得胜诉结果，但迟来的正义，对当事人之权益必有减损，尤其在货币价值有变动时为甚，如何使诉讼程序能迅速进行，使当事人早日获得确定私权之判决，亦为民事诉讼所应追求之目标。"④ 在著名诉讼法学家谷口安平看来，诉讼的迅速性具有较高的价值，"迟延诉讼或者积案实际上等于拒绝审判。因此，迅速地审判一致被当作诉讼制度的理想。这里所说的迅速审判首

---

① 李秀林，王于，李淮春. 辩证唯物主义和历史唯物主义原理［M］. 第三版. 北京：中国人民大学出版社，1990：249-250.
② 段厚省. 司法的困惑——程序法的双重张力［M］. 北京：中国法制出版社，2018：71.
③ 戴维·伯格兰. 证据法的价值分析［J］. 张保生，郑林涛，译. 证据学论坛，2007（2）：17.
④ 杨建华. 民事诉讼法要论［M］. 郑杰夫，增订. 北京：北京大学出版社，2013：5.

先意味着迅速及时地判决。"①

  同时，还可以引入多元化纠纷解决模式，对案件的诉讼量进行消解；引入电子诉讼模式，对审理、裁判、文书等流程进行信息化、智能化地改造、重组，以提升审判的效率，节约社会资源和司法资源。

---

① 谷口安平. 程序的正义与诉讼 [M]. 王亚新, 刘荣军, 译. 北京: 中国政法大学出版社, 1996: 55.

第三章

当前民事诉讼繁简分流存在的问题

一、繁简分流立法方面存在的问题

(一) 判断标准不够明确

目前民事案件繁简分流机制推行过程中法院更多的是关注繁简分流机制如何分案,分案后如何处理,进而最大化地合理配置司法资源,达到缓解法院压力的目的。在这个过程中,何为繁案何为简案很难有一个统一的标准供全国基层法院参照并适用,许多法院以现行民事诉讼法对适用简易程序的规定区分繁简的标准,在实践中该规定缺乏可操作性,并不能真正起到对案件分流的作用,此外简易程序只是繁简分流机制的解决纠纷的方式之一,以此作为区分标准过于笼统且抽象化,各地法院的做法容易出现各行其道,不利于司法统一。最高人民法院关于推进民商事繁简分流机制的规范虽然明确了适宜调解或者速裁的案件类型以及处理流程,却没有对如何区分案件繁简的标准作出详细说明,这些表面看起来适宜调解或者速裁的案件可能由于其标的额较大、事实与法律关系复杂等因素必须由普通程序审理,这样使得繁简分流的初衷适得其反。

民事案件的繁简分流标准作为整个机制中关键的一环,也是案件繁简分流机制的基础,缺乏科学合理的繁简区分标准,将直接导致不能及时有效地进行繁简划分,其结果就是案件在进行繁简分流时乱象迭出,司法效率无法得到有效提高。不同法院在确定繁简案件时做法各有千秋,有的结合案件标的与案由确立,有的通过列举确定,有的通过排除确立,这些做法有利有弊,但是没有形成系统的区分标准,在分流时更多的是依靠法官的主观判断以及审判经验。司法实践中没有明确的繁简标准可以参照,法官难以精确掌握繁简的区分标准,只有在开庭审理后,法官才能切实了解案情,根据其社会影响力大小、法律适用等因素准确判断出案件繁简类型。案件在进入审判程序前,难以确定其是否权利义务明确、事实清楚、争议不大,而繁简分流要求法官在立案阶段或者在接手案件短暂的时间内即对案件繁简做出准确的判断，这无疑是一个巨大的挑战，在立案时，法官对案件的审查原则上应该只是进行形式审查，不对案件的实质性进行详细审查，司法实践中，在审理过程中出现疑难问题后，这类案件只有转普通程序进行审理，反而降低了司法效率，究其原因是相关诉讼程序立法的模糊化与原则化，繁简区分标准不够明确所导致。案件繁简程度界定这个问题可以看出各地法院对于民事案件繁简分流机制的认识还不够充分，依据现行民事诉讼法以及司法解释的相关规定，民事案件繁简分流机制并非一个独立的诉讼程序，一定程度上更像是法院内部的改良措施，这样容易造成简案不简、繁案不繁，影响简易案件的审判效率以及复杂案件的审判公正。此外对于简易程序、小额诉讼程序以及速裁程序适用亦没有明确区分，而是相互并用的，繁简分流标准的不明确也会导致程序操作上的混乱。深入推进繁简分流机制必须将案件繁简分流法律标准进一步类型化、细致化、客观化，形成方便快捷、具体可操作的类型化标准。① 因此在繁简分流的实践上我们急需探索寻求统一的繁简分流标准以推进我国繁简分流机制的改革。

（二）繁简分流中程序转换不规范

目前的民事案件繁简分流中先行调解和速裁占有重要地位，在调解或者审理中，由于发现或者出现新情况时，程序转换尤为重要，承办法官在程序转换方面具有较大的自主权。程序转换的决定权在法官手里，而仅赋予当事人提出异议的权利，法官决定转换程序基本上很少会受到当事人的影响。基层法院适用的民事诉讼程序有多种，包括普通程序、简易程序、小额诉讼程序以及其他特别程序，各个程序间的转换不可忽视，程序改革的成功离不开司法制度的综合改革和配套制度之间、程序制度的各个部分之间的相互协调，当前司法程序制度中的缺陷或漏洞越多，通过改革突破程序上具体各个环节的成功率就越低。② 不管是调解还是速裁，案件处理过程往往与简易程序、普通程序、小额诉讼程序的适用紧密关联，在案件初次分流后，法院选择适用何种程序来处理，在处理过程中出现的其他因素导致该案件并不能适用旧有原则，需要转换到其他程序就涉及诉讼程序间的转换问题。

程序转换作为民事诉讼活动中的一环，需要由民事诉讼法明确规定，不能

---

① 徐良峰，罗灿. 全面落实司法责任制需将繁简分流改革进行到底 [J]. 人民法治，2018（3）：57.
② 傅郁林. 繁简分流与程序保障 [J]. 法学研究，2003（1）：50-63.

由法官或者当事人自由选择，转换的标准需要明确。由于案件本身的复杂性、差异性，法官对案件认知的渐近性和法律规定的模糊性，再加上法院的自利动机，程序之间的转换难免会混同，误用往往不可避免。① 在案件进入诉讼程序后，法院通过对案件进行初步繁简审查确定适用某种诉讼程序，一般不容许当事人任意选择，法院一般也不宜随意转换。法院在决定程序适用时，法官一般是通过当事人的起诉状对案情进行基本的了解，此时案件尚未进入实质审理，导致在审理时出现新的情形时需要转换为其他诉讼程序审理，繁简分流机制中对于程序转换规范的缺失易造成法官在面对需要转换程序时容易出现随意转换的问题。法官在开庭前发现案件适用调解的，可以采取调解方式及时解决纠纷；发现案件符合督促程序的，而当事人没有提出异议的，可以转入督促程序；此外法官应当根据案件情况，确定适用简易程序或者普通程序，如果确实需要开庭审理的，法官可以要求当事人交换证据等方式，明确争议焦点。可以看出民诉法规定旨在通过确立不同的诉讼适用程序，将普通程序、简易程序以及其他诉讼程序的适用法定化，但是除普通程序外的其他诉讼程序适用的范围界限不清晰，法官转换程序时比较难以抉择。人民法院在案件审理过程中发现程序适用错误时，比如不宜适用简易程序审理的，可以依职权裁定转为普通程序。② 法官依职权对程序进行转换，可能导致对当事人诉讼程序选择权的忽略，无法充分保障当事人合法的诉讼权益，容易导致当事人抵触法官适用该程序，不配合法庭审理活动，不利于纠纷的解决。此外，程序转换是单向的，虽然法院可以依职权将简易程序转换为普通程序，却无法将普通程序转为简易程序，已经按普通程序审理的案件，在开庭后不得转为简易程序审理。③ 在案件进入普通程序后，法官认为该案可以按简易程序审理，却不能转换为简易程序，导致在进入程序后案件只能由简转繁而不能由繁转简，这对本来就有限的司法资源来说是一种巨大的浪费。

（三）未充分发挥多元化调解的作用

调解，指的是在第三方主持下，以国家法律、法规、规章和政策以及社会公德为依据，对双方进行斡旋、劝说，促使他们互相谅解，进行协商，自由达

---

① 许少波. 论民事简易程序向普通程序之转换［J］. 法学评论, 2007, 25（5）: 43-48.
② 《民事诉讼法》第一百六十三条: "人民法院在审理过程中，发现案件不宜适用简易程序的，裁定转为普通程序。"
③ 《民事诉讼法》司法解释第二百六十条。

成协议，消除纷争的活动①。调解能够在尊重当事人主观意愿的前提下彻底解决纠纷，在定纷止争方面发挥了其独特的作用，在民事诉讼繁简分流机制中占有重要地位。尤其是诉前调解可以有效使案件在进入诉讼程序前得到解决，减少法院的案件数量。然而从各地基层法院的实践中可以看出当事人更倾向于选择诉讼来解决纠纷，不愿意通过人民调解员、街道、居委会来调解，由此造成除诉讼外的其他纠纷解决方式较少适用，究其原因是立案前缺乏真正有效的多元化调解机制，缺乏执行保障。现在法院可以指派法官担任专任调解员，一定程度上可以促进当事人选择调解来解决纠纷而不是首选诉讼，但是也间接给本来人员紧缺的法院增加了负担。诉前多元调解与速裁、审判衔接机制发展不平衡也是现在各地法院普遍存在的一个问题，各基层法院间推进诉前调解的进度不一，多元化调解与速裁在同一个法院也存在不平衡，出现重速裁、轻调解的情况。

　　调解功能的发挥以及调解的适用范围始终同社会文化状况相联系。② 多元化调解机制是由多方调解组织组成的，法院只是其中的一个参与主体，更多的是依靠法院外的力量。目前我国诉调机制衔接存在的主要问题在于法院外的调解缺乏与诉讼判决相同的法律效力，虽然人民调解协议经过司法确认后形式上具有和判决书同等的法律效力，可以申请法院强制执行，但是申请强制执行的依据是法院的司法确认民事裁定书，而不是人民调解员或其他院外调解组织居中达成调解的协议，也就是说诉前调解如果得不到履行仍需要经过法律程序才能够达到其解纠目的。对于院外组织或机构对当事人的调解形成的调解协议的效力，在法律规定方面仍处空白，非诉解决纠纷机制在处理纠纷时缺乏应有的保障机制，导致当事人对院外调解的不信任。③

　　建立多元化调解机制相对容易，但是实际运行依然困难重重，从法院的司法统计分析，通过诉前调解解决纠纷的情况并不多，效果不明显，更多的纠纷依然进入诉讼程序，造成这种困境的原因是多方面的，包括当事人抵触心理，相关部门不配合、责任不落实以及法院内部运作问题等，最终造成多元化纠纷解决机制流于形式，解决纠纷的压力最终落到法院身上。多元化纠纷解决机制需要多方面参与，包括政府、街道、村委会、居委会、人民调解员、法院都要

---

① 江伟，杨荣新. 人民调解学概论 [M]. 北京：法律出版社，1990：1.
② 顾培东. 社会冲突与诉讼机制（第三版）[M]. 北京：法律出版社，2016：40.
③ 张莉. 多元调解机制下司法调解的本质解读 [J]. 中南民族大学学报（人文社会科学版），2008，28（2）：137.

在调解过程中发挥作用，由于多方的参与，各自职责分工不一，容易造成互相推诿，严重影响纠纷解决的效率，从而导致当事人更愿意一步到位，直接选择诉讼解决纠纷。繁简分流应当走出现有狭窄的格局，在更大范围内在法院、社会及当事人之间重新分配权能和职能。① 繁简分流机制的推行除了法院进行内部的改革外还需要院外机构或组织的配合，形成良好的多元化纠纷解决机制，止纠于法院门口。

（四）当事人诉讼权利得不到保证

民事案件繁简分流机制中强调效率，初衷是解决"人少案多"的问题，但是在实践中常常出现追求效率而忽视公正的问题，主要体现在不能充分保障当事人的诉讼权利，以及法院因为追求效率而忽视了正当程序的重要性导致案件处理是否公正的新问题。

"从公正与效率的关系的角度来理解和设计简易程序，更多地考虑了法院自身利益。"② 从各地法院的司法实践中，可以发现这么一个问题，大多数法院更侧重于法院内部对繁简分流具体操作规则的改革，推崇先行调解和速裁，而忽视在"简案快审"中保障当事人合法的诉讼权利。程序公正是保障实体工作的第一步，基层法院受理的一审民商事案件的当事人大多是基层百姓，法院处理的结果是否公正影响到司法权威，因此法院在审理时不仅要重视案件事实的查清更要注重保护当事人的诉讼权利。在推行繁简分流的司法实践中，可以发现法院某种程度上限制了当事人的程序选择权，人民法院在立案登记后，应当告知双方当事人可供选择的简易纠纷解决方式，对各项程序的具体注意事项、特点以及成本进行释明。在当事人作出选择前，法院应通过行使释明权给以必要的指导，使当事人能够在了解不同程序的差异后作出符合其利益的选择。③ 然而案件在进入某种程序后，法院认为出现新情况或疑难问题可以依职权进行程序转换，此时当事人是无法合意选择适用何种程序的，这种情况下法院处于绝对优势地位。④ 我国《民事诉讼法》规定当事人有权依法处分自己的民事权利和诉讼权利。当事人依法享有程序选择权，程序选择权意味着当事人对于纠纷解决方式有着多种选项，这也是民事诉讼有别于刑事诉讼的重要特点。由于法院

---

① 陈杭平. 新时期下"繁简分流"的分析和展望［J］. 人民法治，2016（10）：21-23.
② 傅郁林. 民事司法制度的功能与结构［M］. 北京：北京大学出版社，2006：133.
③ 李浩. 民事程序选择权：法理分析与制度完善［J］. 中国法学，2007（6）：78-91.
④ 张晋红. 诉讼效率与诉讼权利保障之冲突及平衡［J］. 西南民族学院学报（哲学社会科学版），2002，23（8）：73-78.

内部对诉讼选择有一定的限制，但当事人对此未必了解，司法实践中，当事人对不适用简易程序审理，甚至本应适用普通程序审理的案件，合意选择简易程序的情况可谓屡见不鲜。简易程序和普通程序作为法院最常用的程序各有利弊，简易程序相较于普通程序更加快速便捷，可以更快地解决纠纷，普通程序审理时间和程序更长，却可以更充分保障当事人的诉讼权利。法院如何应对自身程序选择与当事人程序选择之间的冲突，在繁简分流机制中如何在充分保障当事人的诉讼权利并高效解决纠纷，这都是亟待研究解决的问题。

在繁简分流机制的改革中，一些法院对民事诉讼法规定的案件审理期限进行细化，缩短了简案的案件审理期限，由于民事案件繁简不一、种类众多，忽视了案件的个体差异，不利于纠纷适时有效地解决。缩短审限一定程度上牺牲当事人的程序利益，可能会影响到实体判决。尤其是法院在采取小额诉讼程序等速裁程序审理案件时，实行一审终审，庭审时不受法庭调查、法庭辩论等庭审程序限制，法官可以直接围绕诉讼请求进行审理判决，这样在客观上不能完全保障当事人的诉讼权利，甚至可能压缩当事人出示新证据或提出新事实理由的空间[①]。而根据"最低程序保障原则"，无论利益的结果表明国家和社会的利益多么重要，都不得牺牲个人获得最低限度程序保障的权利。[②] 在简易程序或者速裁程序中，法官容易忽视当事人被告知的权利、陈述和抗辩等最基本的诉讼权利。虽然小额诉讼与速裁程序不受庭审程序的限制，但是当事人要求行使最基本的权利时受到限制必然会影响到法官的裁决。从已经出台的规定以及各地法院实践表明注重职权便利重于权利保障，因此在推进繁简分流机制时，需要完善相关制度使得权利得到保障。

（五）繁简分流形式单一

"调解＋速裁"的形式已经成为各地法院推行繁简分流机制的普遍做法，与"调解＋速裁"程序相比，督促程序和小额诉讼程序的适用比例依然不高，与改革前相比，制度目的无法实现，原因值得深思。众所周知，简易程序极大地减轻了法官的办案压力，在快速处理简单案件方面发挥了重要作用，相比简易程序，这些程序在程序简化上更为彻底，以督促程序为例，依据民事诉讼法第二百一十四条之规定，对债权、债务关系清楚的纠纷，当事人不必经过烦琐的诉讼程序，可以直接向法院申请由法院向义务人发出支付令，程序简化程度更高。

[①] 张海燕. 民事诉讼案件事实误认之预防机制研究 [J]. 法学论坛，2012，27 (3): 86.

[②] 傅郁林. 繁简分流与程序保障 [J]. 法学研究，2003 (1): 50 - 63.

当事人双方对于债务债权关系没有争议的给付金钱和有价证券的案件,特别是在处理金融借款、消费信贷、拖欠电费、物业费、信用卡逾期等引起的纠纷时督促程序具有独特的优势,因为债务人不主动履行债务,或者没有债务清偿能力,债权人如果按正常诉讼程序维护自身权益不管按照普通程序或者简易程序来解决,都要经过起诉、审理、作出判决,甚至上诉、再审等一系列复杂的流程,申请强制执行无疑又增加了诉讼成本,影响诉讼效率。这类案件没有程序上和事实上的争议,与督促程序的特性极其契合,执行就可以解决纠纷,若法院主动引导当事人适用督促程序,法官通过书面审查后以支付令的方式就可以督促债务人履行义务,解决纠纷。通过使用督促程序可以在进入诉讼程序前解决许多简单的债权债务纠纷,对诉讼分流和诉源治理能够起到极大作用。然而在实践中,因为担心债务人经常性提出书面异议致使案件进入诉讼程序,导致法官不愿适用督促程序来解决纠纷,督促程序在实践中形同虚设,使用率极低。[1] 笔者认为督促程序对于繁简分流机制的推进有积极的作用,只是因为督促程序在实践中的问题导致适用比例低,因此在督促程序的适用上,相关法律规定需要完善,解决督促程序的一些问题,鼓励法官积极适用督促程序助力民事案件繁简分流机制的改革。

同样,小额诉讼程序作为一种相比简易程序更简化的诉讼程序在司法实践中的适用比例亦不高,在基层法院受理的很大一部分民事案件都是一些标的额较小的简单案件,对这类案件适用小额诉讼程序,有利于法院迅速定分止争。但是在司法实践中出现的一些问题导致法官以及当事人并不愿意选择小额诉讼来解决纠纷,首先小额诉讼实行一审终审制,一旦在小额诉讼中败诉,当事人救济渠道受限,不像普通程序和简易程序一样可以通过上诉等方式进行弥补。根据民诉法规定,案件终审后的救济渠道只有再审,然而考虑启动再审的可能性不大以及诉讼成本,导致当事人不愿意选择小额诉讼程序来解决纠纷。另一方面,法官也担心一审终审带来的责任问题。虽然已经有相关司法解释来规范和促进小额诉讼程序的适用,但是没有明确小额诉讼程序的具体流程,各地法院对于小额诉讼程序具体流程各不相同,在适用小额诉讼程序时,当事人容易因为事实清楚与否、权利义务明确与否、争议点大小等问题提出异议,从而导致法官更改诉讼程序,这样造成法院更愿意一步到位,直接选择普通程序或者

---

[1] 陈杨. 督促程序适用率低的原因及对策[J]. 法制与社会, 2010 (31): 79.

简易程序来审理案件①。其次是小额诉讼程序"以程序简化换时间"对于程序公正的影响也是一个未知数，对于法官而言选择适用小额诉讼程序后如何在审理过程中保证程序公正也是一个不小的难题。笔者认为这些问题导致小额诉讼程序的适用比例低，但是设立小额诉讼程序的初衷是及时化解小额纠纷、提高诉讼效率，与繁简分流的初衷如出一辙，因此完善小额诉讼程序，积极适用小额诉讼程序对繁简分流机制的推行具有积极意义。

二、繁简分流司法方面存在的问题

（一）法院管理机制未健全

繁简分流机制作为一种新的诉讼程序机制，需要进一步完善长期管理机制。②"一套合理的司法制度是由一个个合理的具体小制度组成的，……而且，各种具体的小制度必须互相配套，协调一致。"③ 长期以来，我国法院从立案、开庭审理、裁判到执行都由各审判业务庭自行负责案件诉讼程序管理，各部门之间的协作直接影响到案件能否顺利审结。繁简分流机制从调解、速裁、简易程序的适用都需要的法院各部门间的沟通机制并未形成，分流过程监控管理办法、法院内部设立的人民调解员和程序分流员④等专门人员的责任制、庭审裁判文书简化等民事内部管理制度没有健全。在繁简分流的先调速裁阶段案件数量较多，正常诉讼程序的工作量评估以及案件质效考评需要调整。科学合理的案件繁简分流考核机制由于繁简标准不统一也难以制定。许多法院对繁简区分仅做形式审查，导致"简案不简、繁案不繁"的现象出现，极大影响办案效率。案件考核机制更容易影响到法官的办案积极性，本来基层法院一线法官的办案压力极大，法官在审理繁简案件上的实际工作量无法准确科学评价，进而导致考核不公，⑤严重挫伤法官积极性，甚至在个别地区引发部分法官对繁简分流机

---

① 参见王艳西. 论我国民事小额诉讼程序的完善［D］. 桂林：广西师范大学，2014.
② 吴涛，甘文超，王杰，等. 公诉案件繁简分流机制的理论与实践［J］. 成都理工大学学报（社会科学版），2013（5）：35－40.
③ 程汉大，李培锋. 英国司法制度史［M］. 北京：清华大学出版社，2007：20.
④ 程序分流员是在立案后，对案件做相应的初步判断，再决定其适用何种处理方式的法院工作人员。根据《最高人民法院关于民商事案件繁简分流和调解速裁操作规程（试行）》第三条，立案后，程序分流员负责判断所立案件是先调解还是直接诉讼，并决定诉讼所适用的程序。
⑤ 肖雯雯. 人民法院案件"繁简分流"机制建设研究［J］. 中国审判，2016（11）：23－28.

制的抵触。因此在一些法院为了避免划分不标准而产生的矛盾,对繁简分流的改革流于形式,有些法院甚至只是直接套用最高人民法院发布的意见和规范,表面上喊着"繁简分流"的改革口号以响应最高法对繁简分流机制的推行,并未实际采取有效的措施。可见合理的繁简案件考评机制对于推行繁简分流机制具有极为重要的推进作用。

目前一些法院采取了限定调撤指标,限制转普通程序比例的办法来控制速裁指标,一些法官为了达到院里要求的指标要求强制当事人调解或者撤诉,这种做法不仅无助于实质正义的实现,更损害了当事人的合法诉讼权利,增加了诉累。法官作为繁简分流机制的实际推行者,繁简分流机制的推行与法官的积极性以及综合素质密不可分。实践中,法官在短时间内需要尽量准确地判断案件的繁简类型,选择合适的程序,尤其是对速裁法官的要求更高,速裁程序虽然对部分庭审进行了简化,但证明标准与普通案件一样,一些常规性工作并未减少,在大幅度减少审理期限的同时要求相对集中审理,这就要求速裁法官需要在更短的时间内了解案情,查明事实并做出裁判,需要有极强的业务能力,因此法院要加强对法官队伍的培训。为了更好地优化司法资源配置,简化程序提高司法效率,法院需要创新审判管理模式,建立速裁庭和组织专业的审判团队,在不增加人员编制的前提下[①]需要挖掘法院内部潜力,这对法院健全内部管理机制提出了更高要求。

在裁判文书制作方面,采用速裁程序审理的民事案件,可以使用简式裁判文书并且当庭宣判并送达。在司法实践中,各地法院通用的法律文书格式复杂,办案法官需要花费时间和精力制作法律文书,简单案件判决并不易懂,不符合简易程序审理模式,也不符合当事人要求。目前鲜有法院出台裁判文书的具体指引,裁判文书如何简化摆在法官面前。在缺乏明确裁判文书简化指引的情形下,法官往往不敢对裁判文书进行简化创新,基本上还是沿用传统的裁判文书格式,进而导致实际上并未减轻法官的负担。由此,可以看出,缺乏明确的繁简案件裁判文书简化指引不利于民事案件繁简分流机制的推广。

(二)配套制度未跟进

程序改革的成功取决于多个因素,也离不开司法制度的综合改革和配套制度之间,程序、制度的各个部分之间的相互协调,而且当前司法程序制度中的

[①] 实施法官员额制改革以来,法院的员额法官编制已经确定,包括审判辅助人员在内,人员增加更加困难。

缺陷或漏洞越多,通过改革突破程序上的具体环节的成功率就越低①。在目前繁简分流机制已经推广的大背景下,还有一些法院采取了消极态度来应对繁简分流机制,仍按以往的办案方式处理案件,与之相关的配套制度保障未能及时跟进。在法院推行繁简分流机制的同时,法院内部也需要对相关的配套制度进行跟进。

目前在繁简分流机制的推行中,在不增加人员编制的情况下,法院首先要解决人员配置问题,现在很多法院的人员配置仍停留在传统庭室人员配置的模式上,并未根据案件繁简分流机制的实际需要进行类型化差异化处理,尽管一些地方根据文件要求专门成立了程序分流员、人民调解员、速裁人员甚至专职调解法官,但是这些人员主要集中在调解和速裁方面,而且多为兼职,除此之外并没有进行相应的人员保障配置。这种情况下,即便人民法院有效划分案件繁简,法官所面临的各项事务异常繁多,既要负责审判,又要负责送达,还要负责卷宗归档,这些辅助性事务占据了法官大量的时间和精力,导致出现大量简案积压,严重制约了结案效率,使得审理效果不尽如人意。

送达难也是影响繁简机制推行的重要因素之一。案件的快速审结需要当事人的配合以及执行,民事诉讼程序能顺利进行及能否完成预订的诉讼任务与送达这个环节紧密相关,在我国民事诉讼中,法官在送达诉讼文书时一般采取以下六种方式:①直接送达;②留置送达;③委托送达;④邮寄送达;⑤转交送达;⑥公告送达。这些送达方式实行起来亦有困难,直接送达时容易遭遇当事人恶意躲避,尤其是民事纠纷中,被告不愿接收诉讼文书的情况非常普遍,法院送达人员难以及时将诉讼文书送达给相关人员,造成送达人员多次上门、走访甚至蹲点等方式才能完成送达工作,极大地浪费了时间和精力。虽然办案法官尝试用传唤的方式通知当事人及时参加诉讼活动,但是效果不佳,因为在传唤方式上没有法律强制力保障,一旦被传唤当事人不予配合就无法进行下一阶段审理程序,大大降低了简易程序的效率。② 繁简分流机制强调效率,因此法官面临送达问题时经常会采取留置送达或视为送达等拟制送达方式,虽然诉讼文书按规定完成送达了,可是诉讼文书并未真正送到当事人手里,当事人实质上始终置身于诉讼程序之外,极有可能在执行程序中跳出来提出异议,甚至申请

---

① 傅郁林. 繁简分流与程序保障 [J]. 法学研究, 2003 (1): 50 - 63.
② 刘黎明. 当前法院案件繁简分流机制存在的不足与完善建议 [EB/OL]. 法律资讯网, 2015 - 11 - 24.

再审。按民诉法规定，直接送达确有难度的可以通过邮寄送达，实践中邮寄的地址通常由原告提供，存在地址不详、联系方式错误、当事人拒收等问题，法院专递被退件的比例很高。送达难造成了法院诉讼程序不能顺利展开，不仅浪费了高额送达费用，也间接影响了繁简分流机制的推行。

  繁简分流时如何分案，由人工分案还是可以采取智能＋人工分案的形式也是一个未解决的疑问。目前案件分流通常有两种做法，一是立案庭的法官对案件进行初步审查进行繁简分流；二是由办案法官根据案件复杂程度来判断繁案和简案。这两种做法有一个共同之处就是由人工进行分案，对案件的审查准确与否直接关系到案件能否顺利结案，给法官增加了新的负担，采用人工分案的方式只能判断案件是简案还是繁案的问题，不能对以后的案件处理形成有效的指引、帮助，这样会导致之后类似的案件无法依前案方式处理。现代信息技术的发展给繁简分流智能化、形成有效的机制效能提供了可能，因此在法院推行繁简分流机制的过程中，需要利用好信息技术，目前在智能辅助繁简分流机制这方面，很多法院还很缺乏，需要完善。

第四章

完善民事诉讼繁简分流的思路

民事诉讼繁简分流是一个程序问题，需要对于程序的价值和意义进行一定的分析探讨。

在当代著名的实证主义法学派代表人物哈特看来，程序存在具有重要意义。在其代表作《法律的概念》中，在追根溯源对法律存在的社会基础进行探讨时论及"自然法的最低限度的内容"，哈特在此指出了程序的重要性，"在利他主义并非无限的地方，需要有一种规定自我约束的常备程序，以便创造一种对他人未来行为的最低限度的信心，以及保证进行合作所必要的可预测性。在交换或共同规划的内容是提供相互服务的地方，或在交换或出售物品并不同时或即时进行的情况下，这种程序显然是最为必要的"。①

而另一方面，在当代著名的自然法学派代表人物罗尔斯看来，"纯粹的程序正义的巨大实践优点就是：在满足正义的要求时，它不再需要追溯无数的特殊环境和个人在不断改变着的相对地位，我们避免了将由这类细节引起的非常复杂的原则问题"。② 这样对于程序的论述是一针见血的，也是简单明了的。在他看来，最能导致正义的、有效的立法的程序安排是这样的：

"第一个问题是要设计一种正义程序。为此，宪法必须集合平等的公民权的各种自由并保护这些自由。这些自由包括良心自由、思想自由、个人自由和平等的政治权利。……显然，任何可行的政治程序都可能产生一种不正义的结果。事实上，任何程序的政治规则与方案都不能保证不制定非正义的法规。在宪政或任何形式的政权中，完善的程序正义的理想都不可能实现。能达到的最佳方案只是一种不完善的程序正义。然而，某些方案比其他方案具有产生不正义法规的更大倾向性。因此，第二个问题是我们如何从正义的、可行的程序安排中挑选出那种最能导致正义的、有效的立法的程序安排。这又是边沁所提出的利

---

① 哈特. 法律的概念 [M]. 张文显, 郑成良, 杜景义, 等译. 北京：中国大百科全书出版社, 1996: 189-195.

② 约翰·罗尔斯. 正义论 [M]. 何怀宏, 何包钢, 廖申白, 译. 北京：中国社会科学出版社, 1988: 88.

益的人为统一的问题,只是在这里规则(正义程序)将被制定得使法规(正义结果)有可能与正义原则一致,而不是与功利原则一致。"①

相比实体法而言,法律程序并非只是一个形式,相反其自身也具有价值。武汉大学徐亚文教授在《程序正义论》中,认为实体法是第一套规则,其目的在于维护社会生活的确定性,而程序法则是第二套规则,其目的在于维护主权者行为的确定性。这套规则要求,"在主权者做出裁判认定实体规则被侵犯前,必须提示证据。它限制了主权者获得证据的方法,并规定了取证手段的种类。它也限制了主权者的发现和推翻证据、解释法律的权力,并详细列举了对主权者破坏程序行为的制裁。"②

罗伯特·萨默斯(Roberts Summers)在《对法律程序的评价与改进——关于"程序价值"的陈辩》中第一次提出了法律程序的独立价值标准问题,他指出:①无论是在理论上还是在实践中,社会对于程序进行评价时,关注程序结果更胜于关注程序过程。②对于程序价值的分析有助于加强人们对法治的理解。③有助于对法律的本质和特征进行全面性的把握。④程序价值的思想可以让那些仅仅将程序视为用以实现好结果的手段的学者们进行重新思考。⑤对程序价值的分析有助于促使人们在设计法律程序时把程序价值的要求考虑在内,从而改变现有的法律程序。③

一、立法的完善

(一)确立统一的繁简判断标准

目前,在我国各地法院的繁简分流机制的运行流程总结起来有两种模式,一是先行"调解+立案+速裁"或其他简"易程序+普通"程序,二是"立案+先行调解+速裁"或其他简易"程序+普通"程序。第一种模式更符合繁简分流机制,繁简分流旨在减轻法院压力,提高司法效率,纠纷在立案前就解决无疑大大减轻了法院的压力,调解不成或者不适宜调解的案件在立案后根据繁简进行分流,适用不同的程序进行审理。在推进民事案件繁简分流机制的过程中,准确区分"简单案件"与"复杂案件"是整个机制运行的基础,明确具体的繁简案件划分

---

① 约翰·罗尔斯. 正义论 [M]. 何怀宏,何包钢,廖申白,译. 北京:中国社会科学出版社,1988:195-196.
② 徐亚文. 程序正义论 [M]. 济南:山东人民出版社,2004:151.
③ 徐亚文. 程序正义论 [M]. 济南:山东人民出版社,2004:195.

标准，有助于推动机制的运行，促进矛盾纠纷的高效化解。在确立繁简案件划分标准时，难以采取单一的方式[①]，由于个案的区别以及各地法院司法实践的差异，因此笔者认为在划分繁简标准的时候只能采取归纳加列举结合的方式，尽可能地科学划分标准，以追求司法效率与兼顾公正。繁简分流的标准不仅仅在划分的时候得到适用，更应当贯穿在整个繁简分流机制的过程之中。

因此总结各地法院的实践后，笔者认为在民事诉讼繁简分流改革试点之外的地区，当前繁简划分标准可以根据工作流程分段展开，采用"四步法"确定。

第一步是先确定先行调解的适用案件范围，这个范围可以直接引用《最高人民法院关于民商事案件繁简分流和调解速裁操作规程（试行）》第九条的规定。[②] 调解成功后，委托调解成功的案件依法可以不收取诉讼费；法院出具调解书的可以减半收取诉讼费用，当事人达成调解协议并申请撤诉的可以免交案件受理费。

第二步是案件在不适宜调解或者调解失败后，进入诉讼程序，法院正式立案并随之确定小额诉讼程序以及督促程序的适用案件范围，简易纠纷解决包括和解、调解还有简易程序、速裁、简易程序中的小额速裁程序以及督促程序等多种程序。由于小额速裁程序以及督促程序较简易程序与速裁程序更加简易便捷，因此在案件立案后，法院应当优先考虑适用小额诉讼程序及督促程序。考虑到各地区的经济发展水平不一，因此可以实行省级相对统一的标的额，具言之，标的额为在各省、自治区、直辖市上年度就业人员平均工资30%以下[③]并且符合简易程序适用条件的民事案件，法官审理此类案件应当首先适用小额诉讼程序。对于债权人请求债务人给付金钱、有价证券且债权人与债务人没有其他债务纠纷的并且支付令能够送达[④]债务人的债权债务纠纷类案件，法官应当直接适用督促程序。鉴于小额诉讼程序与督促程序在实践中的一些问题导致法官与当事人选择适用这两种程序的积极性不高，笔者认为法律上应当出台相关的规定或者司法解释进一步加强这两种程序的强制适用性，放宽限制条件，法官

---

① 吴涛，甘文超，王杰，等. 公诉案件繁简分流机制的理论与实践[J]. 成都理工大学学报（社会科学版），2013（5）：35-40.

② 《最高人民法院关于民商事案件繁简分流和调解速裁操作规程（试行）》（法发〔2017〕14号）第九条。

③ 结合最高人民法院《民事诉讼程序繁简分流改革试点实施办法》，预计民诉法修改后将扩大至5万元以下。

④ 笔者所在的法院，探索通过经上级签发的文件或纪要形式对"送达"的认定增加了视为送达情形的扩大解释方法，极大地增加了督促程序的应用面。

与当事人对于符合这两种程序适用条件的案件，除非在审理过程中遇到新的情况需要程序转换的，排除其他程序的选择权。

第三步在排除了案件无法和解、调解后以及不能适用小额诉讼程序或者督促程序后，案件进入速裁程序或者简易程序后，明确速裁程序与简易程序的案件适用范围包括①离婚后财产纠纷；②商品房预售合同纠纷；③金融借款合同纠纷；④民间借贷纠纷；⑤银行卡纠纷；⑥租赁合同纠纷等金钱给付纠纷，可以采用速裁方式审理。① 概言之，民事速裁程序是对传统简易程序的进一步简化，为防止速裁程序与小额诉讼程序、督促程序的混淆适用，速裁程序审理的案件范围应当限定在除小额诉讼程序以及督促程序外。在案件不适宜和解调解、小额诉讼程序、督促程序、速裁程序后，法官再考虑适用简易程序。对于事实清楚且当事人双方对争议的事实陈述基本一致的简单民事案件，能够明确区分责任的承担者和享有者，以及对于诉讼标的无原则性分歧的情况下可以适用简易程序②。

第四步是采取排除加否定的方式明确适用普通程序的案件。在案件排除不能适用前面三步的分流标准后以及明确规定不能适用简易程序案件的类型。法官可以直接适用普通程序审理案件。

在繁简分流的司法实践中，各地法官普遍反映案件的繁简分流标准应当包括两方面的内涵，即程序方面的繁与简和实体方面的繁与简。因此在适用前文所诉"四步分流"的方法中，法官应当根据程序与实体的繁简分流来细化如何正确分流案件。在程序繁简方面可以采用正反面识别的方式，送达以及传唤简单，当事人可以随时到庭参加诉讼；当事人争议不大可以在较短期限内审结；诉讼过程中无须追加当事人、审计、鉴定或者评估等这些因素可以判断为程序简便，而对于不适宜适用简易程序的案件类型可以判断为程序复杂。办案法官有着多年的办案经验，笔者认为判断程序的繁简对于办案法官来说较易识别。在实体繁简方面，这个简易程序标准较为抽象，在实践中缺乏一定的操作性，

---

① 《最高人民法院关于民商事案件繁简分流和调解速裁操作规程（试行）》（法发〔2017〕14号）第九条。
② 《中华人民共和国民事诉讼法》司法解释第二百五十六条规定："民事诉讼法第一百五十七条规定的简单民事案件中的事实清楚，是指当事人对争议的事实陈述基本一致，并能提供相应的证据，无须人民法院调查收集证据即可查明事实；权利义务关系明确是指能明确区分谁是责任的承担者，谁是权利的享有者；争议不大是指当事人对案件的是非、责任承担以及诉讼标的争执无原则分歧。"

因此需要对这个标准加以改进，使之明确化，易于法官在判断案件繁简时可以参考引用。由于案件类型多样，如果单以标的额或者事实与法律关系、争议大小等某一要素区分繁简，容易出现简案不简、繁案不繁现象。在判断实体繁简时应首先以诉讼请求为要素，若诉讼请求涉及的法律关系较多，该案件不属于简案；其次基本事实是否清楚，若根据当事人提供的事实情况，法官无法判定基本事实，该案不属于简案；最后以双方提供的证据为要素，如果双方提供的证据并不足以查清基本事实，该案不属于简案，此外法官可以参考《最高人民法院关于民商事案件繁简分流和调解速裁操作规程（试行）》规定的适宜速裁程序的案件以及《民事诉讼法》规定的简易程序的适用条件来判断案件实体繁简。这种方式可以让法官尽可能地准确认定案件繁简的类型。

（二）规范程序转换

由于在繁简分流机制中的纠纷解决方式有多种，在案件确定适用某种程序后可能出现或发现新情况，就会发生程序转换。目前明确的只有简易程序转普通程序的情形，而繁简分流机制中的程序转换涉及多种程序，主要有三种，包括调解和解等非诉程序转换与诉讼程序的转换；简易程序与普通程序之间的转换；小额诉讼程序和督促程序与简单程序和普通程序的转换。[①] 立法上为尊重和保护当事人程序利益确立了民事诉讼程序转换制度，该制度是平衡诉讼公正和诉讼效率两大价值的结果，也是对当事人诉权及法院审判权行使的制约与平衡。但是由于现行立法仍在诸多方面存在不足和亟待完善之处，实践中民事诉讼程序转换制度亦呈现随意性和虚无性。[②] 在先行调解中，调解与和解相较于简易程序更容易转换，人民法院调解不成或者委托调解未能达成协议，需要转换程序的，调解人员需要在规定时间内将案件移送程序分流法官，由分流法官转让其他诉讼程序[③]。

在繁简分流中，基层法院由于案件数量多，为了提高效率，会有一种普遍现象出现，即法官在受理案件后无论什么案件都选择先按简易程序审理，在简易程序的审限内无法审结的案件再转入普通程序。这种"撒网式"适用程序难

[①] 向明. 论我国民事诉讼的程序转换机制［J］. 湖南科技大学学报（社会科学版），2015，18（6）：54-58.

[②] 刘冬京，周胜明. 我国民事诉讼程序转换制度的缺陷及其完善［J］. 南昌大学学报（人文社会科学版），2008，39（6）：76-81.

[③] 《最高人民法院关于民商事案件繁简分流和调解速裁操作规程（试行）》（法发〔2017〕14号）第十三条。

免会使得一些复杂案件漏掉导致无法直接适用普通程序，多走了一道程序，浪费了司法资源。目前我国法院实现"四级两审终审制"，中级以上人民法院一般直接受理的一审民事案件均不适用简易程序，程序转换的问题主要发生在基层法院的一审民事案件，在人民法院已经适用某种程序对民事案件进行审理，此时程序转换有三种方式，包括法官依职权转换、当事人行使程序选择权经人民法院审查同意、当事人行使程序异议权经法院审查认为异议成立，这几种方式的共同点是最终的程序决定权均在法院。程序转换一般分为两种，包括简易程序（速裁）转为普通程序以及普通程序转为简易程序（速裁）。（一）在简易程序（速裁）发生审理程序转换、审限变更等情形时，需要转入普通程序，法官可以依职权转换程序，不需要经过当事人同意但应该告知当事人。[1] 依职权将简易程序转为普通程序，此时必然会增加当事人的诉讼成本，可当事人无权提出异议，所以要对法官依职权"简转普"进行严格规制。在当事人变更诉讼请求导致案件性质发生改变；原告申请或者法院认为需要增加当事人的，追加的当事人送达困难的；需要委托鉴定、评估、勘验的导致案件不能在审限内审结以及被告提出反诉等不适用原定程序的情形出现时，法官决定变更案件类型的，应当提交审批表和相关案件材料由分管审判管理的院领导审批。[2] 在程序转换前要赋予当事人提出异议的权利并对当事人的异议进行审查。（二）在普通程序转简易程序方面，我国目前在立法上还处于空白，立法者主要是出于程序公正的考虑，担心法官为追求效率而忽略公正禁止"普转简"。在繁简分流中，若案件经过初步分流应当适用普通程序，法官审理过程中发现可以适用简易程序，笔者认为可以赋予法官依"普转简"的权利以及当事人的异议权，当事人异议经审查成立的，应当继续适用普通程序，异议不成立的法院可以依职权转换为简易程序，并对当事人阐明理由。案件经过审查应当适用普通程序审理的，而如果当事人合意选择简易程序的，是否应当选择简易程序存在争议，笔者认为法院应当尊重当事人的程序选择权，经过审查双方合意确属真实，法院在说明利弊后当事人无异议的情况下可以适用简易程序，并无不当。这样可以优化司法资源配置，提高司法效率，保证程序公正。

督促程序以及小额诉讼程序转简易程序或者普通程序也是实务中的一大问题，督促程序转普通程序民诉法已经有了比较明确的规定，债务人收到支付令

---

[1] 《湖南省高级人民法院关于进一步推进案件繁简分流的指导意见（试行）》第九条。
[2] 《重庆市第四中级人民法院关于案件繁简分流的暂行规定》第三十一条。

通知后，向法院提出书面异议导致支付令失效的，此时案件进入诉讼程序再根据案件的繁简适用某种程序处理。对于已经适用小额诉讼程序审理的民事案件，相关法律法规对小额诉讼程序转换为简易程序或者普通程序的规定仍处空白，小额诉讼程序转换为简易程序或者普通程序不仅会增加诉讼成本，更意味着当事人拥有上诉权，会增加法院的审判压力。笔者认为在适用小额诉讼程序审理案件时若发现新情况或者出现不适宜继续适用当前程序审理的情形时，法官可以进行程序转换，程序转换需要诸如法院相关庭室领导批准等严格限制环节。在审理过程中法官发现案件复杂确属应当转为普通程序审理可以依职权进行程序转换；若只是出现新情况但案件仍属于简单案件的范围，应当征求当事人的意见，当事人合意同意继续适用小额诉讼程序的，法院可以继续适用小额诉讼程序。双方无法达成合意的，当事人一方或者双方提出异议的，法官应当依职权转换为简易程序审理。小额诉讼程序除了法院依职权转换，还应当赋予当事人申请权，为了规范转换程序权利使用，当事人申请原则上应当由法院审查裁定，对于法官依职权转换应当赋予当事人异议权。而对于普通程序或者简易程序转换为小额诉讼程序，则情况不同，笔者并不赞同这种转换方式，由于小额诉讼程序一审终局的特殊属性，这样转换会损害到当事人合法的诉讼权利，有违程序公正原则，应当备加审慎。

由于在程序转换中，法院始终占据主导的地位，为防止法官滥用权利，损害当事人的诉讼权利，保障程序公正，因此在各种程序转换中，异议权是当事人维护自身合法诉讼权利的有力保障，当事人向法院提出异议时，法院应当按法定程序进行审查，经审查异议成立的，法院应当尊重当事人的程序选择，异议不成立的法院可以依职权进行程序转换。[①]

(三) 完善多元化纠纷调解机制

调解在民事案件繁简分流机制中多种简易纠纷解决方式里的地位不言而喻，推动调解解决纠纷已成为世界范围内运用最广泛的纠纷解决方式。[②] 为了使大量纠纷在进入诉讼程序前解决，调解成了最有效的办法。

促进和解的英国法院，转变开始于 20 世纪 80 年代初的家事法院，后来是

[①] 叶笑寒，李茜. 浅析民事诉讼当事人诉讼权利的保障 [J]. 法制与经济 (下旬刊)，2012 (1): 60, 62.

[②] 郑善和. 矛盾纠纷多元化解机制下人民调解的创新与发展 [J]. 中国司法，2017 (5): 10-14.

商事法院；到了90年代中期之后，和解在英国的整个民事审判领域就越来越普遍①，"'和解文化'的到来是一场突如其来的转变，它的发生意味着律师和法官垄断纠纷解决时代的终结。各种正式性司法制度的确立，与国家的发展紧密相关，而同时也导致其他基础性的纠纷解决程序的日益边缘化。然而，这些基础程序及其承载的价值却并未从纠纷解决的图景中消失……"②

作为东方国家，日本的调解制度则源远流长，早在日本近代化之前，其就有了广义意义上的调解制度。例如，在江户幕府时期，由于幕府鼓励私了，就出现了第三方为媒介促成的和解（调停）。到了近代化的"明治维新"之后，日本接受了西方的"泰西主义"③法律制度及其治理模式；但是仍然在19世纪末20世纪初通过《借地借家调停法》《小调停法》《民事调停法》《金钱债务临时调停法》《人事调停法》等一系列的立法，从而建立起了自身的调解模式。在二战之后，随着经济社会的不断变化、经济不断提升、科学技术不断进步，一方面案件不断增加，另一方面各类新型案件也不断涌现，这对于日本的调解制度构成了比较大的威胁。为了更好地适应社会，进行调解，日本制定了改正民事法律、家庭调停法，修改了部分调停委员制度和调停程序，强化了调解制度，完善调解程序。④

由于长期受到儒家文化的影响，我国传统治理文化较为强调"礼治"，即所谓"礼之用，和为贵，先王之道为美"（《史记·周本纪》），更强调"和谐""和为贵"的田园牧歌式的无为而治的"无讼"式的"治理美景"。同时，我国主导的儒家学说也在教育理念上较为先进，强调"有教无类"的平等教育基本理念，在此情况下也就更强调"说服、教育"的模式。而在传统上也往往将提起诉讼者视为破坏和谐秩序的不服教化的"刁民"。

另一方面，由于封建中国长期"县官不下乡"，鼓励并强化乡村的士绅或者家族的"自治"模式，更希望将多数纠纷留在乡村通过内部说服、治理乃至强

---

① 西蒙·罗伯茨，彭文浩．纠纷解决过程：ADR与形成决定的主要形式［M］．刘哲玮，李佳佳，于春露，译．傅郁林，校．北京：北京大学出版社，2011：92．
② 西蒙·罗伯茨，彭文浩．纠纷解决过程：ADR与形成决定的主要形式［M］．刘哲玮，李佳佳，于春露，译．傅郁林，校．北京：北京大学出版社，2011：13．
③ 泰西主义，日本明治维新后所实行的仿效欧美各国立法和各种制度的原则。"泰西"，即欧美西方国家。明治维新后，新政府将修改不平等条约列为重要议程，西方列强便以在日本实行"泰西主义"作为交换条件。在列强的压力下，明治政府接受了这一条件。实行泰西主义是日本法制从中华法系转向西方法律的标志。
④ 廖中洪．民事诉讼体制比较研究［M］．北京：中国检察出版社，2008：192．

制的模式解决。所以,调解在封建中国也是有较长传统的纠纷解决模式,这就导致调解在当下的乡土社会也具有较强的民意基础。

人民群众存在多种不同的需求,调解工作需要在此基础上展开。探究调解存在的理论基础,除了我们比较容易了解的功利主义理论、正义理论之外,还有其他的多种理论。以功利主义为基础的基本需求理论,其更侧重于"注重帮助各方当事人追求并实现包括自由、居所、和平、尊严、公正补偿等在内的各项基本需求"[1]。其强调优先满足各方当事人的基本需求,其次再考虑基本需求之外的其他需求。该理论侧重于引起矛盾的各种情感与非金钱因素,更适合运用于社区调解。

解决理论是基本需求理论的一个特别分支[2],该理论不太适合用于人身伤害案件的调解上,但在调解合伙人争端中发挥了更出色的效用。其认为"一切调解活动均应在避免引起或已经解决暴力冲突的前提下,将重点放在解决纠纷上"[3]。其并非完全依照公平正义进行纠纷解决,却对于解决内部问题、维护良性运行方面更有优势。

自然法理论则认为,"人类社会中存在政治权力和法律权力,均应当是符合人们的道德标准的权力。自然法理论主导下的调解努力将自然法哲学框架纳入调解的基本含义中,意欲使双方当事人根据自然法的'应然'规则达成一致,从而在彼此之间建立一种和谐关系,最终实现解决纷争之目的"[4]。

恢复性司法理论则将调解看作是"提供恢复性司法服务、修复刑事违法行为所造成损害的有效工具",并且"秉持社会主流价值观,代表受害方与社会的整体利益,协助犯罪人重新融入社会"[5]。

从理论上看,调解的特征主要包括[6]:①各方参与的自愿性,这样才能够更

---

[1] 丹尼尔·玛希,斯蒂芬·玛希.调解的哲学奥妙[M]//最高人民法院司法改革领导小组办公室.域外 ADR:制度·规则·技能.赵昕,译.北京:中国法制出版社,2012:9.

[2] 丹尼尔·玛希,斯蒂芬·玛希.调解的哲学奥妙[N].赵昕,译.人民法院报,2010-07-23(6).

[3] 丹尼尔·玛希,斯蒂芬·玛希.调解的哲学奥妙[M]//最高人民法院司法改革领导小组办公室.域外 ADR:制度·规则·技能.赵昕,译.北京:中国法制出版社,2012:9.

[4] 丹尼尔·玛希,斯蒂芬·玛希.调解的哲学奥妙[M]//最高人民法院司法改革领导小组办公室.域外 ADR:制度·规则·技能.赵昕,译.北京:中国法制出版社,2012:9.

[5] 丹尼尔·玛希,斯蒂芬·玛希.调解的哲学奥妙[M]//最高人民法院司法改革领导小组办公室.域外 ADR:制度·规则·技能.赵昕,译.北京:中国法制出版社,2012:9.

[6] 赵云.调解实务与技巧[M].北京:清华大学出版社,2011:3.

友好地进行调解、协商以及达成和解。②调解员的中立性、公正性。中立不一定公正，但是只有中立才能更加公正。所以，需要调解员是中立的，与双方应当是等距离的，其不能够与任何一方有利害关系，也不能偏向于一方。③保密性。这样更有利于达成协议，也更有利于保护相关信息。

在我国当下的繁简分流机制的推进过程中，笔者认为需要进一步拓宽社会力量参与纠纷解决的制度化渠道，不仅仅是法院参与，还需要充分利用社会各方的力量，加强行政机关、居（村）委会、人民调解组织、行业调解组织、仲裁机构、公证机构等各类主体的协作。形成多层次、多手段、多主体的多元化调解体系，使得大量纠纷在进入法院大门前得到解决，以减少法院的民事案件数量，一些小的民事纠纷还可以避免"法庭见"的尴尬局面，促进社会和谐。目前繁简分流中更加强调诉讼调解，其他调解方式比如行政调解、人民调解流于形式，在实践中适用率低下。当事人遇到纠纷往往首选诉讼，究其原因主要是缺乏专业的调解员。当前诉源治理工作主要依赖法院为主推动，法院的经费有限，近年来虽然已经编列专项调解推进经费，但经费标准偏低，调解员的薪资与计件报酬远低于市场薪酬水平，无法吸引到优质的司法人才，由此导致调解水平有限，当事人信任度不高；此外诉讼外调解协议效力没有强有力的法律保障也是当事人不愿选择诉外调解的重要原因。因此需要进一步完善当前多元调解机制，促进纠纷在进入诉讼前解决。

首先要赋予诉讼外调解协议更多的法律效力。通常在人民调解委员会主持下达成的调解协议不具有强制执行力，对当事人双方没有约束力，调解协议的履行一定程度上依靠当事人的自觉与配合。如果一方当事人在达成协议后反悔的，向法院提起民事诉讼意味着之前达成的调解协议失效。只有在人民法院主持下达成的调解协议才具有同生效判决书一样的法律效力，一方当事人不履行调解所确定的义务，对方当事人可以申请人民法院强制执行。通过院外院内两种调解方式的比较可以发现诉讼外调解具有不确定性，法院赋予院外调解的是合同效力，因而当事人往往选择直接绕过诉讼外调解，纠纷进入法院无疑增加了法院的负担。笔者认为在多元调解机制中，法院在赋予院外调解合同效力的基础下，可在不违背法律规定的情况下，对于平等、合法、双方合意达成的调解协议予以司法确认，一旦出现不履行义务的情况，法院可以直接根据之前达成的调解协议进行确认调解协议的合法性或者根据调解协议作出判决，使得该调解协议具有强制执行力。

其次要建立专业的调解人员队伍。在法院内部为了调解的顺利进行，由调解经验丰富的法官担任专职调解员，主持诉前调解，对达成调解协议的当场制作调解书，对调解不成的适宜速裁的，有权直接适用速裁程序处理。人民调解委员会在聘任人民调解员时可以聘任一些具有专业知识的社会人士或者受民众认可的有威信的中间人士，要注重选聘律师、公证员、仲裁员、基层法律工作者、医生、教师、专家学者等社会专业人士，还有退休检察官、法官等司法专业人员，在民族地区以及乡村，还可以考虑引入家族、宗社，乃至宗教人士，并由法院对其进行法律知识培训。当然，考虑到有威信人士的实际情况，还可以考虑为前述人员中非法律背景人员配备法律专业助手，以保障人民调解员的专业化水平，尽可能地保证调解协议的质量。此外需要进一步完善人民调解员规范，人民调解员需要在法律允许的范围内进行居中调解，严格职业道德和工作纪律，树立良好的工作作风，形成良好的社会风气。建立投诉处理机制，对于人民群众投诉人民调解员违法违纪行为要及时处理并公示，不断提高人们的满意度以及信任度。此外由于社会纠纷多元化，出现不同的新情况新纠纷，要对人民调解员展开定期的专业培训，使得人民调解员可以适应不同时期的调解工作。

完善多元调解机制需要正确处理调解与诉讼的衔接问题，人民法院建立诉调对接管理系统，整合调解资源，强化调解功能，实现诉讼与调解优势互补，提高司法效率，及时有效地化解社会矛盾。[①] 笔者认为在繁简分流中，人民调解机构因为其所具有的诉前解纠功能可以充当前置调解组织，其次在法院内部设立人民调解室，案件在立案前，法官可以对当事人进行引导，对于适宜调解的纠纷，引导当事人委托调解。在当事人合意同意调解的情况下，将纠纷分流到法院设立的人民调解室处理，对于专业性较强的纠纷，在立案时根据该案件的具体情况委托该领域专业性较强的调解委员会处理，这样可以降低当事人诉讼成本，也提高了司法效率。在调解协议达成后，调解员要及时提醒和引导当事人若有疑虑可以申请对调解协议进行司法确认。在调解与诉讼的衔接中，两者要有机结合，必要时院外调解需要法院监督指导，实践中存在"诉讼外调解是帮法院干活""法院推卸责任"等错误认识，目前法院的审判业务考核对法院主导的多元化调解机制没有相应的制度指导和约束，法院应当积极参与人民调解工作的展开，在法院内部设立专门的诉调对接机构，负责院外调解无效需要转

---

① 《最高人民法院关于民商事案件繁简分流和调解速裁操作规程（试行）》（法发〔2017〕14号）第十八条。

诉讼程序解决时,可以无缝对接,省时省力。所以调解作为繁简分流机制中的重要组成部分,法院的参与不应仅仅局限在法院内部调解,也应该重视院外调解的作用,法院通过对非诉调解、法院调解的衔接与整合,对非诉调解予以必要的指导和监督,不再把法院内部处理纠纷作为唯一的职责,积极参与诉讼外调解工作,组织、协调、主持多个纠纷解决主体共同调解纠纷。

(四)切实保障当事人的诉讼权利

在诉讼过程中,当事人有权依法处分自己的民事权利和诉讼权利。① 繁简分流机制作为民事诉讼中的一种新机制,当事人依法享有处分权,其中包括实体处分权也包括程序处分权。我国目前繁简分流实践是"重简案轻繁案""重职权轻权利保障""重效率轻公正",虽然各地法院都出台了繁简分流规定规范,强调法院依法行使职权的同时要充分保障当事人诉讼权利,但是实践表明速裁程序与简易程序等繁简分流改革的具体措施,往往更加侧重于法院行使职权方面的改进,而缺乏对当事人诉讼权利的保障。

笔者认为,诉讼权利是重要的基本权利,也是民事诉讼开展的逻辑起点和实施基础。依据"最低程序保障原则",即无论利益衡量的结果表明国家和社会的利益多么重要,都不得牺牲个人获得最低限度的程序保障的权利。② 法院适用速裁程序时的简便性使其简化了许多庭审程序限制,例如不受法庭调查、法律辩论限制,但法官需要告知当事人回避、上诉等基本诉讼权利,并听取当事人对案件事实的陈述意见,③ 该规定体现了繁简分流中法院可以尽可能地简化诉讼程序,但是在简化诉讼程序的过程中,不能因为追求效率提升而弱化当事人行使有关诉讼权利,需要保障当事人最基本的诉讼权利,包括但不限于程序选择权、被告知的权利、陈述和抗辩的权利、举证的权利等。

民事繁简分流机制亦不应对当事人的程序选择权过多限制,法院应当尊重当事人的选择,允许双方经过合意选择适用某种程序来解决纠纷,在确认双方当事人的选择后,法官应当对该种程序进行释明,让当事人充分了解选择该程序的利与弊,由此产生的后果,由当事人自行承担。④ 法院在依职权选择某种诉

---

① 《民事诉讼法》第十三条第二款。
② 傅郁林. 繁简分流与程序保障 [J]. 法学研究, 2003 (1): 50 - 63.
③ 《最高人民法院关于民商事案件繁简分流和调解速裁操作规程(试行)》(法发〔2017〕14 号) 第二十一条。
④ 唐力. 司法公正实现之程序机制——以当事人诉讼权利保障为侧重 [J]. 现代法学, 2005, 37 (4): 52.

讼程序或者转换程序时,应当赋予当事人异议权,经审查异议理由成立,法院应当对当事人的选择予以尊重和保护。在案件进入诉讼程序后,诉讼程序的顺利开展有赖于当事人的理解与配合,司法实践中,一些简单案件往往由于当事人的不配合而变得棘手。为了提高当事人在诉讼程序中的积极性和配合度,需要通过灵活的方式让当事人充分了解程序规范、运行机制以及该程序可以给当事人带来的便利。在案件进入程序后,需要告知当事人到庭参加诉讼以及不参加诉讼的后果,在当事人的权利受到影响时,法官应当以适当方式通知当事人,以便当事人及时作出反应。在案件审理过程中,当事人拥有陈述和抗辩的权利,可以以口头方式或者书面形式获得向法庭和对方当事人陈述和答辩的机会,在采用速裁程序前,法官应当告知当事人双方速裁程序的规则,在取得当事人书面方式或者口头方式的同意后,才可以省去法庭调查、辩论这些程序限制,直接根据争议焦点作出判决。这样可以在不违背程序正义,并且保障了当事人的诉讼权利的前提下提高诉讼效率。

在繁简分流机制推行过程中,法官裁判回归本位,一方面充分体现和尊重当事人的意愿;另一方面法官应当更多地介入诉讼活动中来,让诉讼程序成为当事人和法院共同作用的场所。① 繁简分流追求效率,在某种程度上诉讼参与人的诉讼权利会作出一定妥协,但是如前所述,无论繁简分流如何简化程序,提高司法效率,都要最大限度地保障公正性,具体而言,个人获得最低限度程序保障的权利不容侵犯,这也是公正的底线,否则以牺牲公正来换取效率,繁简分流机制的改革将得不偿失。

(五)积极适用非诉程序和小额诉讼程序

所谓非诉程序,指的是解决民事非讼案件所适用的程序。狭义的非讼程序主要是指民事诉讼法第十五章规定的特别程序,包括选民资格案件;宣告公民失踪、死亡案件;认定公民无行为能力、限制行为能力案件;认定财产无主案件、确认调解协议案件、实现担保物权案件。广义的非诉程序,还包括督促程序、公示催告程序,甚至破产程序。

司法实践中,督促程序和公示催告程序是主要的非诉讼纠纷解决方式,近年来,对诉源治理工作日益重视,各地法院广泛开展了督促程序的探索,而一些2012年民诉法修改新增的程序,比如,实现担保物权程序,得到的关注与日俱增。一些地区,比如厦门法院,就在金融案件等专门领域开展担保物权实现

---

① 程春华. 裁判思维与证明方法[M]. 北京:法律出版社,2016:19.

程序的制度细化实践探索，首推"要素式担保物权快速实现程序"改革。①

督促程序与小额诉讼程序都是简易纠纷解决的方式之一，两者有一共同点，就是相比较于简易程序和普通程序，程序更加简便快捷，但是由于督促程序和小额诉讼程序在立法上以及实践中的一些问题，导致在繁简分流中很少得到适用。

关于督促程序，其起源于中世纪的德国，后来经由意大利和法国而发展起来。督促程序系"关于以替代物之一定数量之给付为目的的物之财产上之请求"，即"凡欲依督促程序而受利益者，必须系财产上之请求。而财产上之请求，又须以代替物之一定数量之给付为目的。因代替物关系简单，可用简易办法，使执行迅速"。②

所谓督促程序是指，"债权人请求给付金钱或其他代替物或有价证券之一定数量，向法院申请以债权人之主张为基础，向债务人发出督促债务人支付之命令，并载明如债务人不于一定期间内提出异议，则该支付命令即与确定判决有同一效力之特别程序。"③ 在学理上，督促程序本质上属于非诉事件，但在立法上并入大民事诉讼范围内。由此，一方面，非诉事件的本质属性决定了督促程序不需要进入庭审，非讼程序原则上采取书面审理和不公开审理原则，并且强调法院的职权主义，这与诉讼事件/程序的基本原理上存在根本性的差异。但另一方面，也正是因为督促程序的这些特点，也就能够更高效地节约司法资源，并解决社会纠纷。依照非讼程序的原理，"它的启动不以案件有权益争端为事实前提，因而只要一方当事人申请就可以把它发动起来，而且该申请者不一定与本案有直接的利害关系。法院对于非讼案件的处理，不是依赖于双方当事人的陈述及辩论的结果，而是以一方当事人的单方面陈述及论辩为裁判基础的。"④ 同时，督促程序的非庭审性，也决定了其并未为当事人提供对归属不明的民事权利进行争执的机会，由此也避免了传统诉讼程序所必然伴生的激烈对抗性。司法实务中，督促程序的诉讼费用一般按照正常民事诉讼的三分之一收取，在现行民事诉讼体系中居于最低的收费标准，因此，经济性也是其一大优势。

---

① 安海涛，王丽菊．打通金融债权清收"最后一公里" 厦门首推"要素式担保物权快速实现程序"改革［EB/OL］．人民法院报官网，2020-08-12．
② 松冈义正，熊元襄．民事诉讼法［M］．李凤鸣，点校．上海：上海人民出版社，2013：203-204．
③ 林家祺．民事诉讼法新论［M］．台中：五南图书出版公司，2014：671．
④ 杨剑．缺席审判的基本法理与制度探索［M］．厦门：厦门大学出版社，2016：26-27．

根据学者的研究，督促程序具有如下功能：①过滤掉大量的无争议案件；②解决债权债务纠纷；③贯彻诉讼经济和诉讼公正原则；④减少当事人之间的对抗；⑤有助于扩大非讼程序的适用范围。①

在当今中国的司法实践中，督促程序适用比例低，主要原因在于：当事人权利义务配置失衡，支付令送达困难，法院排斥督促程序等。② 人民法院在适用督促程序时，由于当事人对支付令拥有绝对的异议权，只要债务人对支付令提出书面异议，无论异议是否成立、是否有道理，法院将不做审查，一律裁定终结督促程序，支付令自行失效，债权人可以起诉，导致督促程序流于形式。这种绝对的异议权在一定程度上保护了债务人的权利，但同时也易造成异议权被滥用，使得支付令失效，从而降低债权人选择适用督促程序的意愿，这种弊端是督促程序在立法上的缺陷。要解决督促程序适用比例低的问题，首先要对债务人的异议权进行规制，建立债务人异议审查制度，对债务人提起异议权的情况分情况处理，若债务人对债务本身没有异议，只是由于其他因素导致无法偿还债务，不影响支付令的效力。实际上在这一程序中，法官未充分了解案情，发出支付令以及审查债务人异议都只是根据当事人的"一面之词"，这种审查只能是形式上的审查，种种问题都会影响督促程序的适用。因此笔者认为，可以尝试改革督促程序法律制度，对于发出支付令与债务人的异议都要进行一定程度上的实质审查，债权人申请法院支付令，需要提供合理合法的材料证明，法官在经过深思熟虑后才能够发出支付令，以减少债权人为省事而申请支付令的情况，债务人对于支付令提出的异议理由必须合法有效，异议是针对债务本身提出并提供必要的证据材料。经审查理由充分、真实，法院可以裁定终结督促程序，反之则驳回债务人的异议，赋予支付令强制执行力，从而遏制债务人滥用异议权。在法院裁定终结督促程序后，债权人只能另行提起诉讼，由此造成当事人前期选择督促程序徒劳无功，需要再次缴纳诉讼费用，既浪费人力又增加成本。笔者认为，在繁简分流改革中，其实可以尝试将督促程序与诉讼程序有效衔接起来，兼顾二者的优点。具体而言，在法院裁定终结督促程序后，经过债权人同意，可以将案件直接由督促程序转入诉讼程序，督促程序失效后，可以将收取的申请督促程序的费用转换为诉讼程序费用，不足的另外由当事人补足，这样债权人可以避免双重交费，这样诉讼程序可以作为督促程序的救济，

---

① 章武生. 民事司法现代化的探索 [M]. 北京：中国人民公安大学出版社，2005：228.
② 张海燕. 督促程序的休眠与激活 [J]. 清华法学，2018，12 (4)：128-148.

可以促进债权人积极选择督促程序来解决纠纷,也提高了债务人使用异议权的成本风险,债务人在使用异议权时会有更多顾虑。督促程序的特点决定了相较于繁简分流中的其他诉讼程序更加简便、快捷,适用督促程序处理给付金钱或者有价债券之类的纠纷能够节省时间和费用。

  小额诉讼程序作为简易程序中的一种,程序比简易程序更为简化,因此在繁简分流强调效率的基础上,法官应当积极适用小额诉讼程序。小额诉讼程序主要在基层法院和它派出法庭审理标的额较小的简单民事案件时适用。其特点非常符合占基层法院比例较大的一审民事案件的情况,但小额诉讼程序也有其弊端,导致在实践中适用比例不高,主要是小额诉讼程序中实行一审终审,缺乏规范的流程,当事人救济渠道受限等。因此要发挥小额诉讼程序在繁简分流中的作用,首先要解决当事人救济难的问题,民事诉讼法明确规定小额诉讼一审终审,意味着当事人败诉后只能通过申请再审,然而小额诉讼本身的诉讼标的不高,申请再审增加了当事人的诉讼成本,启动再审本身也需要严格的启动条件,因此通过当事人申请再审来救济权利并不现实,笔者认为可以赋予当事人对裁判结果的异议权,当事人不服裁判结果可以向原审法院提出,由法院另外指令法官进行复核,若裁判结果确有问题,经院长或者审判委员会批准,法院可以启动再审程序对案件进行重新审理,并酌情减低诉讼费用,以此来实现当事人的权利救济。其次在选择适用小额诉讼程序时除了由法官依职权选择外,在案件标的额超过法律规定的情况下尊重当事人的程序选择权,可以赋予当事人合意协商选择小额诉讼程序的权利。在当事人自主选择小额诉讼程序的情况下,当事人对小额诉讼的裁判结果更加容易理解和接受,从而更加顺利地解决纠纷。为提高小额诉讼程序的适用比例,各地法院设立了速裁庭,笔者认为可以在速裁庭内部设立小额速裁工作室或者组建小额速裁团队专门负责小额诉讼案件。

  面对案多人少的困境,推进繁简分流机制仅仅强调"调解+速裁"并不足以充分利用司法资源解决纠纷,法院应当积极适用小额诉讼程序和督促程序,在适用过程中不断完善相关制度,解决小额诉讼程序和督促程序的问题,使之成为繁简分流机制中重要的纠纷解决方式之一。

二、法院管理制度的完善

(一) 完善繁简分流管理机制

建立合理的繁简案件考核机制和质量监督机制。繁简分流机制要求法官将简单案件和复杂案件区分，适用不同的程序进行处理，在实践中法官难免会"避难趋易"，积极适用简易程序处理简单案件，对于复杂案件也可能选择适用简易程序，这样导致繁案不繁，此外在繁简分流中为追求效率而牺牲公正导致案件质量问题。因此，要充分发挥繁简分流机制的真正效能，需要建立合理的繁简案件考核机制和质量监督机制。现在法院对法官的绩效考核一般"以案件数量为中心"，其中结案数量是最重要的考核指标，所以要在繁简分流案件分流的基础上，科学区分繁案与简案，根据繁简的差异评价法官工作的难易来确定法官的工作量，合理地设立工作评估指标，进而调动法官及繁简分流中其他工作人员的积极性，减少"繁案不繁"现象发生，提高司法效率。此外需要建立案件质量监督机制，落实"谁审判，谁负责"。繁简分流要求法官在较短的时间内审结案件，容易出现效率与公正无法兼顾的现象，所以要确保案件质量，既要效率也要保障公正。因此要对繁简案件进行审后监督，成立专门的案件质量监督部门对审结的案件进行评查，接收当事人的信访意见，发现问题及时纠正，出现错案时追究有关案件处理人员的责任，保障权责一致。这样可以使得审判人员在处理繁简案件时兼顾效率与公正。

推进审判专业化。繁简分流中最关键的因素在于作为审判主体的法官，专业化是法院加强队伍建设的内在需要，也是推进繁简分流的有效办法。当前，审判人员的审判水平并不均衡，在案件类型不一的情况下，繁简案件适用的不同程序又有难易之分，可以根据法官办案能力、审判经验以及业务特长等因素，确定不同案件类型，由熟悉该领域的法官负责。法院可以组建擅长不同领域纠纷的专业化审判队伍，将常见的纠纷类型化，组建知识产权团队、破产纠纷团队、家事纠纷团队、民间借贷团队、合同纠纷团队等不同的业务团队，专业化审判团体审理不同类型案件，可以有效实现繁简分流，法官长期办理特定类型案件，可以提高审判质量与效率，此外同一审判团队处理同类型案件，可以实现裁判尺度统一，增加当事人的信任感。法官长期专门办理某个领域的案件，可以有效总结裁判经验，以供借鉴。推进审判专业化的同时要强化对法官的培训，民事案件繁简分流机制是一项专业性极高的改革，而改革成败的关键在于作为审判人员的法官，法官的综合素质直接关系能否有效推行繁简分流机制。首先是加强对分案法官或者程序分流员的培训，使其能够准确地判断案件的繁简以及适用合适的程序。其次是对速裁法官的培训，速裁法官需要明确速裁程序的特定、适用规则。再次是对精审法官的培训，繁简分流不仅仅要求简案快审，也强调繁案精审，处理繁案更加需要提高法官的业务能力，最后法院应当定期展开民事案件繁简分流机制学习，交流和总结经验，加深对繁简分流机制的认识。

简化裁判文书。裁判文书的繁简分流最终必然要落实到具体的书面材料上，用什么样的形式来体现裁判文书分流的效果是这一改革需要重点关注的问题。[①]在实践中，裁判文书写作中存在大量罗列证据和质证过程，造成裁判文书篇幅长而重点不突出、主次不明。在推进繁简分流强调高效的改革背景下，需要对裁判文书进行简化，对于可以达成调解的简单案件，法官在制作调解书时可以只载明当事人的基本情况、案由、诉讼请求和调解结果。[②] 采用速裁方式审理的民事案件，法官可以使用表格式、令状式、要素式等简式裁判文书。[③] 其中令状式裁判文书事先根据案件类型以表格的形式制作好裁判文书，该文书只包括诉讼参与人的称谓和法官裁判的主文，法官在向当事人阐明情况后可以省略当事人诉辩主张和详细裁判理由，适用此类简式裁判文书时当事人只需要在立案表格上填好相关内容，法官根据相关证据和事实直接做出裁判结果。采用令状式裁判文书可以实现当庭制作、当庭送达，简单快捷，大大减轻法官和当事人的负担。要素式裁判文书可以直接提炼出作为裁判依据的基本要素当事人陈述意见、相关证据、法院认定的理由和法律依据，省略其他与判决无关的要素，这类简式裁判文书主要针对一些要素固定的案件。这样法官在开庭时可以很快抓住庭审重点，省略不必要的环节，直接做出裁判，这样能让法官迅速解决纠纷。表格式裁判文书是把当事人诉辩主张、法院查明的事实以及裁判理由和裁判结果用列举的方式体现在表格上，主要适用于诉讼标的适宜用表格方式列明的案件，比如金钱给付案件。笔者认为，基层法院的裁判文书的制作应该拒绝"复杂化"的不良倾向，通过裁判文书简化与繁简案件类型结合起来，该简则简，

---

① 王刚. 民事裁判文书繁简分流的标准与形式 [J]. 法律适用，2006 (4)：95 - 96.
② 《江苏高级人民法院关于深入推进矛盾纠纷多元化解和案件繁简分流的实施意见（试行）》第四十六条.
③ 《最高人民法院关于民商事案件繁简分流和调解速裁操作规程（试行）》（法发〔2017〕14 号）第二十二条.

该繁当繁,可以节省法官极大的时间和精力。简化裁判文书的同时,应当进行规范化,保障程序公正与效率兼顾,更好地为繁简分流机制服务。

(二) 配套繁简分流保障制度

将审判业务与审判辅助事务分离。在繁简分流机制中,由法官和司法辅助人员组成的办案团队的效率直接关系到繁简分流机制的质量和效果。在诉讼程序中,法官面临的各项实务繁杂,审判辅助性事务占据了法官大量的时间和精力,笔者认为法院应当将审判辅助性事务与审判事务分开,让法官集中精力处理案件本身的程序和实体问题。法院可以在内部设立专门从事审判辅助性事务的部门,负责民事案件的首次送达、排期开庭、财产保全、调查取证、材料收转、评估鉴定等程序辅助性工作,通过对诉讼流程的规范管理,实现审判工作和辅助事务的分流,使得法官从这些辅助性事务脱出身来,以减轻办案法官的负担。其二是在法院人员不增加编制的情况下,可以向社会招收司法辅助人员或者通过跨单位合作,通过从高校引入大四、研三等特定阶段,课程负担不重的法学专业实习生,协助法官开展诉讼服务并从事审判辅助性工作。有了这些新增司法人力资源后要将从事司法辅助的工作人员分组,成立送达组、卷宗整理组等来提高效率。

完善送达程序。送达是诉讼程序中的重要环节,"送达难"成为阻碍繁简分流顺利解决纠纷的因素之一,快速解决纠纷需要当事人积极参与,送达不到位,极大地影响了审判活动的正常开展,因此需要完善相关送达程序。直接送达是所有送达方式最为直接有效的,因此在立案阶段,法官做好释明工作,要求原告提供双方当事人准确的联系方式和地址,告知其不能送达的法律后果,保证送达地址的准确性,同时灵活调整送达时间,提高送达效率。邮寄送达也是送达中常用的送达手段,可以与邮政机构沟通合作,完善法院邮寄送达制度,邮政机构确定由专门的邮政人员负责法院诉讼文书等材料的送达,提高效率,对专门负责法院送达的邮政人员进行培训,妥善处理法院送达过程中存在的拒收、无法投递等情形,确保邮寄送达符合法律程序的要求。除了通常用的几种送达方式外,也可以灵活使用送达方式,比如,采取口头或者电子邮箱、即时通信工具、短信、电子通信等简便方式传唤当事人、通知证人到庭和送达裁判文书以外的诉讼文书。此外法院可以充分利用社会资源协助送达,送达时请求街道、社区人员等基层单位和组织协助送达,当事人拒收或者不能送达时可以作为留置送达的见证人,达成有效送达。

利用信息技术促进繁简分流。司法改革与信息化建设共同推进人民司法事业发展，大力推进人民法院的信息化建设有助于推行繁简分流机制。在繁简分流的实践中，已有许多法院通过互联网科技，实现智能化办案，推进审判管理信息化建设，为繁简分流机制改革扫除技术障碍。目前民事案件繁简分流机制分案主要采用"人工分案"为主的方式，笔者认为可以引入信息技术，采用"智能分案为主，人工审核为辅"的分案方式，法院事先在法院信息系统里设置民事案件繁简区分的几个重要指标，由当事人在立案时输入案件的基本信息，系统通过对案件信息与繁简分流区分指标的对比实现"智能分案"，但是由于计算机的局限，在智能分流后还需要通过人工审核来保证分案的准确性。在推进繁简分流改革的过程中不仅仅要求繁简案件类型化处理，还需要对同类型的案件裁判规则、审判经验进行总结并推广，可以通过建立繁简案件裁判指引系统，为类案的数据分析提供智能指引和审判辅助，法院可以利用该系统实现典型案例、裁判文书、法律观点等审判信息的智能检索，为法官提供智能化服务，提高法官审判效率。此外，还应当广泛应用信息技术，通过建立"网上法院"的方式，以网络服务平台为依托，起诉、立案、举证、开庭、裁判等诉讼环节都可以在网上完成，使得纠纷可以更快地得到处理。

三、流程改革或工作模式创新

推进民事案件繁简分流是一项系统工程，涉及法院内设机构调整、人力资源调配、审判流程再造、社会资源利用等多个方面，各项改革举措之间联系紧密，关联度高、耦合性强，往往"牵一发而动全身"。[①] 这就要求我们先要进行框架性的改革重塑，打破传统思维定式和工作惯性，运用系统统筹的工作方法，改变原有繁简不分的司法模式，从立案、审判、执行各程序环节研究繁简分流标准、程序、方式、方法，努力在司法资源的科学配置上做文章。[②] 在这个方面，各地不少法院做出了尝试，不少经验值得借鉴。

（一）流程改革

1. 整体流程优化

对审判流程进行重新设计和整体改造。例如，北京市西城区法院通过在诉讼前端打造诉讼服务、立案登记、诉调对接、立案速裁、信访接待的"五位一

[①] 周继业. 以改革思路推进案件繁简分流 [N]. 人民法院报，2017 - 09 - 19 (2).
[②] 宿州市萧县人民法院优化司法资源配置民事案件繁简分流 [N]. 安徽法制报，2018 - 10 - 09 (3).

体"大诉讼服务新平台，实现了案件的甄别过滤、多向疏导和精确分流。他们还推行"分诊台"式审判方式，加大适用特别程序、督促程序、小额诉讼程序和简易程序的力度，对调解不成的案件加快导出、快速裁决。① 还比如茂名市信宜市法院发挥审判辅助人员作用，在庭前由书记员、速录员先行核对当事人信息、告知其权利义务、法庭规则，并先行确定争议方向。法官在庭审时根据庭前确定的争议方向，着重调查影响案件审理的关键要素，将法庭调查和法庭辩论有机融合。及时确认调查阶段已查明的事实，不另行安排法庭辩论程序，有效缩短庭审时间。对事实清楚、争议不大的，当庭做出裁判并当庭送达文书。在流程打造的思想构图方面，孝感市孝南区法院采取"挂图作战"方式，制作7项工作流程图表，使繁简分流各项工作流程一目了然。在流程打造软硬件结合方面，德州市平原县法院不断加强诉讼服务中心硬件建设，建成集诉讼服务、诉讼引导、立案登记、案件速裁等多项功能于一体的诉讼服务平台。对案件实行"庭审三同步"，即在全程录音、录像的同时，通过智能语音识别技术将庭审语音转化为文字并向当事人同步展示，由法官助理"坐堂听审"后草拟法律文书，加快办案节奏。积极推行裁判文书简化改革，对民间借贷、交通事故等简单案件使用要素式、表格式等格式化裁判文书。

2. 门诊式庭审

门诊式庭审方式是法官立案和庭审类似于医生坐诊的办案新模式，能够当场立案、庭审和判决。例如，银川市兴庆区法院建立了"门诊式庭审"办案机制，其在交警支队设立了道路交通事故法庭，由法院、保险公司、司法所安排专人"坐诊"，现场调解交通事故类案件。② 同时，借助"网上数据一体化"处理平台，实现案件从诉前调解到立案、送达、审理、执行款赔付等全流程在线处置的"无缝衔接"。又如，桂林市象山区人民法院探索"门诊式"和"要素式"庭审应用方式，其"门诊式"庭审针对一定数量案件当事人集中进行诉讼风险和诉讼权利义务告知后依次审理，当庭宣判审理；而"要素式"庭审则是根据审判经验确定案件庭审需要查明的要点作为庭审要素，并结合诉讼请求确定庭审顺序，围绕争议要素将调查和辩论同步进行的庭审模式，如婚姻家庭、民间借贷、车险等比较类型化的案件即可适用要素式庭审。

---

① 赵岩，甘琳. 精确分流 强化速裁 模块审判——北京西城法院构建案件繁简分流机制工作调查 [N]. 人民法院报，2017 - 10 - 12（5）.
② 贾淑娟. 银川兴庆繁简分流的精准把握 [N]. 人民法院报，2018 - 11 - 05（8）.

3. 其他配套体系建设

在繁简分流的配套体系建设方面，还需要建立各类配套措施。

（1）再减少文书审批环节。如盐城市建湖县法院规定院、庭长不得再审核签发本人未参加审理案件的裁判文书，所有员额法官独任审判案件的裁判文书，由员额法官自行签发；非员额法官独任审判案件的裁判文书，由团队负责人签发；组成合议庭的，由审判长签发。①

（2）从立案环节着手，推进案件繁简分流，解决案多人少难题。如郑州市金水区法院将诉讼服务中心、快审速裁中心、诉前调解中心、保全中心等部门的资源进行优化配置、综合运用，以实现"小窗口、大立案"。②

（3）建立科学的考核指标体系。根据案件难易度测算，分别量化各类案件的基本办案基数，确定超出的年结案数达标值，以审判质效指标为考核项目，制定批量案件和重大疑难复杂案件折算办法等③。

4. 强化诉前调解

本书第五章将对此进行详细论述。

5. 集中审判

集中审判、全程简化原则也是流程改革的一个重要方面。在保证审判质量的前提下，简案审判工作的重点和关键在于提速增效。只有真正做到简案快审，才能切实保障繁案精审。将多个相同或相似案件集中安排庭审，有助于提高简案的审判质效。集约之下，法官集中考量、互为参照，既减少工作安排等事务性负累，也有利于平衡协调、精准裁判。对于道路交通事故、劳动争议、物业欠费纠纷等类型的简单案件，可以尝试集中审判。因其共同特征就是事实、证据及法律关系均相对简单清楚，只要法官仔细把控，在审判上应当不存在问题。④

例如，浙江省杭州市萧山区人民法院采取了"多案连审""多案同审""一庭多审"等审理机制，对简单民事、刑事类案合并审理，简化庭审环节，提高

---

① 江苏省盐城市建湖县人民法院. 建湖法院推进矛盾纠纷多元化解和案件繁简分流［EB/OL］. 新华网, 2018-04-27.
② 李鹏飞, 赵栋梁, 毛佳玲. 小窗口大立案推进案件繁简分流［N］. 河南法制报, 2018-03-06（5）.
③ 杨剑. 缺席审判的基本法理与制度探索［M］. 厦门：厦门大学出版社, 2016：26-27.
④ 孟焕良, 徐治平. 繁出精品 简出效率——浙江杭州萧山法院实现审判质效双提升［N］. 人民法院报, 2016-03-08（4）.

诉讼效率。① 还如在 2017 年 6 月广州法院立案庭进行"门诊式庭审"的示范诉讼，灵活高效地集中审理了 19 件简案。在庭前，由法官助理对 19 件案件的当事人进行宣读法庭纪律、告知诉讼权利义务等程序性工作。庭审中主审法官不再区分调查、阶段辩论，集中对 19 件案件的诉讼请求、争议焦点进行实质审理，让庭审工作紧凑有序而快速。② 此外，还有其他地区法院进行尝试，例如连云港市赣榆区法院推进简单案件集中审理。对于适用简易程序审理的民事案件采取合并审理、集中开庭、区别处理方式。兴安盟突泉县法院也实施了批量案件集中审理，大幅压缩了批量案件的审理时间。

6. 简化提升送达程序

送达程序在整个诉讼流程中貌似不重要，但其实对案件繁简分流的影响很大。民事案件审理过程中的一个重要疑难问题是文书的送达，受限于长期以来公告案件与普通程序的"捆绑"，一个简单民事案件可能因为文书无法送达当事人而不能适用相对简易的程序，拖延了诉讼周期，浪费了司法资源。所以为了更好地发挥繁简分流机制的效用，在速裁案件的审理中对送达程序应当做相应简化和提升。这方面的试点例如盐城市建湖县法院化解"送达难"的问题，在金融合同纠纷等案件中推行诉前地址确认制度，将当事人在纠纷发生前约定的送达地址作为送达诉讼文书的确认地址；发挥"送达小分队""搜查小组"等创新举措的效用，充分利用网格系统，集约化管理直接送达，实现集中送达，统一公告；积极探索电子送达、公证送达的创新方式，将电话录音、手机信息等即时工具纳入常规化的送达方式中③。引导当事人同意电子送达，并要求其提供并确认传真号、电子信箱、微信号等电子送达地址。

7. 督促程序

在民事程序中，还可以进行各类创新试点，以推动繁简分流、简案快审。比如上文提到的督促程序的推广适用也是一个重要方面。督促程序"支付令"是我国民事诉讼程序中的一种独立程序，与简易程序相比，两者虽然在诉讼法律制度的立法设计上大不相同，但其立法原意都是实现司法适用上的简便、高

---

① 楼军民，华立军，陈增宝，等．强化类型化差别化管理 实现审判质效双提升——浙江省杭州市萧山区法院关于加强和创新审判管理的调研报告［N］．人民法院报，2014-03-20（8）．

② 杨晓梅，隋岳，李志明．分流添活力 优化提效率——广州法院推进案件繁简分流工作纪实［N］．人民法院报，2018-05-07（1）．

③ 杨剑．缺席审判的基本法理与制度探索［M］．厦门：厦门大学出版社，2016：26-27．

效、快捷。设立督促程序的目的在于快速、高效地解决债权债务问题,我国台湾地区的民事诉讼法学者对此论述道:"关于金钱或代替物之给付请求权,若其数量明确且当事人间依一般情形较少争执者,即无强要债权人为取得执行名义而须经繁杂诉讼程序之理。为此乃设立此一制度,其系具有快速、简易及便宜性质者,供债权人选择及使用。"[1]

2001年1月21日,最高人民法院开始实施《关于适用督促程序若干问题的规定》,对督促程序的适用进行了更详细的规定。但是因为各种原因,这些年来适用督促程序的案件并不多,支付令案件占民事、经济纠纷案件总数的比例不高,使得当初立法的目的得不到实现。为此,2012年新修改后的民诉法进一步完善督促程序,加大对当事人提出异议的审查力度,完善了督促程序与诉讼的衔接,降低了诉讼成本。

然而在司法实践中,大部分当事人都不知道有督促程序,所以他们即使是出现了债权债务清晰的纠纷,也只想到通过诉讼途径解决,不会通过向法院申请启用督促程序来保护自身权益[2]。此外,如前所述,司法实践中还存在着债务人滥用异议权的问题,这往往会导致债务人无法适用督促程序而迅速得以执行的现象,这样就架空了督促程序[3]。因此对债务人提出的异议进行一定程度的实质审查以遏制其滥用异议权的确有必要。

在这方面,各地也进行了改革试点,有若干法院大力推进督促程序的落地实施。河南省焦作市中级人民法院实施了《关于进一步加强督促程序适用的实施意见》,利用督促程序成功解决多起民商事纠纷。督促程序生效率大幅增长,使得大部分案件最终都通过支付令实现了定分止争。此外,焦作市各基层法院努力提升办案效质,将民事诉讼法规定的启动督促程序受理审查五日的期限缩短至三日,将对支付令申请审查十五日的期限缩短为十日,大大提高了督促程序的适用效率。在送达方面,向有关部门提出司法建议等,完善流动人口管理制度和债务人信息动态调整制度;探索采用电子邮件、短信、微博、QQ等新型方式进行送达。[4] 长春法院对于债权、债务关系清楚的纠纷案件,特别是在处理

---

[1] 姜世明. 民事诉讼法基础论 [M]. 第十版. 台北:元照出版公司,2017:418.
[2] 汤战生. 督促程序适用少的原因及对策分析 [EB/OL]. 中国法院网,2007-11-12.
[3] 何娟. 新民诉法实施后适用督促程序相关问题分析 [EB/OL]. 中国法院网,2013-04-16.
[4] 李玉杰,赵玉军,刘建章,等. 加强督促程序适用 打造繁简分流新格局——河南焦作中院关于加强督促程序适用的调研报告 [N]. 人民法院报,2018-12-06(8).

债权人为银行、物业公司、电力公司的信用卡、金融借贷、消费贷款、物业、拖欠电费等纠纷时，会积极引导当事人适用督促程序。这类案件可以通过督促程序的程式化操作、电子化改造得到快速处理，大大提高司法效率。[1]

在推动督促程序在实践中的适用时，需要破除相关的制度障碍，比如及时审查对方当事人所提出的异议申请，不因对方当事人提出异议就不加审查而裁定终结督促程序，以确保督促程序的稳定性，充分发挥督促程序的潜在功能。

第一，应强化异议的审查机制，防止督促程序被架空。首先，审查异议有无充分且正当的理由；其次，审查异议有无证据支持。提出异议需要附相应证据支持，要对主要抗辩事由提供初步证据证明，足以让法官能对支付令的适用产生合理怀疑；最后，审查异议是否具有相关性。如果异议与支付令所指向的债权债务关系毫不相关，则异议不能成立。[2] 此外，还应追究虚假异议责任。对于债务人恶意滥用异议权，以及虚假异议的行为，可以依据《民事诉讼法》，以妨害民事诉讼为由采取制裁措施。如督促程序因债务人提出的恶意虚假异议而终结，事后查证属实，可对债务人予以训诫、责令具结悔过或处以罚款。除此之外，还可要求债务人承担民事赔偿责任。[3]

第二，为了防止债权人滥用支付令，在支付令申请审查方面，应在审查内容和审查程序上进行严格规定。首先形式上，要审查申请是否符合格式要求。其次实质上，包括三个方面：一是审查债权人与债务人之间有没有其他债务纠纷；二是确认支付令除不能公告送达外，是否存在其他能够直接送达债务人的方式；三是查明请求给付的内容必须是金钱或有价证券。最后审查债权人主张的事实、提供的证据是否明确、合法。[4]

（二）强化速裁

繁简分流的核心工作是建立起审判的速裁模式，而民事案件由于其所涉及的不仅仅是公平正义，相比刑事案件而言更会考虑效率、稳定等要素。因此，民事诉讼的速裁模式更为重要。

---

[1] 姚筱玲.完善案件繁简分流机制研究［EB/OL］.长春市中级人民法院网，2017－11－30.

[2] 江苏省盐城市建湖县人民法院.建湖法院推进矛盾纠纷多元化解和案件繁简分流［EB/OL］.新华网，2018－04－27.

[3] 江苏省盐城市建湖县人民法院.建湖法院推进矛盾纠纷多元化解和案件繁简分流［EB/OL］.新华网，2018－04－27.

[4] 江苏省盐城市建湖县人民法院.建湖法院推进矛盾纠纷多元化解和案件繁简分流［EB/OL］.新华网，2018－04－27.

1. 更新审判理念

在案件的审理工作中，关于繁简分流的思想观念以及采用的工作方法，对于速裁工作是否能够较好地开展具有基础性的意义。如前所述，案件是否能顺利进行繁简分流，很大程度上取决于当事人的理解与配合程度。在立案、审判等工作中要尽量更好地调动当事人在纠纷处理程序中的积极性，让当事人对速裁制度的设计理念、拟达到的效果，尤其是当事人可能得到的好处等有充分的了解；从而推动以简案速裁的模式进行处理，尽最大可能避免出现简案转为繁案的情况。因此，需要提升相关程序中的法官的思想意识，提高其做这方面工作的积极性和能力，保障案件繁简分流机制的更好落实与使用。

当然，这方面也需要建立制度性的工作规定。典型的如广东省高级人民法院《关于进一步推进民事案件繁简分流优化司法资源配置的实施意见（试行）》（粤高法发〔2016〕8号）规定，对于可以或者应当适用确认调解协议、实现担保物权、督促程序、公示催告程序等非诉讼程序或者小额诉讼程序、简易程序的案件，积极引导适用。案件虽然不符合适用小额诉讼程序、简易程序条件，但当事人约定适用的，可以适用；当事人未约定的，积极引导当事人选择适用。

2. 建立速裁团队

建立速裁工作团队，是推动速裁展开的人力基础，其能够更为高效专业地进行相关工作。有专家认为，应当对法官进行分类，将法官分为资深法官（一般任职十年以上，院、庭长通常包含其中）、普通法官和初任法官（一般任职三年以内）三类，分别进行疑难复杂、普通和简单案件的审判工作。选择审判年资对法官进行分类，一方面是因为司法相对倚重经验的特质，另一方面也是方便人员分类的操作。此外，还需要建立起轮岗制度。由于简案快审工作节奏快、强度大，相应法官的值岗年限也不宜太长，一般以两年为期、有序轮岗为宜，这样也有利于持续发挥简案快审效能和对于年轻法官的多岗位锻炼、培养。[1]

在这方面，各地法院都进行了相关的尝试。例如，长沙市长沙县法院，建立"速裁"便捷通道，在立案庭内设"速裁组"，在交警队办公场所内设交通事故巡回法庭。新乡市辉县市速裁庭是处理简易案件和小额诉讼案件的主要部门。桂林市荔浦市人民法院在立案庭成立了全区法院首个以法官名字命名的"速裁团队工作室"。而郑州市登封市人民法院建立简案速裁机制，将符合条件

---

[1] 黄祥青. 深入推进案件繁简分流制度的基本思路与方法 [N]. 人民法院报, 2018 – 10 – 17（8）.

的案件直接分流,并配备专用法庭,实行线上立案、线上送达,采用"门诊式"办案方式。①

3. 区分繁简标准

根据《民事诉讼法》第一百五十七条的规定,简易程序的适用范围为"事实清楚、权利义务关系明确、争议不大的民事案件",但如何根据这个规定进行案件繁简划分,民诉法并没有作出具体规定。结合司法解释,对三个条件的理解应该是:"事实清楚"是指案件主要事实明确,当事人双方对案件基本事实陈述基本一致,并能够提供明确合法的证据,无须法院调查收集证据即可判明事实、分清是非的;"权利义务关系明确"是指权利和义务、责任的承担主体关系较为明确;"争议不大"则是指当事人对案件事实、责任以及诉讼标的争执没有明显分歧。当然,争议不大不等于没有争议,实践中,如果只是金额略有差异一般可以认定为争议不大。上述三个条件缺一不可,只有案件同时具备上述三个条件,才可以适用简易程序。2015年《最高人民法院关于适用中华人民共和国民事诉讼法的解释》(以下简称《民诉法司法解释》)第二百七十四条规定适用小额诉讼程序审理的案件为:买卖合同、借款合同、租赁合同纠纷;身份关系清楚,仅在给付的数额、时间、方式上存在争议的赡养费、抚育费、扶养费纠纷;责任明确,仅在给付的数额、时间、方式上存在争议的交通事故损害赔偿和其他人身损害赔偿纠纷;供用水、电、气、热力合同纠纷;银行卡纠纷;劳动关系清楚,仅在劳动报酬、工伤医疗费、经济补偿金或者赔偿金给付数额、时间、方式上存在争议的劳动合同纠纷;劳务关系清楚,仅在劳务报酬给付数额、时间、方式上存在争议的劳务合同纠纷;物业、电信等服务合同纠纷;其他金钱给付纠纷。此外,该解释的第二百七十五条还规定了不适用小额诉讼程序审理的案件为:人身关系、财产确权纠纷;涉外民事纠纷;知识产权纠纷;需要评估、鉴定或者对诉前评估、鉴定结果有异议的纠纷;其他不宜适用一审终审的纠纷。

全国各地的法院也针对自身辖区的实际情况以及改革探索的需要,制定了各类繁简分类的标准。典型如广东省高级人民法院《关于进一步推进民事案件繁简分流优化司法资源配置的实施意见(试行)》(粤高法发〔2016〕8号),其详细规定下列案件可以实行速裁,由速裁部门或者速裁团队办理:确认调解

---

① 郑州市登封市人民法院. 创新繁简分流"五分法"助推案件良性循环[N]. 人民法院报, 2018-07-17(4).

协议、实现担保物权、督促程序、公示催告程序等非诉讼程序案件；不予受理、未预交案件受理费等程序性案件；小额诉讼程序案件；适宜速裁的简易程序案件、第二审程序案件；适宜速裁的简易程序案件因被告下落不明转为普通程序的案件；其他适宜速裁的案件。此外，还包括下列案件类型：确认调解协议、实现担保物权、督促程序、公示催告程序案件；不予受理、未预交第一审案件受理费的案件；小额诉讼程序案件；离婚后财产纠纷、买卖合同纠纷、商品房预售合同纠纷、金融借款合同纠纷、民间借贷纠纷、银行卡纠纷、租赁合同纠纷、承揽合同纠纷、居间合同纠纷、追偿权纠纷、侵害著作权纠纷、侵害商标权纠纷、劳动合同纠纷、股东知情权纠纷、产品责任纠纷、诉讼请求金额在机动车第三者责任强制保险责任分项限额以内的机动车交通事故责任纠纷案件；基层人民法院认为适宜速裁的其他案件。该意见还规定了中级人民法院可以分流到速裁部门或者相应的速裁团队办理的民事案件类型。另外，该意见还规定了不宜纳入速裁案件的范围：单个案件被告人数四人以上的；有涉外因素的；属于上级人民法院发回重审、指定立案受理、指定审理、指定管辖，或者其他人民法院移送管辖的；再审的。

  其他地区法院也进行了部分尝试，例如四川省南充市中院通过数据分析，将借款、侵权责任（含机动车交通事故损害赔偿）、物业、婚姻家庭继承、租赁（含融资租赁）、保险、劳动争议、房屋买卖合同八类纠纷中的普通案件确定为简单案件，其他案件为繁难案件。①茂名市信宜市法院通过制定规章制度，明确民事速裁案件范围，科学地将案件标的额为50万元以下的简单民事案件确定为民事速裁案件，可以适用速裁程序进行审理。对被告人数四人以上、案情复杂、当事人争议较大的案件，则按一般民事程序进行审理。对于不属于民事速裁范围的案件，当事人自主选择适用速裁程序进行审理，法院予以准许。还如北京市西城区法院针对物业、供暖、交通事故等能概括出包含固定要素的"案件情况调查表"，在立案和送达阶段发放给当事人填写。当事人仅需简单勾画即可快速确定案件争议要素。速裁法官庭审中围绕调查表确定的争议要素进行快速审理。②

  但是，仅仅是根据案由进行分流并不一定正确。四川省南充市中院就认为，

---

① 姜郑勇，陈国兵，赵英颖. 内涵式破解人案矛盾——四川南充中院推进民事案件繁简分流改革调查 [N]. 人民法院报，2018 - 10 - 18 (5).
② 松冈义正，熊元襄. 民事诉讼法 [M]. 李凤鸣，点校. 上海：上海人民出版社，2013：203 - 204.

"沿海地区法院一般是根据案由，将一些类型的案件划分为简单案件，由速裁合议庭办理，其余类型案件作为难案办理，但我们在操作中发现，案件的难易程度绝不仅仅取决于案件类型，而是因案而异。举个例子来说，离婚纠纷看似简单，但如果涉及股权、债权、经营分红等繁杂财产分割问题的，也极难处理；建设工程施工合同纠纷看似复杂，但个别仅涉及退还保证金、工程款利息等方面的案件实际也并不复杂。"[1]

因此，部分法院设立了专门的分流员。吴忠市青铜峡市法院立案环节对民商事案件进行繁简甄别和程序分流，指定专门程序分流员，科学合理界定繁简标准，拓宽简易程序的适用范围，加大简易程序适用率。新疆生产建设兵团五家渠市法院将有无法律问题作为区分简单案件和复杂案件的重要标准，"繁简分流"案件审判团队由3名年轻法官组成，在立案庭和"繁简分流"案件审判团队各确定一名联络人进行沟通联动，形成"繁简分流"案件二次审查分流的优化方案。

4. 审判工作的模块化

针对不同类型的案件，建立案件类型的模块，进行案件类型标准流程作业，不仅有利于同案同判，也有利于案件类型快速审理。例如北京市西城区法院针对不同类型案件中的审判流程的时间节点、专业术语的解释、程序性工作的具体要求、主要抗辩事由的应对思路、针对不同情况的笔录和文书模板，形成"办案宝典"。审判人员甚至是司法辅助人员能够依照"办案宝典"的标准流程快速处理纠纷，实现"类案快办"。从案件的收案、送达、调解、庭审、裁判，甚至归档，每个流程都有章可循，形成了一套模块化审判工作标准。针对庭审模块和裁判模块，北京市西城法院金融街法庭从事实认定和法律适用两方面入手，进一步细化了模块化审判中的工作标准。[2] 长春法院针对案件类型，梳理出共性问题，并制定出作为裁判和审理标准的相应规定，既保障了案件的繁简分流，又保障了案件审理的质效。[3]

而郑州市登封市法院将家事、未成年、道路交通事故、劳动争议、环境资源保护等数量较多的案件分流到专业化审判团队，实现集中裁判，类案同判。

---

[1] 姜世明. 民事诉讼法基础论[M]. 第十版. 台北：元照出版公司，2017：418.
[2] 赵岩，甘琳. 精确分流 强化速裁 模块审判——北京西城法院构建案件繁简分流机制工作调查[N]. 人民法院报，2017-10-12.
[3] 姚筱玲. 完善案件繁简分流机制研究[EB/OL]. 长春市中级人民法院网，2017-11-30.

审判辅助系统开发类案快速查询和智能推送功能,发挥在辅助量刑决策、规范裁判尺度、统一法律适用等方面的重要作用。审管办定期总结审委会、专业法官会议在讨论研究的类案、评查案件中发现的问题,并形成裁判指引和类案参考,供员额法官参考①。

5. 文书简化

简易案件、速裁程序的裁判文书可以进行要素式审判,同时可以制作要素式裁判文书。这样能够提高审判速度。例如广州市天河区根据最高院的裁判文书指引,对借款合同、交通事故、信用卡、著作权、物业管理纠纷等类别的简易案件,制作简化文书范本,大范围适用要素式裁判文书。②四川省南充市中院针对民间借贷、婚姻家庭、损坏赔偿、保险合同、房屋买卖等常见争议焦点,组织优秀法官起草裁判说理的模板,经专业法官讨论修改后供承办人参考,减少了文书制作时间,提升了文书质量。③ 新乡市辉县市法院民商事简易案件裁判文书格式化。对小额程序案件、金融借款案件、简单的民间借贷案件、简易的交通事故赔偿案件等推行格式化裁判文书,极大地提高了效率。

6. 简案转换分流机制

繁简分类虽然是以简案为主,但是也应当遵守法律公正,建立起简案转换繁案的机制。例如广东省高级人民法院《关于进一步推进民事案件繁简分流优化司法资源配置的实施意见(试行)》规定建立案件人工甄别退出速裁机制。对于分流到速裁部门或者速裁团队的案件,有下列情形之一致使案件不适宜速裁的,经本部门负责人批准,承办法官可以在法庭辩论终结前及时将案件退回分案部门:当事人增加或者变更诉讼请求、提出反诉的;需要追加当事人的;需要进行调查取证、勘验、鉴定、审计、评估的;属于社会舆论关注,或者有涉诉信访可能的;其他情形致使案件不适宜速裁的。

嘉兴市南湖区法院由简案法官在立案后20天内进行"繁简筛选",其中,简案法官可在其收案数8%的范围内,向繁案审判团队移送案件。④ 郑州市登封

---

① 河南省登封市人民法院. 创新繁简分流"五分法"助推案件良性循环 [N]. 人民法院报, 2018 – 07 – 17 (4).

② 尚黎阳, 杨晓梅, 许琛, 等. 为审判提速 助力广州法治化营商环境建设 [N]. 南方日报, 2017 – 10 – 11 (GC02).

③ 何娟. 新民诉法实施后适用督促程序相关问题分析 [EB/OL]. 中国法院网, 2013 – 04 – 16.

④ 金娜. 嘉兴南湖 繁简分流新招:挂"专家号" [N]. 人民法院报, 2018 – 04 – 21 (6).

市人民法院为了防止速裁案件回流，创设速裁团队与普通团队"结对子"衔接制度。速裁团队在审理中发现不符合速裁条件或属于复杂案件的，由主管院长审核后将案件直接转入结对普通团队审理，不再回流立案庭分案，实现案件一次性分流。① 而南充法院明确，简案团队在案件办理过程中，发现认定案件事实、适用法律等难度较大，确需变更为繁案团队组成合议庭审理的，可由分管院领导协调处理。审判管理办公室动态跟踪繁简审判团队收案数量，避免忙闲不均和司法资源浪费。②

上述部分是针对繁简分流中的简案速裁问题进行的讨论。但是我们不能忘记，繁简分流还有另一面就是繁案精审。对于少数重大疑难、复杂、新类型、涉及群体性纠纷或社会舆论关注的案件，则应由经验丰富的审判团队审理。

（三）强化调解

1. 调解的基本理论

繁简分流一个重要的内容是简案的快速速裁，而另一方面则是强化调解。调解也能够快速而低成本地解决民事纠纷。孔子曾教诲世人："听讼，吾犹人也，必也使无讼乎"③。贝勒斯则认为，"法律的主要目的之一是避免诉讼（为了合理而及时解决争端所必要的诉讼除外），因为诉讼是负值交互行为。"④

法律社会学家埃里克森在《无需法律的秩序》中，强调了基层民众对于纠纷的自我解决，这种模式无须法律的协调机制，能够尽量降低国家司法资源的消耗，同时还能够做到案结事了。但是此类纠纷依据需要"以法律强化非正式控制"⑤；所以，国家机关对于相关领域纠纷自治的引导、教育和支撑作用就显得十分重要。而社群、社会的纠纷自我解决，乃是社会自有之物，在霍贝尔看来，"在原始法的发展过程中，真正重大的转变并不是在人与人之间的关系中实体法上的从身份到契约——尽管这是欧洲法在其后来发展过程中的一个显著的特征，而是在程序法上所发生的重心的重大转移，维护法律规范的责任和权利

---

① 杨剑．缺席审判的基本法理与制度探索［M］．厦门：厦门大学出版社，2016：26－27.
② 姜世明．民事诉讼法基础论［M］．第十版．台北：元照出版公司，2017：418.
③ 语出《论语·颜渊》。
④ 迈克尔·贝勒斯．法律的原则——一个规范的分析［M］．张文显，宋金娜，朱卫国，等译．北京：中国大百科全书出版社，1996：085.
⑤ 埃里克森．无需法律的秩序——邻人如何解决纠纷［M］．苏力，译．北京：中国政法大学出版社，2003：351－354.

从个人及其亲属团体的手中转由作为一个社会整体的政治机构的代表所掌管"。①

洛克就曾明确地指出:"在自然状态中的每一个人都是自然法的裁判者和执行者,而人们又是偏袒自己的,因此情感和报复之心很容易使他们超越范围,对于自己的事件过分热心,同时疏忽和漠不关心的态度又会使他们对于别人的情况过分冷淡。"② 所以,"人们充当自己案件的裁判者是不合理的,自私会使人们偏袒自己和他们的朋友,而在另一方面,心地不良、感情用事和报复心理都会使他们过分地惩罚别人,结果只会发生混乱和无秩序"。③ 即便是贤良之人,也有自私之心,亚里士多德曾经表达了对于贤良者"人性"的怀疑,"这些贤良渐趋腐败;他们侵占公共财物,据以自肥"。④ 因此,有必要成立国家,进入争执社会,以国家的法律、公正的司法裁判权力来解决民间的纠纷。

而国家的法律规则和司法机关的崛起,在一定程度上挤占了原有的社会对于纠纷的解决空间,"国家重要性上升是晚近之事,是因为立法者要努力填补由于家庭、宗教和村落之衰落而造成的空缺而发生的。目前的许多动向,诸如日益城市化、责任风险之扩大以及福利国家的出现,正继续削弱着这种非正式控制的体系,并正扩大着法律的领地。"⑤

但在另一方面,国家司法、诉讼作为纠纷解决模式并不能完美地解决一切纠纷,而且司法资源具有一定的稀缺性和成本。虽然在当今时代下,强国家主义是主导模式;但是社会自身原有的其他各类纠纷解决的方式、手段依然无法消除,也不应当完全消除;其可以作为低成本的多元化纠纷解决方式(典型如调解、仲裁,即通常所谓的"替代性纠纷解决方式")在某种意义上的"复兴"。

由于源自社会的纠纷由社会自身的力量进行解决,调解甚至很多时候能够做到"案了事了",社会效果更佳。我国虽然城市化进程较快,在不少大中城市,诉讼越来越成为解决纠纷的主流方式。但是,在我国的广大农村地区,乡土民情决定了传统意义上的"情、理、法"混合的纠纷解决模式依然具有较强

---

① 霍贝尔. 初民的法律——法的动态比较研究 [M]. 周勇, 译. 罗致平, 校. 北京: 中国社会科学出版社, 1993: 369.
② 洛克. 政府论 (下篇) [M]. 叶启芳, 瞿菊农, 译. 北京: 商务印书馆, 1996: 78.
③ 洛克. 政府论 (下篇) [M]. 叶启芳, 瞿菊农, 译. 北京: 商务印书馆, 1996: 10.
④ 亚里士多德. 政治学 [M]. 吴寿彭, 译. 北京: 商务印书馆, 1965: 165-166.
⑤ 埃里克森. 无需法律的秩序——邻人如何解决纠纷 [M]. 苏力, 译. 北京: 中国政法大学出版社, 2003: 351.

的优势和生命力。此外,即便是在城市社区,由于我国注重基层社区的建设,注重社区的纠纷化解,基层社区的工作人员素质高、工作能力强,团队的组合协同能够高,也有较强的能力进行纠纷化解。而且我国城市基层政权执行力强,各类群团、社团、社会性组织也多在城市开展工作,能够动员更多的力量参与城市基层治理,所以在城市社区的调解工作也获得了规模更大、质量更高的发展。

正所谓"从人民中来,到人民中去",这才是解决问题的较好办法。而人民调解制度,就是针对人民内部的纠纷,以人民调解的方式去解决人民内部的纠纷。这样才能获得与法律诉讼不一样的效果。棚濑孝雄对意思自治的阐述可谓经典:"意思自治指的是个人从根本上能够以自己的意思来营造自己居于其中的社会空间,……根据自己的意愿来形成每一个与他人的关系,意味着真正的自律自治。"[1] 而"为了克服自由所包含的散漫、恣意等因素,使意思自治真正成为社会构成的一般原理,必须在形成与他人的关系过程中导入连带契机"。[2] 因此,纠纷的调解就能够充分发挥当事人的自由意志,并引入社会的要素,对纠纷进行溯源解决。

在日本学者棚濑孝雄看来,相比调解而言,法院诉讼的问题在于,"依照法律而得到的解决由于其只问权利义务的有无,往往排除了本来应该从纠纷的背景、当事者间的关系等纠纷整体上性质出发寻找与具体情况相符的恰当解决这一可能性。而且,由于强调权利排他的绝对归属,所谓依法的解决常常导致当事者之间发生不必要的感情对立,不仅不能合理解决问题,还会引发当事者之间的长期不和。尤其是在持续的互相关系下发生的纠纷,或者在解决要求当事者一方长期持续地履行义务等情况下,这种依法的解决更成问题。"[3] 所以调解的作用在于从社会的根本层面去解决社会纠纷,"教化型调解不去谋求审判的再现,而以发现调解自身特有的正义或所谓另一种正确的解决作为自己的任务。这意味着反对把多侧面的纠纷还原到一、两个侧面的解决方式,而谋求恢复在依法的解决中很容易失去的平衡,并进而实际上确实能够带来纠纷的彻底圆满

---

[1] 棚濑孝雄. 纠纷的解决与审判制度 [M]. 王亚新,译. 北京:中国政法大学出版社,1996:118.

[2] 棚濑孝雄. 纠纷的解决与审判制度 [M]. 王亚新,译. 北京:中国政法大学出版社,1996:119.

[3] 棚濑孝雄. 纠纷的解决与审判制度 [M]. 王亚新,译. 北京:中国政法大学出版社,1996:62.

解决。"①

而日本诉讼法学者谷口安平也认为,"所谓通过诉讼达到的判决使纠纷得到解决,指的是以既判力为基础的强制性解决。这里所说的'解决'并不一定意味着纠纷在社会和心理的意义上也得到真正的解决。由于败诉的当事者不满判决是一般社会现象,表面上像是解决了的纠纷又有可能在其他方面表现出来"。②所以,诉讼对于纠纷的解决更多地强调"六亲不认"的法律解决,而在熟人、传统社会中,如果通过法律解决而"六亲不认",导致其与其他亲近的社会关系网络产生了割裂,日后也无法再进一步依赖相关的社会关系,对于自身的长期经济利益、身心和谐、社会交往都不利。长久而言,这样的事务、纠纷以诉讼进行解决是得不偿失的。

另外,从成本收益的视角看,对于部分案件而言,或者对于传统、群聚的社群而言,调解具有一定的成本和收益优势。由于国家司法资源的稀缺性,同时因为诉讼程序的烦琐,这就导致诉讼是一种较为昂贵的纠纷解决模式。对在广大的传统乡村地区的民众而言,司法诉讼所在地的基层法院往往都在县城或者较大的城镇,这对于纠纷的诉讼解决而言是成本相对较高的;更何况如若需要聘请律师则更会增加他们的成本。所以,对于部分简单案件、传统乡村地区的案件而言,调解的成本比诉讼更有优势。而如前所述,贝勒斯较为客观地分析评判道:"诉讼的一个重要方面应予指出,即它们是负值交互行为;也就是说,诉讼具有负价值。尽管个别的原告能从诉讼中受益,获得损害赔偿和其他救济,但全面地看,诉讼纯粹是一种损失。因此,从社会的立场或从潜在的原告或被告的立场来看,应避免打官司。法律体系和程序存在的理由在于它是一种较轻的邪恶,用法律来解决争执胜于血亲复仇、野蛮的犯罪与暴力等。"③

我国的纠纷解决模式存在二元并存的局面。虽然诉讼的模式能够为纠纷解决提供更好、更专业的路径;但是,基于经济、文化、传统观念等各类要素,多元化纠纷化解力量依然可以在很多方面为纠纷的解决提供其他在效果上不逊于司法、诉讼的解决模式,特别是在实现"事结案了"的社会效果,以及推进

---

① 棚濑孝雄. 纠纷的解决与审判制度 [M]. 王亚新, 译. 北京: 中国政法大学出版社, 1996: 62-63.
② 谷口安平. 程序的正义与诉讼 [M]. 王亚新, 刘荣军, 译. 北京: 中国政法大学出版社, 1996: 48.
③ 迈克尔·贝勒斯. 法律的原则——一个规范的分析 [M]. 张文显, 宋金娜, 朱卫国, 等译. 北京: 中国大百科全书出版社, 1996: 037.

纠纷的诉源治理上,以调解为代表的多元化纠纷解决模式始终拥有不可替代的独特优越性。

从国家与社会的二元治理模式的视角看,国家产生于社会,而纠纷也产生于社会。纠纷如果在社会中产生,则如果又能够在社会阶段使用社会力量及时进行纠纷化解,则能够极大地节约国家/司法资源,并具有更良好的社会自愈效果。在另一方面,无论国家发展到什么阶段,国家都无法完全吞并社会;所以,允许、鼓励、发动各类国家许可的社会力量解决社会性问题,也是国家治理的另一种模式。所以,社会型救济是在自力救济、国家的行政与司法救济之外的另一种选择。国家司法资源由于比较紧张和昂贵,却又不能放任部分纠纷不管,从而引致自力救济泛滥的混乱,因此,发动社会性力量提供社会性救济,也是善治的一种模式。在谷口安平看来,"要付出的代价保持平衡,就应该有恰当的审判速度。从和解中心的观点看,仅仅进行迅速的审判未必妥善,宁愿多花时间也要达成和解才是最理想的"。[1]

我们可以看出,调解对于我国的适应性存在以下三个方面的突出意义。[2]

(1) 调解适合我国农村、传统基层社区的纠纷类型与治理资源。在我国当下的农村、熟人社群中,如果涉及当事人之间有血缘、地缘、熟人群团等特定关系群体内部之间的纠纷,更适宜采用调解的模式进行。因为在陌生人之间,除了法律关系、纠纷的社会关系之外,较少有其他联系。而人作为一个复杂的感受主体,法律关系之外的其他社会关系也能够对我们的感知形成影响,也能够影响我们的决策。而在这些涉及血缘、地缘、熟人等较为重要的社群关系中,其也会对当事人产生各种各样的影响,甚至这些社会关系的影响还会大于法律关系。因为,当事人在解决了相关的纠纷之后,很可能依然要在原有的社群、社会关系网络中生活或者展开其他社会交往活动;而之前他们的交往过程中,也可能存在人情之间的恩情或者亏欠的问题。这些都是他们需要慎重考虑的重要成本、收益或者要素。所以,如果在诉讼前以调解的方式成功进行纠纷解决,可能的效果多数情况下要优于法官耗时耗力地进行庭审、裁判。

另外的一种模式是群体性事件。在农村、传统基层社区中,群众中因为血缘、地缘、熟人群团等关系会形成更为密切的联系,而一旦出现一些纠纷也就

---

[1] 谷口安平. 程序的正义与诉讼 [M]. 王亚新,刘荣军,译. 北京:中国政法大学出版社, 1996: 56.

[2] 李俊. 社会结构变迁视野下的农村纠纷研究 [M]. 北京:中国社会科学出版社, 2013: 321 – 331.

会因为此类关系互相帮助，形成群体性事件。或者因为不同群体内部之间的纠纷，出现群体性纠纷问题。面对此类问题，如果简单使用法律手段、诉讼模式，则以"非黑即白"简单支持一方诉求的方式，虽然能够一时辨明法律关系和法律问题，但是可能恶化关系，破坏和谐，对于纠纷的长期解决不利，更可能将矛盾转引到司法、国家机关身上。所以，在此问题的解决上，除了需要运用法律规定和基本原则处理纠纷外，还可以运用其他的纠纷解决手段，调解模式则是一种能够较好解决纠纷、和谐群众内部关系、将矛盾纠纷长期消弭的方式。

而我国的司法资源不仅总量稀缺，而且还分布不均匀，尤其在广大的农村地区较为缺乏。调解在一定程度上也能够缓解司法资源不足、分配不均匀的问题。

（2）调解能够与我国多数农村、传统基层社区群众的知识承受能力、法律理解和素养相契合。我国在这些年的改革开放进程中，经济社会发展较快，涌现出了一大批具有一定法律知识、乐于使用司法资源、诉讼手段解决纠纷的人群。这些人群基本上都是一二线城市、受过高等教育的人群。但是，虽然经历了城市化，我国还有近一半的人口居住在农村，而即使是在城市，依然存在一大批候鸟式的农民工群体，同时城市中也存在部分受教育程度较低的、传统社区的群众，他们基本上没有基础性的法律知识。有相当一部分的民众，往往会用自己朴素的道德直接来预判诉讼裁判的结果，高估自身请求的合法性，对司法裁判有不切实际的想象；而如若裁判结果与其预想的不符，亦可能为了诉讼长年累月四处奔走。同时，对于多数农村、传统基层社区群众而言，在这样一个熟人社会，败诉并非只意味着诉讼标的金额的失去，而是承载着混合了家族社会评价与个人美誉度在内的声誉综合体。正是因为如此，诉讼在这时并非一种纯粹的经济理性选择，一旦走上诉讼、司法审判之路，双方矛盾尖锐化、公开化，由于我国厌诉的传统，熟人社区中对于司法裁判十分敏感，他们一旦被司法判决为败诉，觉得非常没有"面子"，为了扭转败局可能会锲而不舍地四处奔走，甚至愿意倾家荡产、不惜代价。另一方面，对于法院而言，农村、传统基层社区群众的知识背景与法院工作人员这一专业法律人士存在差异，双方的行为模式、观念和思维模式也存在一定差异。所以，以专业的法律语言和逻辑同农村、传统基层社区群众进行沟通存在难以逾越的隔阂。而如果是由同为民间人士，甚至是乡贤里长充当的调解人员组织双方当事人进行沟通调解，对于部分纠纷而言可能会起到意想不到的更好的效果。

（3）调解更符合基层法院法官的工作模式和经验。基层法院主要承担对案

75

件审判的任务，也直接与最广大的人民群众进行工作和沟通。所以，基层法院对于纠纷的解决最为重要。相比中级、高级法院面对的往往是更为专业的法律人而言，基层法院法官面对的当事人更多的是普通大众；从做好本职工作与更好地解决纠纷的角度看，基层法官都更应当进行调解等纠纷解决工作，而非一味地推动诉讼的发展。这样一方面能够更好地推动"案结事了"，推动诉源治理；另一方面也能够推进案件纠纷快速审理。同时，基层法官由于长期面对普通群众，也具有更丰富的调解经验、更好的纠纷化解能力。此外，还因为基层案件的审理裁判结果，如果遇到上诉则有可能被改判。而在现有的司法责任制度下，一审的法官有可能要承担一定的责任，但是调解的案件则不会有这方面的问题。

在以上关于调解在我国的几个优势之外，我们还需要考虑另一方面，民间的调解和救济，也并非完全合理、合法，国家也不能完全放任所有的民间力量进行纠纷解决，否则黑社会、非法宗族乃至宗教力量等介入纠纷解决和社会治理，不仅不能从根源上解决纠纷，也容易带来更多长期性、根本性的问题。此外，传统的习惯法并非法律，哈特认为，"我们被要求去审查一个法律制度中具有法律地位的习惯规则。在法院把它们适用于特定案件之前，这种规则只是习惯，绝对不是法律。当法院适用它们，并依照它们下达了生效的命令时，这些规则才得到了承认。可以干涉的主权者默示地命令其臣民去遵守法官在先已存在的习惯之上'形成的'命令"。[①] 而民间社会化解纠纷的方式方法、价值观、观念和理论也并非合法、合理、科学。所以，民间力量需要在国家的统领之下进行纠纷化解，需要被吸纳至国家对于社会治理的总体框架格局中来，以符合国家治理的总体目标；此外也需要进行一定的法律知识、心理知识和谈判技巧的培训。

此外，新中国成立之后，基层政权组织比较完备，在相当大的区域内的宗族、宗教以及其他民间力量已经有较大的消解；同时，因为工业化、城市化的进程，农民纷纷进城打工，农村空心化越来越严重，传统的乡村社会性力量已经大不如前。同时，当代社会年轻一代受教育的程度越来越高，对于传统文化、价值观念和社会力量有一定的隔阂，传统的民间调解和救济有时候也不能很好地发挥作用。所以，对于民间力量参与调解也不能过于乐观，不能盲目崇拜。

[①] 哈特. 法律的概念 [M]. 张文显，郑成良，杜景义，等译. 北京：中国大百科全书出版社，1996：48.

而宗教力量要谨防坐大。由于城市化进城加剧、陌生人之间的交往越来越成为我们这个时代的交往主流，快速审理的诉讼也在相当大程度上就成为一部分节约精力、快速裁判正确错误问题的解决纠纷的方法。

2. 我国调解工作的发展历程

在我国的革命和社会主义实践中，调解的一个重要的理论基础是我国的"两类矛盾"理论。根据我国新民主主义革命理论和社会主义建设理论，大量的民事纠纷其实主要就是"广大人民群众内部的矛盾"；相比刑事问题更有可能属于"敌我矛盾"应当严格地依照刑事法律进行严肃处理而言，民事纠纷的"人民内部矛盾"属性更可以被宽容对待而采取团结、批评、教育、说服的方法来对待或者加以调解。1979 年，第二次全国民事审判工作会议指出，民事审判的任务是处理人民内部矛盾，保持安定团结。①

我国的人民调解制度自从 20 世纪的新民主主义革命时期就开始创建和发展起来，并于解放初期就进入了新的发展阶段。新中国在 1954 年就制定了《人民调解委员会暂行组织通则》，从此迎来了人民调解工作的大发展。截至 1955 年底，全国已经有 70% 的乡、街道建立了 17 万多个人民调解委员会，调解员人数达到了 100 万人。虽然经历了十年浩劫，人民调解制度曾经一度被废除；但是 1982 年宪法第一百一十一条又专门规定了人民调解制度。同年通过的《民事诉讼法》依然再次肯定了人民调解的法律地位，并将其列为民事诉讼的一项基本制度。1987 年的《村民委员会组织法（试行）》第十四条也规定了村民委员会根据需要设立人民调解制度。②

在人民调解之外，还有法院机关的调解。我国的法院调解制度起源于抗战时代的"马锡五审判方式"，其特点是：法官调查案件事实，听取民众对于审判的意见，主要采取的是调解的手段，深入田间地头进行开庭等；是作为我国人民政权的人民司法审判的一个重要特色。1951 年《人民法院暂行组织条例》第十二条第二款将"调解民事及轻微的刑事案件"、第五项将"指导所辖区域内的调解工作"列为县级人民法院的职权。1954 年的《人民法院组织法》第十九条第一项将"处理不需要开庭审判的民事纠纷和轻微的刑事案件"，第二项将"指导人民调解委员会的工作"规定为人民法院的任务。1979 年《人民法院组织

---

① 高见泽磨. 现代中国的纠纷与法 [M]. 何勤华, 李秀清, 曲阳译, 北京：法律出版社, 2003：172 - 174.

② 李俊. 社会结构变迁视野下的农村纠纷研究 [M]. 北京：中国社会科学出版社, 2013：285 - 286.

法》第二十二条第一项采取了与 1954 年《人民法院组织法》第十九条第一项相同的规定，而第二项将"指导人民调解委员会和人民公社司法助理员的工作"规定为法院的任务（1983 年该法被修改时，删除了对司法助理员指导的规定）。①

我国的法院调解制度在 1982 年《民事诉讼法（试行）》中也被规定为正式的司法制度，并在随后的一二十年内获得了较快的发展。随着 20 世纪 90 年代，我国法治建设进入一个新的阶段，大力强调"积极维护自身权益""鼓励诉讼"的司法、社会浪潮兴起，诉讼成为一个更被司法界、法学界、媒体界鼓励的解决纠纷的途径；这为我国一扭长期以来的"厌诉"社会心理，树立民众通过诉讼解决纠纷的新观念奠定了新的心理基础。但是到了 2010 年前后，法院的诉讼越来越多，法官的案件压力也越来越大，学界和实务界又开始反思包括各种多元化纠纷解决方式的优点，于是又开始鼓励发展包括法院调解在内的调解制度。

2002 年中国共产党十六大报告中第一次明确将"社会更加和谐"作为中国共产党奋斗的一个重要目标；2004 年十六届四中全会进一步提出了构建社会主义和谐社会的任务，将和谐社会的建设放在了重要的位置，并明确提出了建设社会主义和谐社会的主要内容。2006 年十六届六中全会通过了《中共中央关于构建社会主义和谐社会若干重大问题的决定》，不仅将和谐社会作为奋斗目标，而且提出了各项制度保障要求。根据这次会议的精神，保障社会稳定成为司法审判机关的一项重要职能。

而最高人民法院在新世纪开始也先后出台了一系列相关的规定，以调解的方式来保障社会和谐：2004 年出台了《关于人民法院民事调解工作若干问题的规定》，2007 年出台了《关于进一步发挥诉讼调解在构建社会主义和谐社会中积极作用的若干意见》，2009 年出台了《关于建立健全诉讼与非诉讼相衔接的矛盾纠纷解决机制的若干意见》，2010 年的《关于进一步贯彻"调解优先，调判结合"工作原则的若干意见》、2013 年《关于切实践行司法为民大力加强公正司法不断提高司法公信力的若干意见》等多个司法解释和文件。此外，最高法院在一系列会议以及相关领导人讲话中也更多地强调了"调解优先"的理念。

在这些司法解释和文件中，典型如《关于切实践行司法为民大力加强公正

---

① 高见泽磨. 现代中国的纠纷与法 [M]. 何勤华，李秀清，曲阳译，北京：法律出版社，2003：62 – 63.

司法不断提高司法公信力的若干意见》①中强调，"正确运用调解与判决方式。正确处理调解与判决的关系，充分发挥两种方式的作用和优势。对双方当事人均有调解意愿且有调解可能的纠纷、家庭与邻里纠纷、法律规定不够明确以及简单按照法律处理可能失之公平的纠纷，应当在尊重双方当事人意愿的情况下，优先采用调解。在调解中，坚持自愿原则，对当事人不愿调解或者有必要为社会提供规则指引的案件纠纷，应当在尊重当事人处分权的前提下，注重采用判决的方式"。②

与人民调解相似的，人民法院的调解也是基于自愿的原则；但是由于人民法院的调解与判决具有同样的法律效力，所以其与人民调解之间存在本质区别，"第一，在实务中，有时为了提高通过调解解决纠纷的结案率，会出现违反法律规定的自愿原则和合法原则的现象。第二，本来在调解书送达之后，就具有了与判决书同样的效力，但在实践中，往往有认为调解书不能强制执行的人。第三，在调解的场合，往往会出现调解协议达成后，在送达之前当事人反悔，结果调解在很长时间内没有成果；或者送达之前由于事情发生重大变化因而调解必须重新进行或进入再审程序；以及虽然事情没有什么变化，但因一方的反悔而致使程序无法进行下去等等的情况"。

法院的调解工作在多阶段进行，既可以是在审前阶段，也可以在审理过程中。在审前阶段的调解，能够更好地过滤案件、减少诉讼的可能。而即使到了庭审阶段，法院进行的调解也能够在一定程度上节约司法和社会资源，更好地维护社会和谐。

3. 强化调解工作的现实路径

（1）成立调解机构

建立纠纷的联调机构，引入多方调解力量。充分发挥民间智慧，联合多方力量做好诉前调解工作。法院在当下案多人少的情况下，调解是解决案件增加的一个重要方式，而引入多方力量参与调解不仅可以强化法院的调解力量，还能够让普通民众接受多方的思维、价值、观念的影响，与法院调解工作人员充分结合，提高调解的概率，提升调解的效果。

调解人员提出、促成调解方案的时机与谈判技巧，在很大程度上决定了调

---

① 最高人民法院【法发〔2013〕9号】文件。
② 高绍安. 最高人民法院出台司法意见 践行司法为民加强公正司法提升司法公信力［J］. 中国审判，2013（11）：067.

解的成败。甚至在某些案件中，调解的谈判比庭审攻防更有挑战性。所以，为了更好、更快地促成调解协议的达成，需要注重调解员的素质培养，除了法律专业知识外，尤其还要重视关于心理学和谈判理论的培养。

①法律专业知识的培训。各方社会力量的介入，能够更好地让纠纷获得解决，而调解不仅仅是要发挥民间智慧，发挥民间的正义感与和谐理念，同时也需要符合法律的基本精神、基本价值和具体规则。所以，需要对各类民间调解人员进行法律专业知识的培训，建设多种具有专业知识背景的调解队伍。这样他们具有情、理、法多维度的知识体系，从而更好、更优、更合法地进行调解工作。

②心理学知识的培养。由于案件已进入诉讼程序，双方当事人存在一定的矛盾，心理上必定有一定的抵触感、不信任。所以，调解人员必须具有一定的谈话技巧，必须具有一定的心理知识。调解人员应该注重沟通技巧，一方面要进行耐心谈判，另一方面则要充分做好双方当事人的心理辅导和建设。一般情况下调解人员先以平和对话为主，在调解时要让当事人感觉到受尊重。

③谈判知识的培养。调解方案的基础在于双方当事人的需求平衡。一方的核心需求往往难以退让，而非核心需求则是调解的空间所在。调解前期，调解人员应尽量对各类问题进行研判，选择能获得双方肯定的问题进行提问，引导当事人双方对相关事实、诉求进行认可，努力扩大双方无争议的部分，为后续的达成共识打好基础。

法院成立调解中心，专门进行诉调对接，诉前调解工作能够提升繁简分流工作。各地法院都进行了大量的工作。例如长沙市长沙县法院成立道路交通事故矛盾纠纷调处中心、医疗纠纷调解中心、征地拆迁矛盾调处中心、劳动人事矛盾调处中心、物业矛盾纠纷调解中心和社会矛盾纠纷调处中心六个矛盾调解中心。[1] 而新疆五家渠市法院尝试案件调解程序前置，聘用威信高、业务能力强的人员成立诉前调解中心，在收案中团队负责人将其中法律关系明确、纠纷金额不高、不能快速排庭审理的案件，移交进行诉前调解。新乡市辉县市人民法院搭建了以3个矛盾调处中心为基础的诉前矛盾纠纷调处平台。此外，在各乡镇均成立"一办两中心"，将"地区万人起诉率、民商事案件调解率、民商事案件委托委派调解成功率"纳入综合治理目标考核，由法院负责组织实施，并将

---

[1] 李少平. 深化"繁简分流"改革 破解"案多人少"矛盾 [N]. 人民法院报, 2016 - 06 - 08 (5).

考核结果纳入各单位的年终考核。① 连云港市赣榆区法院将诉前分流、诉前人民调解、律师调解、法院专职人员调解、诉调对接、案件分流、案件速裁等职能全部集中于诉讼服务中心，强化其纠纷化解分流功能，成立数个专业工作团队，形成多元化解、繁简分流和简案快审的工作格局。②

这方面典型如郑州市登封市人民法院设置前置程序，出台《"五类案件"前置程序细则》和《鉴定、公告类案件前置程序细则》。当事人提起诉讼后，人民法院立案受理前，对道路交通事故人身损害赔偿、物业纠纷、婚姻家庭纠纷、标的额在30万元以下的买卖、借款合同纠纷等五类案件，实行前置委派调解；对所有涉及鉴定、公告的案件，探索鉴定、公告前置程序，严格加以规范。此外，他们还建立线上、线下多元化调解平台。此外，在院机关成立调解中心，在各乡（镇）区、街道建立"封调禹顺"调解分中心，在村委、社区建立工作站，三级调解平台实现联网，让身处不同区域的当事人能线上调解，并实现对所有调解平台的监督管理，最大程度上实现规范化调解。③

（2）引入多方调解力量

法院由于案多人少，人力紧张，在进行调解工作时单靠法院力量是不合适的。因此，很有必要引入多方调解力量进行相关工作。

①引入律师力量。律师作为"法曹三者"之一，业务素质较高。而部分年轻律师还因为业务较少，也更愿意参加一些纠纷解决而锻炼自己的业务能力。不少地区的司法行政机关或者基层政权都引入律师进行纠纷解决。今后法院在这方面的工作可以有较大的提升。目前已经有部分法院开展相关工作，例如北京通州法院设立"通和"（实习）律师调解室，将实习律师编入法官调解团队。

②引入社会人士进行调解。例如连云港市赣榆区法院推广乡贤审务工作站。广聚"乡村贤士"调解力量，实现乡贤审务工作站全覆盖。乡贤审务工作站实行法官轮流值班制度，法官轮流值班，接待来访群众，开展普法宣传、巡回审判、息诉调解、风险预防等工作。形成与镇村干部常态、长效协作的网格化社会综合治理格局，推动矛盾纠纷化解链条向前推进、重心下沉，努力将矛盾纠

---

① 景永利，韦德涛，郭志俊. 化繁至简的辉县实践［N］. 人民法院报，2017-08-20（5）.
② 尹春妮，许雨，姚绍庄. 连云港赣榆区法院"繁简分流模式"被全省推广［EB/OL］. 中国江苏网，2017-12-17.
③ 郑州市登封市人民法院. 创新繁简分流"五分法"助推案件良性循环［N］. 人民法院报，2018-07-17（4）.

纷就地化解。①

③与基层政权、村居委会合作进行调解。例如江苏如皋市法院积极探索构建多元化解纠纷机制，借鉴新时代"枫桥经验"，探索"片区法官"制度，拓宽人民法庭功能，法官与村居挂钩，加强纠纷预防和人民调解指导工作，与辖区党委政府形成共同压降成讼案件的合力。而北京通州法院建立"一院多所"联动巡回调解工作模式，法院联合乡镇司法所及人民调解委员会就地开展司法调解及确认案件2000余件。

④与专业调解机构的合作。例如，北京西城法院"双调解"，即在诉前对快速调解和重大疑难案件广泛展开调解。一方面，深化与北京多元调解促进会合作，对于重大疑难案件和商事案件开展行业性专业性调解；另一方面，加强与人民调解组织合作，开展巡回法官团队建设和指导、示范调解婚姻家事纠纷和医疗纠纷等民事调解机制。②例如，桂林市秀峰区人民法院根据其所在区域"三甲"医院较多的实际情况，主动与桂林市医调委合作，联合成立专门解决医患纠纷"诉调对接工作室"。该工作室充分发挥了法院诉讼调解与专业性人民调解组织的联动作用，当事人只要拿着医调委出具的调解协议书前往秀峰法院提起诉讼，便可通过"绿色通道"直接申请法院进行司法确认，提高纠纷化解效率，为和谐化解医患纠纷开拓一条新路径。③

（四）加强信息化建设

繁简分流，除了进行流程重塑、加强调解、引入多方力量之外，还可以引入科技智能，以新思路来破解现有的案件数量困局。

最高人民法院《关于切实践行司法为民大力加强公正司法不断提高司法公信力的若干意见》（法发〔2013〕9号）中强调："加快推进法院信息化建设。按照科技强院的要求，以'天平工程'建设为载体，推动全国四级法院信息化基础设施一体建设、全面覆盖和协调应用。建设全国法院有效衔接、统一管理的案件信息管理系统、案件信息查询系统、裁判文书网络发布系统和人民法院官方网站等信息载体或平台。坚持基础建设、升级提高与深度应用紧密结合，

---

① 尹春妮，许雨，姚绍庄. 连云港赣榆区法院"繁简分流模式"被全省推广［EB/OL］. 中国江苏网，2017-12-17.
② 松冈义正，熊元襄. 民事诉讼法［M］. 李凤鸣，点校. 上海：上海人民出版社，2013：203-204.
③ 唐晓燕. 好办法! 桂林市法院成立工作室，专门调解医疗纠纷［N］. 南国早报，2017-09-22（4）.

发挥信息网络在司法统计、网上办案、网上办公、司法公开、审判监督、审判管理、法官培训、法院宣传、司法调研和理论研究等方面的作用。"

而民商事领域,一方面案件数量庞大,另一方面民事诉讼中大量的小额案件、标准化案件在进行信息化、智能化处理方面具有特别的优势。

1. 信息化统筹和辅助

人民法院普遍利用"法信"等审判辅助系统,实现审判信息的智能检索、推送;运用司法大数据,挖掘丰富的案件信息资源。而且通过相关系统还能够不断深化不同审判业务类型的法官人数、人均结案数、结案方式及平均审理时间等数据变化的动态分析,准确把握审判工作运行态势。[1] 在具体案件审理的信息化辅助方面,典型如上海二中院开发的C2J法官智能辅助办案系统,该系统是上海二中院借鉴B2C电子商务模式,运用云计算技术,依托法院局域网开发的在线法律资源服务系统,为法院的一线法官提供体系化的智能服务。在法庭的触摸屏上,一系列与本案相关的信息都迅速显示。而且能够快速连接与这起案件有关的司法解释、法规规章、裁判文书、审判案例等资料。同时,深化文书案例检索子系统,整合最高法院裁判文书网数据,法官能根据案由、审理法院、文书类型等进行检索,为其文书写作和案例查询提供了极大的便利。[2]

2. 案件材料和流程的信息化

案件材料和流程的信息化是在线法庭的重要基础性工作。最高人民法院周强院长在全国法院第四次信息化工作会议上强调"着力实现智慧法院'三全三化'目标",其中第一点就是要实现"全业务网上办理"。但是,相关的工作落实情况并不乐观。一方面是法院内部的各个系统之间还存在许多互不兼容的情况,导致不同的数据需要多次录入。同时,案件材料的在线化程度极低,基本上还是以纸质材料为主。这方面的工作如果大力推展,就能够极大地提升法院审判的效率。这方面的典型如江苏如皋市法院推进信息建设深度应用,主动拥抱新一轮科技革命,加大云平台、云计算、数据库建设力度,推动电子卷宗随案同步生成、电子卷宗、移动互联应用工作,推广庭审语音智能转写、文书制作"左看右写"系统,努力深化网上司法公开。

---

[1] 李少平. 深化"繁简分流"改革 破解"案多人少"矛盾 [N]. 人民法院报, 2016-06-08 (5).

[2] 高绍安,吴玲. 上海二中院:推出C2J系统 打造智慧法院 [J]. 中国审判, 2012 (4): 106.

(1) 诉前研判系统

北京通州法院建立"诉前矛盾预判+风险识别"机制。加强与相关部门的联动沟通，紧跟区域热点事件，立案前提前预判，立案时通过"人机预警+背景联排"筛选，有效甄别500余户大棚拆违群体性行政诉讼、1000余件酷骑共享单车群体性民事诉讼以及涉"三大行动"案件等重大敏感案（事）件，为部门联动沟通、就地化解创造先决条件。①

(2) 智能化审判模式

由于法律是高级的知识，因此法律人工智能的发展相对较慢，在当下审判业务繁重、法官和律师工作压力巨大的情况下，即使是"弱法律人工智能"也能在缓解审判压力上发挥部分作用。相关企业和机构在个别标准化程度比较高的领域（如交通事故、民间借贷、劳动争议、医患纠纷等），已经能够研发出智识水平较高的法律人工智能工具②。相关工具软件能够为裁判提供最为接近的情况下既有裁判观点和意见参考，甚至能在一定程度上自动生成司法文书的初稿，但最后依然需要法官/律师的审阅和判断。

(3) ODR 模式

传统的多元化纠纷解决模式被称为ADR，其在引入中国后这十余年来被我国迅速接受。然而，借助科技的力量，ADR在我国被率先升级为在线纠纷解决模式，又称为"ODR"模式，即以网络在线的模式进行纠纷解决。在2017—2018年，我国开始了ODR对于ADR的逆袭。杭州市西湖区法院首先接受了中央政法委的课题研究，并在浙江省高级法院的大力支持和指导下研发了第一代的ODR软件系统，并在一年多中迅速进行多次迭代升级。2018年下半年以来，月调解量已经高达数万件。据此，我国各地也纷纷开始相关的软件研发和制度建设。例如北京通州法院建立"ADR+ODR"线上线下一体化调解平台。推进微信立案、预约调解、在线调解，与司法所建立常态化在线调解和确认机制。这也是沿海多地法院的做法，本书将在下文第九章等部分详细论述。

四、民事诉讼繁简分流改革试点

繁简分流改革是司法体制改革的重要内容，是一个系统工程，不仅需要通

---

① 陈丽英. 重塑繁简分流审判格局，北京通州法院这样打开工作新局面 [EB/OL]. 人民法院新闻传媒总社，2018-10-31.
② 王慧. 医患纠纷法律解决机制探索 [J]. 产业与科技论坛，2012，11 (22): 53.

过构建多层次诉讼制度体系来优化和激活现在的诉讼机制，而且要通过与其他配套改革举措的配合来保障办案质效。本书以下的章节将结合全国法院繁简分流改革的司法实践探索，将繁简分流改革分解为优化司法确认程序、完善小额诉讼程序、完善简易程序规则、扩大独任制适用范围、健全电子诉讼规则等五个部分，分块对相关内容进行详细说明。

第五章

优化司法确认程序研究

一、关于优化司法确认程序

司法确认程序是一种创新性程序,极富中国和东方特色,人民法院通过审查法院外部通过调解这一"东方经验"所达成的调解协议,通过民事裁定书的方式赋予内容不违反法律和行政法规禁止性规定的调解协议以强制执行力,以司法的权威促进调解协议实效化,培育社会多元化纠纷化解力量,降低民事纠纷成讼率。

(一) 司法确认的制度沿革

我国司法确认起源于2002年最高人民法院发布的《关于审理涉及人民调解协议的民事案件的若干规定》的司法解释,该司法解释第二条规定,"当事人一方向人民法院起诉,请求对方当事人履行调解协议的,人民法院应当受理。当事人一方向人民法院起诉,请求变更或者撤销调解协议,或者请求确认调解协议无效的,人民法院应当受理"。这就为当事人向司法机关申请调解协议的强制执行提供了司法解释的制度基础。

而早在2002年颁布的《关于进一步加强新时期人民调解工作的意见》(以下简称《意见》)中则强调:"各级人民法院特别是基层人民法院及其派出的人民法庭,要认真贯彻执行《最高人民法院关于审理涉及人民调解协议的民事案件的若干规定》,对在人民调解委员会主持下达成的调解协议,一方当事人反悔而起诉到人民法院的民事案件,应当及时受理,并按照该司法解释的有关规定准确认定调解协议的性质和效力。凡调解协议的内容是双方当事人自愿达成的,不违反国家法律、行政法规的强制性规定,不损害国家、集体、第三人及社会公共利益,不具有无效、可撤销或者变更法定事由的,应当确认调解协议的法律效力,并以此作为确定当事人权利义务的依据,通过法院的裁判维护调解协议的法律效力。"这个意见其实已经规定了司法确认制度,该《意见》于2002

年9月23日被中共中央办公厅、国务院办公厅所转发《中共中央办公厅、国务院办公厅关于转发〈最高人民法院、司法部关于进一步加强新时期人民调解工作的意见〉的通知》（中办发〔2002〕23号）。由此可见党中央和国务院对于调解制度的重视。

2009年《最高人民法院关于建立健全诉讼与非诉讼相衔接的矛盾纠纷解决机制的若干意见》的第四部分专门规定了"规范和完善司法确认程序"，其第二十条的内容规定："经行政机关、人民调解组织、商事调解组织、行业调解组织或者其他具有调解职能的组织调解达成的具有民事合同性质的协议，经调解组织和调解员签字盖章后，当事人可以申请有管辖权的人民法院确认其效力。当事人请求履行调解协议、请求变更、撤销调解协议或者请求确认调解协议无效的，可以向人民法院提起诉讼。"该意见所规定的司法确认制度较为完善，涉及司法确认的管辖法院、申请和受理、确认程序、不予确认等各项内容，使其在司法实务中的全面落地成为可能。

2010年《中华人民共和国人民调解法》（以下简称《人民调解法》）将司法确认制度以正式法律的形式确定下来，使其成为国家正式的司法制度。在该法第三十三条中规定："经人民调解委员会调解达成调解协议后，双方当事人认为有必要的，可以自调解协议生效之日起三十日内共同向人民法院申请司法确认，人民法院应当及时对调解协议进行审查，依法确认调解协议的效力。人民法院依法确认调解协议有效，一方当事人拒绝履行或者未全部履行的，对方当事人可以向人民法院申请强制执行。人民法院依法确认调解协议无效的，当事人可以通过人民调解方式变更原调解协议或者达成新的调解协议，也可以向人民法院提起诉讼。"虽然《人民调解法》对于司法确认只有这个较短的规定，但是其与之前制定的相关司法解释一起，进一步完善了司法确认制度。

2011年最高人民法院公布了《关于人民调解协议司法确认程序的若干规定》的司法解释。同时公布司法确认申请书、受理通知书（受理司法确认申请用）、确认决定书（决定确认用）和不予确认决定书（决定不予确认用）四种文书样式，由此为司法确认程序的规范化提供了专门性司法解释的支撑。该司法解释在甘肃省定西市人民法院改革试点后，成为2011年度最高人民法院十大司法政策之一。此后，在2011年《民事诉讼法修正案（草案）》被提交至第十一届全国人大常委会第二十三次会议审议。该草案的七个问题中，第一个主要问题是"完善调解与诉讼相衔接的机制"，从其后半部分来看，在特别程序中专节规定"确认调解协议案件"主要的目的在于实现《民事诉讼法》与《人民调解法》之间的衔接。①

2012年《民事诉讼法》修改之后,在第一百九十四条规定:"申请司法确认调解协议,由双方当事人依照人民调解法等法律,自调解协议生效之日起三十日内,共同向调解组织所在地基层人民法院提出。"并将该规定延续到2017年之后修改的民事诉讼法中。

目前,司法确认程序仅适用于依照人民调解法达成的调解协议,只能由人民调解委员会所在地基层人民法院受理。这样既不利于发挥多元解纷机制的作用,也不利于中级人民法院、专门人民法院开展诉前调解工作。针对上述问题,《民事诉讼程序繁简分流改革试点实施办法》(以下简称《实施办法》)第二条至第四条扩大了司法确认程序适用范围,相较于以往《民事诉讼法》《最高人民法院关于人民法院特邀调解的规定》有三点制度创新。

第一,扩大了司法确认程序的适用范围,将由特邀调解组织或者特邀调解员调解达成的民事调解协议纳入适用。之所以强调是特邀调解组织和特邀调解员主持达成的调解协议,是为了保证调解质量,防止虚假调解或虚假确认。试点法院必须建立特邀调解名册,严格入册程序和条件,完善名册管理机制,加强对入册调解组织和调解员的业务指导、培训、考核和监督。此外,最高人民法院还将尽快研究制定特邀调解名册管理办法,配套推进试点工作。

第二,明确了司法确认案件的管辖规则。《实施办法》规定对于委派调解所达成的调解协议申请司法确认的,由委派调解的法院优先管辖。这样既有利于实现特邀调解制度与司法确认程序的有效对接,也便于当事人及时申请司法确认,减少诉讼成本,有效提高当事人参与诉前调解的积极性。而对于当事人自行约定达成的调解协议,可以由调解组织所在地或调解协议签订地法院管辖。

第三,允许中级人民法院、专门人民法院受理符合级别管辖、专门管辖标准的司法确认案件。"符合级别管辖标准"是指标的额、案件类型、当事人人数等符合《民事诉讼法》及相关司法解释规定的应当由中级人民法院管辖的第一审案件标准。"符合专门管辖标准"是指所涉纠纷符合金融法院、知识产权法院管辖第一审案件的标准。

(二)司法确认的功能分析

司法确认在我国的产生以及不断的发展,都是基于我国的具体国情。主要原因在于,其能够推动我国更好地纠纷解决,促进社会和谐,因此其具有较强

---

① 刘加良. 司法确认程序的生成与运行[M]. 北京:北京大学出版社,2019:59-60.

的生命力，也能够在实践中不断发展、创新和探索，并越来越被司法实践和社会所接受。

1. 经济/效率功能。任何一个司法制度，虽然主要是要考虑其公平正义的功能，但是在社会调解、繁简分流等司法制度的改革和探索上还要考虑其经济/效率功能。由于司法确认能够协助调解制度的更好落地，其对于化解纠纷，深度解决纠纷的本源问题具有较好作用。同时，司法确认的调解协议直面纠纷根源，在社会内部直接解决社会纠纷，所以该制度的效率相对较高。此外，对于纠纷的解决，司法确认的强制执行性也能够具有一定的威慑力，能够较为迅速地稳定纠纷相关的社会关系，并且保持一定的稳定性和时间性，从而能够保持更好的经济效益。

2. 社会和谐功能。司法确认的模式，是基于多元化纠纷解决的模式，在调解、协议的基础上进行的确认。而调解更多具有说理、说服的作用，更能够起到"事了"的效果从而引致"纠纷化解"和"无讼"。此外，由于司法确认通过法官审查，赋予了调解协议以强制执行力，这样一方面是双方自由意志合意的结果（需要符合法律的相关规定），另一方面又能够具有强制力，就能够让相关的社会关系更为和谐。我国改革开放数十年，经济社会蓬勃发展，在解决温饱问题之后的很长一段时期以来，民众的精神需求不断发展变化。这导致了大家虽然在根本利益和根本目标上一致，但是在具体事务、场景下的利益、观念却并非一致。而法律往往只是规定抽象、统一的基本行为准则，这样就使其并非支持、保护社会上的形形色色的具体理念、利益，往往只是根据民事法律规则支持一方或者不支持另一方，却不能更好地起到协调各方利益、观念的作用。而司法确认通过多元化纠纷解决模式，就能够让民事主体的各方利益进行更好的协商、结合，使得相关的社会关系具有较强的和谐性。这样，调解协议的方案基本不受法律规则的一刀切的限制从而进行较为灵活、全面的和谐式协商，而协议的执行却由法律规定的司法确认进行强制执行；其兼采了协议内容的灵活性、和谐性，又具有协议执行的强制性，将二者较为完美地整合。

3. 稳定功能。由于司法确认能够赋以调解协议以强制执行力，因为强制执行力的压力，就能够让社会关系更为稳定。如前所述，司法确认能够通过强制力使得相关的社会关系具有一定的稳定性。同时，由于人民法院对调解协议的内容进行审查，减少协议文本的纰漏，更少出现理解上的分歧，特别是针对文字、数字计算等问题进行审查，使得文本内容更为精确，也为相关社会关系的稳定提供了基础。同时，在内容实质审查方面，除了纯粹的书面审查外，还可以通知当事人共同到场,当面询问核实,必要时可以听取调解员的情况说明。这样也就能够让双方当事人更为慎重地进行考虑,也让其体会到法律的严肃与尊严,日后也就更能够遵守调解协议的内容。这样也能够让相关的社会关系具有较强的可预测性。

4. 确认功能。司法确认中就有"确认"二字,体现国家公权力对于民间关于某种社会关系通过自由意志协商之后所希望确立的社会关系的一种确认,是司法权力对于该社会关系进行的某种意义上的明确认定。人民调解协议的司法确认是"将本无强制力的非诉调解协议经过严格的司法审查后,赋予其强制执行力。"① 通过司法确认这一程序,使表面上已经达成和解,但在实际上仍处于不确定状态的矛盾纠纷处于法律确定的状态之中,是创造性充分发挥司法权能的创新举措"。

此外,由于司法机关具有较强的公信力,民众通常对于司法权威具有较强的信任感,也能够自动服从司法机关的裁判和管理,对于司法机关的确认行为具有较强的信心,所以对于调解协议的司法确认具有较强的标志性意义。

5. 协同功能。司法确认之所以被认为具有一定的协同性,其主要是体现为职权主义与当事人主义进行一定的融合,"其核心思想均是要将职权主义和当事人主义的优点结合起来,形成一种适合我国国情的协同性诉讼模式,适合中国国情民情审前程序更需要体现出这种诉讼模式"。② 而在另一方面,国家司法对于调解协议的确认也体现了国家力量与社会力量的较好协同。这方面的协同关系就是在纠纷的解决中,在当事人意思自治的基础上,经由社会意见引导协调得出了一个调解协议,协议内容又能够符合法律的规定和基本精神而由国家司法机关进行确认并赋予强制执行力。这样,当事人、社会与国家三者之间面对纠纷解决方案的意志获得了较大程度的一致与和谐,就能够较好地体现社会力量与国家力量的协同。而社会与国家的协同也是国家治理中善治的一个重要体现。

6. 善治功能。司法确认具有较强的善治功能,是我国社会治理、纠纷解决"善治"的标识之一。

第一,司法确认是建立在调解的基础上,是运用民间智慧解决民间纠纷的

---

① 胡军辉. 民事裁判既判力问题新探索 [M]. 北京:法律出版社,2018:25.
② 胡晓霞. 基本原理与理性构建:民事审前程序研究 [M]. 北京:中国法制出版社,2013:148.

一个重要体现,能够融合民众的道德直觉和朴素的公平正义观,其还能够体现民间的和谐、稳定,是善治的一个重要体现。民间意义上的善虽然是具体的、非理论的、多样的以及具有更强烈道德情感性质的,却是抽象、理论意义上的善的最初来源。失去了民间的、具体的、道德情感意义上的善,抽象意义的善和德性,就失去了基本来源和生命的活力。同样,如果脱离了民间的善的认可和支持,司法的善就失去了基础,司法就失去了公信力。

第二,司法确认也能够结合国家司法权力。通过司法确认让国家司法权力对民间纠纷的自我解决进行审查、保障,是国家力量、民间力量的完美结合,是善治的体现。将国家法律制度、司法体制中较为理性的善、较为抽象的善,与民间广泛的直觉的善、具体的善进行较好地融合。纠纷源于社会本身,第一道纠纷解决的方法和防线也在社会内部进行调解、纠纷化解,并借助于社会之外的国家权力进行外部的审查、规制和强制。

同时,法律之治相比其他的治理模式已经属于善治,而依照通常的纠纷解决、司法哲学理论以及政治哲学理论,第三方是在纠纷双方之外的中立第三方,能够提供较为合理、客观的纠纷解决方案。国家的司法机关作为解决纠纷的第三方,是国家的中立第三方。而人民调解委员会也是在当事人之外的中立第三方,则是社会的中立第三方。让"国家的中立第三方"对"社会的中立第三方"所进行纠纷调解的协议后果进行审查和确认,这就使其不仅具有民间性、道德情感性,还具有强烈的客观性、合理性,具有更强意义上的善治作用和指标意义。

第三,司法确认具有程序正义的特征,具有相关的程序性保障和救济途径。司法确认具有一定的事前程序,能够提供一定的程序保障。在当事人申请、人民法院受理、调查相关情况、日期规定及其延长等相关内容,具有程序正义的特性。同时,其能够为当事人权益提供一定程度的救济,根据《民事诉讼法》第一百九十五条、《人民调解法》第三十三条以及《民诉法解释》第三百六十条的规定,对于当事人申请的司法确认,不符合法律规定的,裁定驳回申请,当事人可以通过调解方式变更原调解协议或者达成新的调解协议,也可以向人民法院提起诉讼。由此可见,其能够提供救济途径,具有程序正义的特征。此外,司法确认中关于国家利益、公共利益损害的方面,也能够提供救济;根据《民事诉讼法》第一百九十八条第一款规定,"各级人民法院院长对本院已经发生法律效力的判决、裁定、调解书,发现确有错误,认为需要再审的,应当提交审判委员会讨论决定"。

法学界中普遍达成"有程序则有救济，无程序则无救济"的基本共识和理念，有程序才能有善治。而司法确认虽然建立在调解及繁简分流的基础上，却依然具有程序正义的内容和性质，则司法确认具有善治的特征。

第四，司法确认的善治体现在其对于调解的支撑上。我国的调解制度经历了多年的发展，但是也有起伏。从20世纪50年代初的调解兴起，到80年代的大发展，后来又慢慢地被学者和司法者所漠视。而在这十年来，调解的再度兴起虽然是在社会发展、案件激增的大背景下，但是另一方面也确实是因为有了包括司法确认在内的一系列制度创新的重要支撑。司法确认使得人民调解具有了新的维度，使其在灵活的基层治理上又具有规范性和科学性，更能够为纠纷解决和国家治理提供完善的制度支撑和保障。所以，新时代的调解模式并非是以往调解的简单重复和回归，而是在更高高度、更多方式、更新配套下的新调解模式，是更善的治理模式。

虽然在当下各国的诉讼法理论中，主要是越来越强调诉讼的竞争性、对抗性以及司法的中立性和消极性。但是在另一方面，司法还具有社会管理的功能，从管理型审判的视角看，司法确认则是司法具有管理功能的一个体现。如若任凭当事人主义、自由主义的泛滥，其另一方面就会导致司法资源的浪费；而司法的管理型审判理念则可以让众多法官积极主动地参与审前、审判中以及判决做出等各类程序的进程，防止出现诉讼拖延。这也是善治的另一种体现。

第五，司法确认不是舶来品，司法确认是我国司法实践的一个重要的司法创新。其源于我国基层司法工作的长期探索和创新，所以其更适合我国的基层治理，具有善治的功能。该善治不仅体现为德性意义上的"良善之治"，体现为我国社会主义的"为人民服务""从群众中来，到群众中去""以民为本""让人民群众满意"的司法基本理念和初心；还体现为我国社会主义制度面对各类多样的社会纠纷时，"善于治理""善于创新"的决心和能力，这是我国社会主义制度、社会主义司法、诉讼制度的善治体现。

第六，司法确认虽然基本成形却在实践中依然在不断地磨合、探索，其能够针对我国基层的纠纷解决实际情况不断地推陈出新，日后还会不断地发展完善，这样也就能够不断地适应我国的社会基层治理和法治实践。

(三) 司法确认的性质分析

对于司法确认的性质探讨，主要是根据其在民事诉讼、纠纷解决的总体体系、流程中，探讨其性质。司法确认的性质问题，主要是关于其是否是非讼性质。关于司法确认是否具有非讼特性，学术界还存在一定的争议，但是从其在诉讼程序与治理体系中的定位，以及设立的目的而言，其更应具有非讼特性。其属于调解协议的确认程序，在民事诉讼法中属于特别程序的范围。而其在我国的创新、探索和发展的历程也表明其具有调解性质。为此，有学者总结道："人民调解协议的司法确认属于非讼裁判权的典型运用之一。传统非讼裁判权并不解决纠纷，它只是国家对社会民事生活的一种提前或者主动介入，以确认某种法律事实或促进民事权利的形成。在司法确认中，法院通过对当事人没有争议的协议内容进行确认、固定，表面是在解决纠纷，但实质上仅仅是对协议内容的确认，是否能够解决争议却是司法确认制度无法实现的目的。因而，这种确认应是非讼裁判权的运用。"①

关于司法确认具有非讼属性，可以从以下的多个理论维度进行梳理和分析。

第一，司法确认属于调解协议，是双方当事人的合意。更多属于当事人意思自治的范围，所以具有较强的非讼特征。但是在另一方面，由于调解的机制问题，以及调解员的素质并不高等因素的制约，使得调解协议的内容相比裁判文书而言质量不高。一方面，其可能在内容合意方面存在不少瑕疵有待审查；另一方面，内容和格式上也存在许多不规范的问题，有的则是语言表达不严谨导致可能有多种歧义，甚至有的调解协议出现了部分纰漏。在这种情况下，如果将其作为非讼的法律程序会更合适一些。

而在案件审查过程中，也更多地尊重当事人的意志，即如果仅仅发现调解协议内容存在计算错误、文意不清晰等瑕疵问题，经过双方同意，在不改变权利义务基本内容的前提下，可以由当事人签字确认。而如果司法确认过程中涉及重要内容的变更，则可以建议当事人撤回申请。人民法院若发现协议的部分内容不宜确认的，征询双方当事人的意见，双方当事人同意部分确认的，可以仅仅确认可以确认的部分。另一方面，如果当事人合意要实质变更协议内容的，人民法院则按照诉讼调解办理。这体现了其具有的非讼特性。

由于司法确认体现的是当事人的一致的意思表示，当一方或者双方请求撤回司法确认时，法院也应当尊重当事人的意愿，允许其撤回。这些均体现了处分原则的适用，而处分原则更多的是对于权利的处分，其也主要是涉及个人私权的处分。协议的合意以及处分，更多体现的是司法确认非讼特性。

第二，司法确认是在人民调解委员会进行调解的。而依照《人民调解法》

---

① 郝振江. 非讼程序研究 [M]. 北京：法律出版社，2017：148. 在其于 2013 年发表于《法律科学》的《论人民调解协议司法确认裁判的效力》中亦有相关阐述。

的规定，人民调解委员会是调解民间纠纷的群众性组织，其是基层群众自治组织的村民委员会、居民委员会所设立的。此外，企事业单位也可以设立人民调解委员会。这样，其所进行的调解，相比法院、司法行政机关的调解而言更为社会化。一方面具有较强的社会性，较为亲民；但是另一方面，其专业性较差，权威性也较弱。所以，从本质上而言，其属于非国家机关所设立的调解组织，具有较强烈的非讼属性。

另外，经人民法院建立的调解员名册中的调解员或者行政机关、商事调解组织、行业调解组织以及其他具有调解职能的合法组织调解（如交警、消费者协会、工会、妇联等）达成具有民事合同性质的协议，当事人申请确认的，参照人民调解协议的司法确认程序执行。这部分的调解，除了部分国家机关外，更多的是社会组织，其相比法院、国家机关的专业性和权威性更弱一些。而另一方面，司法确认程序不适用于人民法院立案之后的委托调解和邀请调解的情况，因为此类的案件已经进入诉讼程序，其本质上就属于司法调解的特殊形式。所以，其属于非讼性质会更合适一些。

第三，司法确认具有非讼属性的一个重要特点，即法院不受理确认和解除身份关系、收养关系及婚姻关系的申请。因为法院可以受理相关类型案件的诉讼，并可以依法做出裁判。而由于司法确认具有较强的非讼属性，所以其在此类案件中的司法确认被排除了。而从另一方面来看，因为这些类型的法律关系具有较强的人身属性，对于社会关系的和谐、稳定具有十分重要的基础性地位，所以不能仅凭双方协商的合意，而当事人必须谨慎处理相关事务。如果需要解除这些关系，则必须经过诉讼或者行政审查等其他方式解决。

第四，司法确认主要是进行形式审查。虽然关于司法确认是形式审查还是实质审查的问题还存在不同的意见，然而根据相关法律的规定，其主要是进行形式审查，这也符合调解等多元化纠纷解决的主要模式根据《民诉法解释》第三百六十条的规定，人民法院在司法确认程序中对调解协议的内容主要审查其是否符合自愿、合法原则：（一）违反法律强制性规定的；（二）损害国家利益、社会公共利益、他人合法权益的；（三）违背公序良俗的；（四）违反自愿原则的；（五）内容不明确的；（六）其他不能进行司法确认的情形。由此可见，司法确认的审查以形式性为主。

而根据《最高人民法院关于人民调解协议司法确认程序的若干规定》第六条规定，人民法院受理司法确认申请后，应当指定一名审判人员对调解协议进行审查。人民法院在必要时可以通知双方当事人同时到场，当面询问当事人。

当事人应当向人民法院如实陈述申请确认的调解协议的有关情况，保证提交的证明材料真实、合法。人民法院在审查中，认为当事人的陈述或者提供的证明材料不充分、不完备或者有疑义的，可以要求当事人补充陈述或者补充证明材料。当事人无正当理由未按时补充或者拒不接受询问的，可以按撤回司法确认申请处理。

所以，从总体而言，并结合现有的司法实践来看，司法确认采用的形式审查为主和有限的实体审查相结合的模式。与当下的以对抗性、平衡性为主要特性的司法诉讼程序相比，调解和司法确认的程序缺乏实质性的攻防，也不能提供更好的程序保障，虽然调解的过程和性质具有一定的公平正义性质，但是依旧不能较好地达到诉讼、司法裁判的公平正义的属性。其具有较明显的非讼特性。而《民事诉讼法》第一百九十五条则规定："不符合法律规定的，裁定驳回申请，当事人可以通过调解方式变更原调解协议或者达成新的调解协议，也可以向人民法院提起诉讼。"这其实也明确了司法确认具有的非讼的特性。

同时，由于司法确认具有较强的非讼特性，使得人民法院对于调解协议的审查不应当完全依照民事诉讼的严格程序进行，而应当考虑到调解与诉讼之间的差异。虽然人民法院有可能在一定程度上进行实质审查，但是不应当以高标准苛求调解协议，这样才能防止将其司法化，也防止挫伤民间的调解热情、抑制民间的纠纷化解智慧。这样也才能防止大量的纠纷案件转化为诉讼案件，进一步加剧案多人少的困境。当然，也不能由此走入另外一个极端，对调解协议完全不做审查而直接确认。当然，由于司法确认主要是具有非讼特性，法院多数情况下仅仅对调解协议做形式审查，所以允许对司法确认的裁定进行撤销。

第五，司法确认具有非讼特点，是由我国当下的司法调解的性质、特点所决定的。由于司法确认是对于调解协议的确认，而当下我国的调解还存在调解员的素质参差不齐、并非都具有较高素质和责任心的问题。虽然我国宽泛意义上的调解的历史传统较长，但是适应我国当下的政治治理和法治模式的调解模式还在探索之中，同时具备较强法律知识的调解员还不在多数。根据《人民调解法》的规定，"人民调解员根据调解纠纷的需要，在征得当事人的同意后，可以邀请当事人的亲属、邻里、同事等参与调解，也可以邀请具有专门知识、特定经验的人员或者有关社会组织的人员参与调解。人民调解委员会支持当地公道正派、热心调解、群众认可的社会人士参与调解"。这种多方参与调解的模式，让调解更亲民，也更有利于社会和谐，广泛发动群众从"情、理、法"等多个层面解决问题。但是，调解员们所提出的调解方案并非全部具有较强的合法性和科学性，依旧需要司法的审查和确认。如果过于强调调解的诉讼性质和法律效力，则可能不符合我国当下的法治发展实际情况，也不符合诉讼的严肃性和严格性。

第六，调解协议的司法确认更多的是具有强制执行力，而并非是司法裁判的特性，这也反映了其非讼的特性。依照《人民调解法》第三十三条规定，调解协议一旦经由人民法院依法确认有效，如果一方当事人拒绝履行或者未全部履行的，则另一方面当事人可以向人民法院申请强制执行。所以，其仅仅是具有强制执行特性，而并非是司法裁判性或者诉讼性。这其实与赋予强制执行性的公证文书、具有强制执行性的仲裁文书具有一些相似之处，即虽然具有司法强制执行特性，但是并非是诉讼特性。

依照部分学者的观点，法院做出的可以作为"执行依据"进入强制执行的文书称为裁决性司法文书，而司法确认则是属于司法管理权能作出的"执行依据"的文书。其具有以下一些本质特点："文书生成程序的非对抗性；法院通过类似行政行为的司法管理权力来作出文书，法官在文书形成过程中扮演的角色为司法管理者而非裁决者；文书的正当性不以程序保障为基础，文书生成程序设置相对简单。"①

在此，也有必要厘清司法确认与民事诉讼中的确认之诉的差异，两者存在一定的相似之处，"均包含法院的确认行为，很容易让人误认为司法确认亦是诉讼裁判权的运用。这种认识是有偏差的，因为司法确认与确认之诉存在实质差异。司法确认的对象是双方当事人合意达成协议中没有争议的法律关系。确认之诉的对象原则上必须是现在存在争议的权利或者法律关系。其目的是通过诉的方法除去原告权利或者法律地位存在危险或者不安定状态，由此单纯地将事实或者过去法律关系存否作为审理对象显然有些迂回曲折。"②

此外，根据《人民调解法》第二十五条的规定，人民调解委员会和调解员也不具有相关国家机关的强制力，即人民调解员在调解纠纷过程中，如果发现该纠纷有可能激化的，有可能引起治安案件、刑事案件的纠纷，应当及时向当地公安机关或者其他有关部门报告。

第七，关于人民调解制度的司法确认具有非讼性质，还可以从其立法法理

---

① 胡军辉．民事裁判既判力问题新探索［M］．北京：法律出版社，2018：256．
② 郝振江．非讼程序研究［M］．北京：法律出版社，2017：149．在其于2013年发表于《法律科学》的《论人民调解协议司法确认裁判的效力》中亦有相关阐述。

学理论中进行分析。根据《中华人民共和国立法法》第八条的规定，属于只能制定法律的事项中，涉及"诉讼和仲裁制度"。根据立法法理学和宪法学说，涉及诉讼的立法权限属于中央事权，应当由全国人大及其常委会制定相关法律。甚至从法理上而言，所谓的司法解释，严格意义上也仅仅是属于国家最高司法机关在适用法律解决具体案件时，对如何应用法律所做出的具有法律约束力的阐释与说明而已。"两高"在制定司法解释时，仅仅是行使解释权，而非立法权。法院审判工作中具体应用法律、法令的问题，由最高人民法院进行解释。"两高"的解释如果有原则性的分歧，依然需要报请全国人民代表大会常务委员会解释或决定（1981年《全国人民代表大会常务委员会关于加强法律解释工作的决议》）。所以，关于诉讼制度，仅仅是能够通过全国人大及其常委会进行立法，地方无相关立法权，而"两高"也仅仅具有对于具体问题的解释权而已。

而关于人民调解问题，各地纷纷进行了地方立法，出台了例如《青海省人民调解工作条例》（2005年）、《江苏省人民调解条例》（2015年）、《贵州省人民调解条例》（2020年）。这表明调解领域并非属于诉讼范围，而基于纠纷调解、调解协议之上进行的司法确认也具有非讼的性质。

除此之外，也有少部分意见认为，司法确认具有诉讼特征。他们主要认为，虽然司法确认的审查主要是形式审查，但是也存在少数的实质审查。根据《关于人民调解协议司法确认程序的若干规定》第七条的规定，主要审查如下内容：违反法律、行政法规强制性规定的；侵害国家利益、社会公共利益的；侵害案外人合法权益的；损害社会公序良俗的；内容不明确，无法确认的；其他不能进行司法确认的情形。具有相关情形，人民法院不予确认调解协议效力。从这个意义上说，司法确认具有一定的诉讼特征。

而根据《最高人民法院关于人民法院民事调解工作若干问题的规定》，人民法院审查调解协议，既可以书面审查，也可以通知各方当事人同时到场，当面讯问当事人，必要时可以听取调解员的情况说明。如果人民法院在审查中认为当事人提供的证明材料不充分、不完备或者有疑义，还可以要求当事人补充陈述或者补充证明材料。在当事人无正当理由未到庭或未按时提供材料的，人民法院不能直接作出不予确认的决定，可以按照撤回司法确认申请处理。这样就反映了部分审查的实质性，这也就反映其具有一定的诉讼特性。此外，为了防止书面审查带来的恶意诉讼，人民法院可以启动特别审查程序，即法院在审查之后认为当事人存在恶意诉讼的可能时再行审查。

(四) 司法确认文书的性质分析

针对司法确认文书的性质，理论界对其进行了较多的探讨，并形成了以下各种不同种类性质的观点争锋。[①]

（1）判决书说，即认为在性质上《民事诉讼法》对非讼案件的处理结果，均采用了判决的形式。因此，他们认为将司法确认文书定性为判决书更为妥当。而反对的意见则认为，民事判决书是司法裁判的最慎重、最典型、最具有权威性的裁判文书，其形式上最完整、最能体现司法权威，其救济程序与方法最完善。而人民调解组织使用民间智慧和力量关于纠纷双方的合意所形成的调解协议，显然与国家司法机关对于案件审理的严肃性、对抗性、程序完整性有明显的区别，对其进行确认的文书定义为判决书，显然有违于民事判决书的权威性、完整性和典型性。

（2）裁定书说。持此类观点的理由如下：第一，裁定书作为执行依据，认同度比较高，便于实体权利的实现。第二，在民事诉讼的框架下，裁定书既体现了司法确认案件的实质审查特点，也不同于诉讼调解后制作的调解书。第三，裁定书既适用于程序性事项，又适用于实体事项，因此司法确认可以属于裁定书。第四，与仲裁机关类似，人民调解委员会也是法院认可的纠纷解决机构；而人民法院审查仲裁机构裁决是否有效采用的是裁定书的形式，则司法确认书也相应地应当属于裁定书的性质。

（3）决定书说。持此类观点的学者认为，决定书具有灵活的特点，司法确认文书属于决定书比其他法律文书更符合现实的需要，即其可以确认相关的调解协议，作出确认决定书；也可以不确认相关的调解协议，作出不确认决定书。此外，采用决定书的形式，突出了法院审判权对调解工作的引导和监督，在另一方面也体现了对于调解组织和调解人员工作的认可与赋能，能够更好地提升调解组织和人员的工作积极性，提升他们的权威。

反对的意见则认为，民事决定书是人民法院在诉讼活动中针对特殊事项所做的判定，其是针对既非纯粹的程序事项，也非纯粹的实体事项做出的，决定书并不能反映出调解协议的非对抗性质。其一旦做出即发生法律效力而不能再审，其救济机制为复议，且复议期间不停止执行。而司法确认通常是形式审查，有可能发生错误，所以其需要设立再审的救济。再则，依照民事诉讼法的规定，人民检察院只对已经生效的判决书、裁定书有权提出抗诉；而如果将司法确认

[①] 胡军辉. 民事裁判既判力问题新探索 [M]. 北京：法律出版社, 2018：29 - 36.

文书视为决定书的话，则会排除人民检察院对于相关文书的抗诉权。

（4）调解书说。持此类观点的学者，将人民调解委员会、调解协议等方面的性质，延续到调解的司法确认工作中，用调解书作为司法确认文书。

（5）确认书说。相关观点认为，司法确认书已经明确表明了其具有"确认"的性质，使用确认说即可以将确认书与其他文书明确地进行区分。同时，这样也能够体现我国在司法改革的相关领域进行创新、尝试的一个重要标识。

而反对的意见则认为，在我国当下的司法制度中并无确认书这一种类的司法文书和相关的程序。如果存在这一种类，则需要对于其形式、性质、生成程序、内容设置、种类划分等一系列问题进行分析研究，厘清其本质、内涵和外延，并且需要与现有法律文书体系、诉讼程序制度进行协调。

关于司法确认文书具有一定的既判力，是基于以下的理由。[1]

（1）制度性效力理论。即认为司法确认能够为纠纷的解决提供制度上认可的终局裁判的既判力效力。如果否定司法确认文书具有既判力，则无法实现在一定成本下解决纠纷的制度设计的目的。

（2）民事权利处分理论。该理论认为，调解中双方对于纠纷解决的合意其实就是双方处分自己民事权利来达成一个共同协议的内容。同时，对于调解协议，双方也可以选择不申请司法确认，还可以选择申请司法确认，这也是其对于程序性权利的一个处分。当事人的处分行为只要不损害国家利益、公共利益和第三人利益的前提下应当获得尊重与认可。

（3）自由合意下的责任理论。该理论认为，调解协议的内容是双方的自由合意，其具有执行力也是双方都应当认识到的。所以，当事人如若违反此类事项达成合意则需要承担不利的法律后果。

（4）程序主体权利理论。该理论可以进行如下理解，即在人民调解协议的司法确认过程中，当事人的权利获得了基本的保障，则作为当事人应该受到确认裁定既判力效力的约束。

（5）司法公信力理论。依照该理论认为，司法确认已经具有了法院裁判和审查的元素，则就应当赋予司法确认文书以一定的既判力效力，以维护其应有的司法权威性和司法公信力。

---

[1] 胡军辉. 民事裁判既判力问题新探索［M］. 北京：法律出版社，2018：36-39.

二、司法确认程序的定位、原则和机制

（一）准确把握司法确认的制度定位

司法确认程序是2012年《民事诉讼法》修订时增加的一种特别程序，人民法院对外部调解达成的调解协议的审查，其实质是司法审查权。对司法确认案件应当采取形式审查还是实质审查存在不同意见。如果对调解协议的审查是实质审查，是否会丧失其有别于审判的制度价值。但如果是形式审查，又有观点认为存在较高的虚假调解的风险。

针对这种疑问，有必要回归其立法依据《民事诉讼法》与《民诉法司法解释》。

《民事诉讼法》第一百九十四条："申请司法确认调解协议，由双方当事人依照人民调解法等法律，自调解协议生效之日起三十日内，共同向调解组织所在地基层人民法院提出。"第一百九十五条："人民法院受理申请后，经审查，符合法律规定的，裁定调解协议有效，一方当事人拒绝履行或者未全部履行的，对方当事人可以向人民法院申请执行；不符合法律规定的，裁定驳回申请，当事人可以通过调解方式变更原调解协议或者达成新的调解协议，也可以向人民法院提起诉讼。"

《民诉法司法解释》第二百九十七条第（一）项："对下列情形提起第三人撤销之诉的，人民法院不予受理：（一）适用特别程序、督促程序、公示催告程序、破产程序等非讼程序处理的案件"；第三百八十条："适用特别程序、督促程序、公示催告程序、破产程序等非讼程序审理的案件，当事人不得申请再审。"

《民诉法司法解释》第三百五十六条至三百五十八条和三百六十条则明确了司法确认案件的审查内容和审查方式：《民诉法司法解释》第三百五十六条第一、二款："当事人申请司法确认调解协议，应当向人民法院提交调解协议、调解组织主持调解的证明，以及与调解协议相关的财产权利证明等材料，并提供双方当事人的身份、住所、联系方式等基本信息。""当事人未提交上述材料的，人民法院应当要求当事人限期补交。"第三百五十七条第一、二款："当事人申请司法确认调解协议，有下列情形之一的，人民法院裁定不予受理：（一）不属于人民法院受理范围的；（二）不属于收到申请的人民法院管辖的；（三）申请确认婚姻关系、亲子关系、收养关系等身份关系无效、有效或者解除的；（四）

涉及适用其他特别程序、公示催告程序、破产程序审理的；（五）调解协议内容涉及物权、知识产权确权的。""人民法院受理申请后，发现有上述不予受理情形的，应当裁定驳回当事人的申请。"第三百五十八条第一、二款："人民法院审查相关情况时，应当通知双方当事人共同到场对案件进行核实。""人民法院经审查，认为当事人的陈述或者提供的证明材料不充分、不完备或者有疑义的，可以要求当事人限期补充陈述或者补充证明材料。必要时，人民法院可以向调解组织核实有关情况。"第三百六十条："经审查，调解协议有下列情形之一的，人民法院应当裁定驳回申请：（一）违反法律强制性规定的；（二）损害国家利益、社会公共利益、他人合法权益的；（三）违背公序良俗的；（四）违反自愿原则的；（五）内容不明确的；（六）其他不能进行司法确认的情形。"

从上述列举的法条看，作为非讼案件，司法确认案件的办理方式应区别于诉讼案件。从启动方式上看，司法确认是人民法院基于当事人申请而审查；从确认对象上看，其确认的大多属于通过书面审查即可作出判断的事项；从办案方式看，该程序需要当事人提供相关材料、向调解组织核实有关案情等，与庭审程序有显著差异；从审查内容上看，法院主要是要审查调解协议的自愿性、合法性。对于在调解过程中违反当事人自愿原则、调解协议内容不明确或不具备执行性等情况的，人民法院应当依职权探求真意，加强对调解协议涉及的基本事实的实质审查；从结案方式看，人民法院可以作出不予受理、驳回申请、确认有效等三种裁定，后者可以赋予调解协议以强制执行力。

因此，司法确认案件应当坚持其非讼程序的定位，以书面形式审查为主，以实质审查为辅，以提高纠纷化解效率，稳定法律关系。当然，司法确认案件的具体审查方式，还应当综合考虑当前我国调解发展不充分和具体案件繁简程度等现实状况。对于涉及标的额特别巨大、法律关系相对复杂、社会影响面较广的调解案件申请司法确认的，人民法院可以按照《民事诉讼法》第一百七十八条组成合议庭审查，以体现司法的慎重与审慎，避免发生不宜司法确认的案件通过司法确认获得强制执行力的情形。

（二）优化司法确认的推进问题

扩大司法确认的适用范围，体现了人民法院对多元化纠纷解决机制，特别是非诉纠纷解决机制的支持和保障。然而，硬币都是有两面的，推进改革，不能只看到改革的益处，对于可能产生的问题以及风险隐患，应当有清醒的认识。

从立法上看，《最高人民法院关于人民法院特邀调解的规定》（以下简称《特邀调解规定》）第三条列举了人民法院在特邀调解中的七项工作职责：（一）

对适宜调解的纠纷，指导当事人选择名册中的调解组织或者调解员先行调解；（二）指导特邀调解组织和特邀调解员开展工作；（三）管理特邀调解案件流程并统计相关数据；（四）提供必要场所、办公设施等相关服务；（五）组织特邀调解员进行业务培训；（六）组织开展特邀调解业绩评估工作；（七）承担其他与特邀调解有关的工作。

大面积推广司法确认程序，可能存在的问题主要有三方面：一是人民法院司法承受能力有限，大量案件进入司法确认，有可能造成司法资源挤兑的问题；二是人民法院介入未诉纠纷，管理职能扩张可能引发争议的问题；三是虚假调解风险防范问题。

第一个问题，其核心主要是司法资源有限性与庞大的社会司法需求之间的矛盾，党的十九大报告指出，"中国特色社会主义进入新时代，我国社会主要矛盾已经转化为人民日益增长的美好生活需要和不平衡不充分的发展之间的矛盾"。供需之间的不匹配是人类社会的普遍问题，司法领域也不例外。长期以来，人民法院深受"案多人少"问题的困扰，受制于法院编制增加困难等因素，司法机关纠纷化解能力的供给有限。法官员额制[1]改革实施以来，各级法院的法官员额均已确定，通过增加人手方式提高法院案件消化能力的传统渠道已经难以为继。而在转型期社会的大背景下，这一问题有所加剧。在某些社会领域，如金融行业，随着金融普惠化的快速发展，原先受制于法院立案能力的海量的小额金融纠纷可能拥入司法确认渠道，司法确认案件数量短期内可能激增，甚至可能有当事人利用规则制造诉讼联系点，选择管辖，导致司法资源不堪重负。

第二个问题。因为"优化司法确认制度"改革的重要特征是通过特邀调解员和特邀调解组织开展，某种程度上将特邀调解制度和司法确认"捆绑"，可能导致人民法院行政管理职能扩张与负担，并由此引发司法泛行政化的争议；此外，人民法院介入未诉纠纷的解决，各地法院鼓励、甚至扶持调解工作所采取的诸如根据调解案件得到司法确认的数量发放调解经费等措施，也可能导致社会对司法中立性的质疑。

第三个问题。虚假诉讼是长期困扰司法审判工作的顽疾之一，司法确认案件数量大幅增长，而从事司法审查的人力成本有限，的确可能存在漏网之鱼，

---

[1] 员额制是指根据各级法院的案件数量和居民人口数量，确定一个固定的法官人数，只有进入员额的法官，才能够独立办案。员额制是一个系统工程，其核心思路是将法院人员按照一定比例分为法官、审判辅助人员和司法行政人员三类，除了固定人数的法官之外，其他审判辅助和行政人员也有相应的比例。

加大不法分子通过虚假诉讼（调解）骗取法院司法确认，损害他人合法权益的风险。依据《民事诉讼法》第一百一十二条和第一百一十三条，如果经审查认定司法确认的民事裁定书是虚假诉讼形成的，人民法院有权撤销相应的法律文书。并且，人民法院有权根据情节轻重对虚假诉讼的责任人处以罚款、拘留，情节严重构成犯罪的，依法追究刑事责任。《特邀调解规定》第二十八条第二款："当事人……可以向人民法院投诉。经审查属实的，人民法院应当（对特邀调解员/组织）予以纠正并作出警告、通报、除名等相应处理。"

总体而言，要解决上述问题，必须要将司法确认制度纳入完善社会治理制度的大格局中统筹解决。首先必须打开视野，不能将眼光局限在司法机关内部，而应当承认司法资源和司法能力的有限性，主动对外借力。从经济学上看，供需矛盾其实并非是完全无法克服的。供需的核心是资源的错配。优化资源的配置，能够在很大程度上解决资源不足的问题。事实上，纠纷是客观存在的，并不会因为司法机关不予受理而自动消失。要真正解决问题，应当遵循十九大报告关于"打造共建共治共享的社会治理格局"的要求，按照2016年印发的《最高人民法院关于人民法院进一步深化多元化纠纷解决机制改革的意见》（以下简称《多元改革意见》）[①]，落实"党政主导、综治协调、多元共治"，推动解纷重心前移，明确调解组织、调解员引导当事人协商解决纠纷、督促主动履行调解协议的职责，充分发挥社会主体的积极性与主动性。

其次，法院是司法机关，其本职工作是审判与执行工作。依据前述《特邀调解规定》第四条第一款之规定，诉讼服务中心一般是具体负责指导特邀调解工作的部门。对特邀调解的指导与审查，应当是法律专业的审查，而不是行政审查。一方面，调解组织与调解员应当坚持社会化的运作方式，鼓励公益服务与志愿者参与，鼓励商业化调解组织合理收费，自收自支。法院调解专项经费的挹注，应当是发展前期雪中送炭的引导，后期锦上添花的补充，但不能形成经济依赖，甚至成为关乎调解主体生死存亡的"续命药"。另一方面，司法确认只是为当事人提供一种制度选择，而不应是调解的必经程序。虽然在前期可以通过其强制执行力保障调解协议的履行，但调解协议自动履行是调解真正成为中立、高效、公正解纷方式的重要标志，也是调解制度的核心价值。从长远看，非诉调解赢得当事人和社会各界信赖的核心竞争力，只能是调解组织独立于当

---

① 《多元改革意见》第三条之一："基本原则——坚持党政主导、综治协调、多元共治，构建各方面力量共同参与纠纷解决的工作格局。"

103

事人双方的中立性、专业的调解能力以及良好的职业信誉和社会公信力，绝非法院的司法保障。

最后，治理虚假调解是一个系统工程，需要遵循节点治理的理念，建立完整的配套机制：首先，人民法院对调解协议的司法审查，应围绕是否具有明确可执行内容，重点审查调解协议的自愿性、合法性。有的复杂案件甚至有必要组成合议庭进行审查。其次，人民法院应当通过示范性判决明确法律规则，通过包括新媒体在内广泛可及的正向宣导与负面威慑，提升社会法治意识，发动群众实施监督。最后，人民法院应当加强对调解的业务培训和指导，努力提升调解组织、调解员的调解能力和职业道德水平，与其他行业主管部门、行业组织的监管工作互补协同。特别是要注重以特邀调解名册制度的建立完善为切入点，通过完善绩效考核，除名、通报、"黑名单"公示等惩戒机制，剔除虚假调解的调解组织、调解员，加强行业自律。

（三）完善司法确认的配套工作机制

1. 完善司法确认的管辖机制

管辖制度，是民事诉讼最重要的基础性制度之一。作为诉讼的入口，是人民法院对具体案件行使审判权的程序起点，也是确定当事人起诉权和其他诉讼权利实现的先导。自罗马法以来，民事诉讼始终奉行"原告就被告"的管辖原则，法院管辖权的有无主要视被告住所地而定。换言之，原告欲对被告有任何诉讼，应向被告所在地之法院起诉或请求，此即所谓"诉讼住所地主义"（actor sequitur forum rei）。在这一原则的基础上，民事诉讼又发展出了以"地域管辖"为核心的管辖原则体系以及便于当事人进行诉讼、便于人民法院行使审判权、兼顾职能分工和工作均衡负担、确定性和灵活性相结合等原则，以便于当事人行使诉权，避免"状告无门"、四处奔走，节约诉讼成本。然而，从制度定位看，司法确认不是对调解协议所涉纠纷事实的认定，而是重点审查调解协议的自愿性、合法性、可执行性，在审理方式上与诉讼案件大有差异，不能适用诉讼案件的审理方式，自然在管辖规则上也应与诉讼案件的管辖规则有所区别。

从制度依据上，《全国人民代表大会常务委员会关于授权最高人民法院在部分地区开展民事诉讼程序繁简分流改革试点工作的决定》与最高人民法院《民事诉讼程序繁简分流改革试点实施办法》明确排除了诉讼管辖以及指定管辖适用的前提，上述规定相较于民诉法属于特别管辖规则，理应遵循"特别法优于一般法"的原则。具言之，依据前述《民事诉讼程序繁简分流改革试点实施办法》第四条第一、二款："司法确认案件按照以下规定依次确定管辖：（一）委派调解的，由作出委派的人民法院管辖；（二）当事人选择由人民调解委员会或者特邀调解组织调解的，由调解组织所在地基层人民法院管辖；当事人选择由特邀调解员调解的，由调解协议签订地基层人民法院管辖。""案件符合级别管辖或者专门管辖标准的，由对应的中级人民法院或者专门人民法院管辖。"因此，当事人自行调解达成协议向人民法院申请司法确认的，其实不必以该法院对所涉纠纷具有管辖权为前提条件。上级法院虽然可以就一般诉讼案件指定某下级法院管辖，但如果据此指定特定类型的司法确认案件由其下级法院管辖则于法无据。

当然，社会效益，或者说诉讼成本理应是确定法院管辖的考虑因素之一，在司法确认的管辖中建立效益的观念对于降低诉讼成本和扩大程序适用有着重要意义。当前，依据全国人大常委会的决定和最高人民法院的前述规定，司法确认案件由调解组织所在地或者调解协议签订地的试点法院管辖。这一制度安排，一方面更有利于人民法院直接向当事人和调解组织、调解员核实案件情况，另一方面也有利于提升法院司法审查的专业化、集约化水平。这一规定隐含着一层含义：民事诉讼繁简分流改革试点法院开展司法确认工作并不受案件本身管辖范围的限制，这应该属于前所未有的突破。

至于由此可能产生的案件集中和虚假调解风险，则可以通过引导当事人主动履行调解协议、推进审查方式规范化、加强在线确认和强化名册制约等方式预防化解。司法实践中，还应可受理纠纷当事人住所地、经常居住地或纠纷发生地的司法确认案件。

2. 完善诉调对接工作机制

调解成功，进行司法确认，但如果调解失败，或者虽然调解成功但经审查不宜司法确认的，应当允许纠纷进入诉讼程序。这里，首先有必要厘清委派调解和委托调解这组文字相似的概念。根据《多元改革意见》第二十八条[1]，区分"委派调解"和"委托调解"的标准在于纠纷是否登记立案：立案前为委派调解，委派调解属于非诉讼纠纷解决机制；立案后则为委托调解，委托调解属

---

[1] 《多元改革意见》第二十八条："健全委派、委托调解程序。对当事人起诉到人民法院的适宜调解的案件，登记立案前，人民法院可以委派特邀调解组织、特邀调解员进行调解。委派调解达成协议的，当事人可以依法申请司法确认。当事人明确拒绝调解的，人民法院应当依法登记立案。登记立案后或者在审理过程中，人民法院认为适宜调解的案件，经当事人同意，可以委托给特邀调解组织、特邀调解员或者由人民法院专职调解员进行调解。委托调解达成协议的，经法官审查后依法出具调解书。"

于诉讼程序的组成部分。司法确认是对非诉机制的程序性保障，因此只能适用于登记立案前由特邀调解组织或者特邀调解员主持调解达成的调解协议，对于立案后法院委托给特邀调解组织或者特邀调解员主持调解达成调解协议的案件，因为不属于委派调解，法院不能直接司法确认。需要注意的是，诉讼程序应当作广义理解，亦即自案件登记立案始，至作出生效判决、裁定、调解书止。对于上诉案件，即便二审法院尚未立案，但因一审裁判尚未生效，案件仍处于诉讼程序进行状态，法院仍然不能将案件委派调解，相应的，也不能对达成的调解协议进行司法确认。当然，鉴于当事人在诉中达成调解合意，应当以当事人撤诉或者法院出具调解书的方式结案。

3. 完善考核与保护机制

特邀调解名册制度，还应当配套建立完善确认考核机制，将司法确认案件计入工作量，并科学设定案件绩效考核分值比重，在改革前期甚至可以适当加大权重，以激励各方积极适用司法确认程序。此外，考核还应当注重负面评价机制的设计问题。对于确实因当事人恶意串通导致的司法确认裁定错误，除非经审查确实存在违法审判责任的情形，否则不得追究做出司法确认裁定的法官的司法责任，以保护法官的积极性。

三、优化司法确认需健全完善特邀调解管理制度

《特邀调解规定》第五条规定人民法院开展司法确认工作，应当建立特邀调解名册制度，最高人民法院《民事诉讼程序繁简分流改革试点实施办法》也将建立特邀调解名册作为试点法院的法定义务。[1] 之所以有这样的制度安排，主要的原因恰恰是为了保障调解协议的自愿性、合法性。司法资源是有限的，为了确保这些底线，不能单单依靠司法审查的法官，更主要还是要发挥特邀调解员和特邀调解组织的作用。特邀调解名册制度是开展特邀调解和司法确认工作的前提、基础，也是稳步推进诉源治理和多元纠纷的关键。只有名册制度真正落地，规范管理调解组织、调解员才有了制度抓手，保证调解人员素质、提升调解工作质量才不会成为一句空话，防范虚假调解风险、制裁调解中的违法行为

---

[1] 《特邀调解规定》第五条："人民法院开展特邀调解工作应当建立特邀调解组织和特邀调解员名册。"《民事诉讼程序繁简分流改革试点实施办法》第二条："人民法院应当建立特邀调解名册，按照规定的程序和条件，确定特邀调解组织和特邀调解员，并对名册进行管理。"

的制度漏洞才能堵上。

特邀调解组织的范围很广，不能狭义理解，除了传统的人民调解之外，还应当包括行业调解、律师调解、商会调解、社会组织调解，甚至还有行政调解。人民法院优化司法确认工作，应当广泛吸纳各方力量，建立并做实特邀调解名册，并据此开展培训、指导、考核、监督、惩戒甚至退出等管理工作。特邀调解名册还应当坚持共建、共享的原则，上下级法院、甚至异地法院之间可以共享名册，从名册中指定特邀调解组织或特邀调解员开展调解工作，也可由当事人从名册中自行选定。不必另起炉灶、重复建设。

（一）规范入册标准

特邀调解组织应符合以下条件：①经相关部门审查后设立；②拥有3名以上符合特邀调解员条件的专职或者兼职调解员；③具备健全的管理制度、充分的保障条件；④具备规范的调解工作规则；⑤具备严格的职业道德标准、健全的投诉惩戒程序和职业培训机制。特邀调解组织名册既可以由社会组织申请，经人民法院审查合格后加入，也可以由人民法院邀请符合条件的调解组织加入，并予以公示。

特邀调解组织应当推荐适合从事特邀调解工作的调解员加入名册，并在名册中列明；在名册中列明的调解员，视为人民法院特邀调解员。担任人民法院特邀调解员应符合以下条件：①拥护中华人民共和国宪法；②具有一定文化知识、政策水平、法律知识和调解技能；③遵纪守法、品行良好、公道正派，热心调解工作；④具有正常履职的身体条件，年龄一般不超过70周岁。同样的，特邀调解员名册既可以由自然人申请，经人民法院审查合格后加入，也可以由人民法院邀请符合条件的人员，如人大代表、政协委员、人民陪审员、仲裁员、退休法律工作者等符合条件的个人加入，并予以公示。考虑到法律工作经验对调解工作的帮助，有审判、检察、公安、司法行政、法律服务及法律教育等工作经验的在同等条件下应当优先考虑。

（二）优化严格名册管理

特邀调解名册应记载邀调解组织或调解员的名称姓名、调解业务范围、主要情况以及其他与调解工作相关的信息。

特邀调解名册每两年进行一次续展注册。在册特邀调解组织、调解员积极参与人民法院委派、委托或者邀请协助调解，未出现违法违纪现象，且未发生其他不当履职行为的可申请续展注册。未及时申请的视为自动放弃调解资格。

在册特邀调解组织或特邀调解员无正当理由未能履行调解职责、因故不再符合条件资质、存在违法违纪或不当履职行为等其他不宜继续参与调解的,人民法院不再将其列入特邀调解组织名册,并收回所颁发的证书。

人民法院应当在诉讼服务中心等场所提供特邀调解组织和特邀调解员名册,并在人民法院公示栏、官方网站等平台公开并及时更新名册信息。

特邀调解名册实行动态更新管理,名册信息变动时,人民法院应当在人民法院公示栏、官方网站等平台及时公开。

(三) 建立激励机制

各级人民法院积极争取当地党委和政府支持,进一步提高特邀调解组织、特邀调解员工作场所、设备和经费等配套保障水平。委派调解的司法确认案件,人民法院对促成当事人达成调解协议的特邀调解员按件数给予绩效补贴。在绩效考核上,应当体现出差距,对于积极开展司法确认程序,在调解工作中有突出成绩或其他突出事迹,以及引导促成当事人主动履行的调解法官、特邀调解员、特邀调解组织通过绩效考核给予物质奖励以及表彰等精神激励。[1]

四、优化司法确认流程

1. 受案范围

应当注意,调解协议有下列情形之一的不得申请司法确认:

(1) 申请确认婚姻关系、亲子关系、收养关系等身份关系无效、有效或者解除的;

(2) 涉及适用其他特别程序、公示催告程序、破产程序审理的;

(3) 调解协议内容涉及物权、知识产权确权的;

(4) 其他不宜进行司法确认的情形。

(5) 值得注意的是,根据最高院《民事诉讼程序繁简分流改革试点实施办法》,司法确认案件由调解组织所在地或者调解协议签订地的试点法院管辖。简言之,只要是接受申请的人民法院聘请的特邀调解员或者特邀调解组织主持达

---

[1] 参考《中华人民共和国民事诉讼法》《中央政法委、最高人民法院、司法部、民政部、财政部、人力资源和社会保障部关于加强人民调解员队伍建设的意见》《最高人民法院关于进一步完善委派调解机制的指导意见》《最高人民法院、司法部关于开展律师调解试点工作的意见》《最高人民法院关于人民法院特邀调解的规定》《最高人民法院关于适用〈中华人民共和国民事诉讼法〉若干问题的解释》《最高人民法院关于人民调解协议司法确认程序的若干规定》《眉山市中级人民法院特邀调解组织名册管理办法(试行)》。

成的调解，均可由受诉法院出具民事裁定书进行司法确认。

2. 提交申请

当事人申请确认调解协议，应当向人民法院提交司法确认申请书、调解协议、特邀调解组织或调解员主持调解的证明、当事人身份证明、送达地址确认书以及与调解协议相关的财产权利证明等证明材料，并提供双方当事人的身份、住所、联系方式等基本信息。一方提出申请另一方同意的，视为共同申请。人民调解委员会、特邀调解组织或调解员应指导帮助当事人递交申请。

当事人可委托人民调解委员会、特邀调解组织或调解员代为提交申请。委托他人代为申请的，必须向人民法院提交由委托人签名或者盖章的授权委托书。

3. 对接流程

人民法院诉讼服务中心指定专人受理司法确认案件。人民调解委员会、特邀调解组织指定专人与人民法院对接司法确认工作、定期或不定期移交司法确认案件材料。人民法院收到司法确认申请后，在三日内依法裁定是否受理，并及时向当事人或当事人委托的代理人送达受理通知书。当事人委托人民调解委员会、特邀调解组织或特邀调解员代为签收受理通知书、民事裁定书等法律文书的，应在授权委托书中注明代为签收法律文书等权限。

4. 分案规则

除委派调解后申请司法确认的案件由委派部门进行审查外，司法确认案件一般按照争议的民事法律关系确定审判庭。

5. 审查内容

受理案件后，人民法院应当对调解协议是否存在违反法律强制性规定、损害国家利益和社会公共利益与他人合法权益、违背公序良俗、违反自愿原则、内容不明确等情形进行审查。人民法院审查相关情况时，除在线确认外，应当通知双方当事人共同到场对案件进行核实。人民法院经审查，认为当事人的陈述或者提供的证明材料不充分、不完备或者有疑义的，可以要求当事人限期补充陈述或者补充证明材料。必要时，人民法院可以向调解组织核实有关情况，调解组织应积极配合。

6. 审查期限

人民法院审查司法确认案件应根据实际情况加快审查速度，自受理司法确认申请之日至做出是否确认的裁定最长不超过三十日。因特殊情况需要延长的，经本院院长批准，可以延长十日。

7. 结果反馈

当事人申请司法确认的，人民法院应及时将司法确认案件的审查结果告知主持调解的人民调解委员会、特邀调解组织或特邀调解员。

8. 虚假调解

人民法院受理的司法确认案件，经审查发现当事人之间恶意串通，企图通过调解、司法确认等方式侵害他人合法权益的，人民法院应当裁定驳回申请，并根据情节轻重对虚假调解的当事人予以罚款、拘留；构成犯罪的，依法追究刑事责任。

9. 救济程序

司法确认案件，当事人、利害关系人认为有错误的，可以向做出该裁定的人民法院提出异议。人民法院经审查，异议成立或者部分成立的，作出新的裁定撤销或者改变原裁定；异议不成立的，裁定驳回。在异议期限上，对人民法院作出的确认调解协议的裁定，当事人有异议的，应当自收到裁定之日起十五日内提出；利害关系人有异议的，自知道或者应当知道其民事权益受到侵害之日起六个月内提出。

五、强化司法确认保障

1. 指导监督

人民法院应当指派法官或法官助理指导人民调解委员会、特邀调解组织及特邀调解员开展司法确认工作，规范调解行为，提升调解实效。法官或法官助理对调解过程中存在违规行为的特邀调解员，可以通过批评教育、责令改正等方式监督，对行为失当或工作发生重大差错，造成恶劣影响的，启动退出机制。

2. 费用承担

司法确认机制的一大优势，就是法院对司法确认本身不收诉讼费。当然，这并不意味着调解过程不能收费，更不意味着如果当事人不履行协议进入执行的，不收取执行费用。但基于司法确认程序的制度特点，经调解达成调解协议的，特邀调解员应鼓励和引导当事人及时履行协议。一方当事人拒绝履行或者未全部履行的，对方当事人可以向人民法院申请执行，申请执行的费用由未履行协议一方当事人负担。

3. 信息化建设

在优化司法确认程序中，还应当注重信息化建设，积极推行在线司法确认。

首先，在法律效力上，只要经双方当事人同意，人民法院、人民调解委员会、特邀调解组织、特邀调解员、当事人可以通过信息化平台开展在线司法确认。在线司法确认与线下司法确认具有同等效力。其次，在平台建设上，推动法院调解平台与中国移动微法院等其他调解平台信息互联互通，各级人民法院、人民调解委员会、特邀调解组织以及特邀调解员应充分发挥人民法院调解平台作用，指定专人负责平台的管理，大力推广在线司法确认，为当事人提供便捷高效的司法服务。再次，积极探索完善在线司法确认规则。当事人通过线上申请司法确认的，经双方当事人同意可通过在线视频方式审查调解协议、核对身份信息、制作询问笔录等，并通过网络将笔录传给特邀调解员打印给当事人在线对笔录进行确认和签字。经受送达人同意，人民法院可以通过中国审判流程信息公开网、全国统一送达平台、传真、电子邮件、即时通信账号等电子方式送达与司法确认相关的诉讼文书。完成有效送达的，人民法院应当制作电子送达凭证。在材料移送与归档等在线司法确认配套机制问题上，在线司法确认案件的纸质材料原件由人民调解委员会、特邀调解组织指定的联络员或特邀调解员移送至法院存档。

六、优化司法确认的地方实践探索

基层与一线的探索，对于优化司法确认改革推进至关重要。司法确认本身主要依赖于前端的调解工作，各地的做法各具特色，相对而言，笔者供职的厦门金融司法协同中心以及上海市金融消费纠纷调解中心两个单位的做法比较有代表性。篇幅所限，本书主要集中于厦门金融司法协同中心的探索实践展开论述。

民事诉讼繁简分流改革试点工作开展以来，厦门金融司法协同中心立足集中管辖厦门全市金融民商事案件的审判工作实际，创新拓展司法确认，发挥多元解纷合力，通过巧借外部资源、激活调解意愿、打造消保亮点形成多元解纷合力，通过充实调解员队伍、优化调解流程、推行联动机制创新拓展司法确认流程，不断优化司法确认程序，让解决纠纷、促进合同执行的诉讼与非诉讼手段真正对接，直至联动起来，推动合同执行、矛盾化解。全力打造线上线下相互融合、调解与司法确认有机衔接的司法确认新模式。司法确认工作受到群众广泛赞誉，为厦门打造"金融强市"提供了有力司法保障，受到厦门市委、市政府的高度肯定。2020年1—7月，调解并经司法确认成功率达30.87%。2019

年 11 月，厦门金融司法协同中心被最高人民法院指定在全国金融纠纷多元化解机制建设推进会上介绍工作经验。主要做法：

一是充实调解队伍。由厦门市银行业协会、厦门市保险行业协会、厦门证券期货基金业协会、厦门市地方金融行业协会共同选派，聘请 60 余名涵盖主要金融领域的实务界专家作为"特邀调解员"，纳入中心特邀调解员名册，实行动态管理。加强对金融特邀调解员的业务指导、培训，组织调解员线上学习《互联网时代网络调解技巧》等优质网络课程，熟悉金融业惯例。在中心设立联调部，作为金融纠纷案件化解的第一道防线，通过发挥全市各金融行业协会的作用，开展联合调解、诉前调解、委托调解等多元调解模式。对经特邀调解员调解达成调解协议的案件，引导当事人向人民法院申请司法确认，扩大了司法确认程序范围，满足了人民群众的多元司法需求。

二是优化调解流程。案件以随机分配为主、指定为辅，由中心联调部根据案由和案情复杂程度分配调解员，开展诉前调解、委托调解和涉金融消费者权益的民事纠纷调解工作，同时结合委派调解与司法确认相结合的在线全流程调解方式，实现特邀调解制度与司法确认程序的有效对接，便于当事人及时申请司法确认，减少诉讼成本，减少诉累，推动当事人积极参与诉前调解。2020 年 1 月，中心受理了原告厦门某融资租赁公司起诉贵州某市人民医院 2 件融资租赁合同纠纷案件，考虑到被告是贵州省卫健委公布的该市唯一定点的新冠病毒检测医疗机构，中心引导双方采用互联网诉前在线调解、法官线上司法确认的"诉前调解＋司法确认"的解决方案，仅用 1 个月就化解总标的额高达 2211.7 万元的金融大案，既保障了民营企业合法权益，又确保了医院平稳运行、服务抗击新冠疫情大局。相关案例经验得到了最高人民法院主要领导的批示肯定。

三是推行联动机制。创设立案调、送达调、庭前调、庭审调、庭后调的"五步"调解法，会同行业协会开展全面、全程、全员"三全"调解，提供"一站式"解纷服务。如中信银行起诉某食品有限公司、某置业投资公司及其共同的法定代表人刘某某金融借款合同纠纷一案标的额高达 7672 万元，该案件权利义务关系复杂，涉案主体众多，住宅产权就有 153 个之多，金融中心承办法官针对该案件的复杂情况快速启动联调机制，最终实现调解、司法确认、抵押物变现的无缝对接，充分发挥了多元纠纷化解机制的作用，取得了案结事了人和的良好法律效果和社会效果。

截至 2021 年 7 月 31 日，金融中心共收取调解案件 4942 件，案件总标的金额为 263845.54 万元；其中实际参与调解数为 2308 件①，参与调解的案件标的金额达 219485.06 万元；调解成功数为 758 件，调解成功标的金额达 137969.86 万元。司法确认案件数占厦门全市两级法院司法确认案件总数的 23.8%。其中，诉前调解数为 743 件，委托调解件数 4199 件，诉前调解标的为 143683.11 万元，委托调解件标的为 120162.44 万元，诉前调解成功数为 125 件，委托调解成功数 633 件，而此前确认有效案件数为 997 件。② 诉前委派调解纠纷数、司法确认案件受理数等指标趋势持续向好。

表 5-1 截至 2021 年 7 月 31 日中心调解案件受理情况

共接收案件数（件）	4942	案件总标的（万元）	263845.54
实际参与调解数	2308	参与调解标的	219485.06
调解成功	758	调解成功标的	137969.86
无法联系	2634		

表 5-2 截止至 2021 年 7 月 31 日中心案件诉前委托受理情况

诉前调解件数	743	委托调解件数	4199
诉前调解标的（万元）	143683.11	委托调解标的（万元）	120162.44
诉前调解成功数	125	委托调解成功数	633
无法联系案件标的（万元）	86678	委托调解成功标的（万元）	44918.44

（一）以专业化配置为基础，形成多元解纷合力

1. 成立调解机构

当前，我国金融业的监督管理架构是分业经营、分业监管，行政监管部门与行业协会也据此成立。金融行业的一大特点是行业协会覆盖面广，行业协会作为半官方性质的组织，由分业监管的行政机关牵头组建。厦门市银行业协会、厦门市保险行业协会、厦门证券期货基金业协会、厦门市地方金融行业协会等四大协会基本涵盖了厦门市整个金融业态的绝大多数市场参与主体，相关协会

---

① 剩余 2634 件案件被告无法取得联系，故无法启动调解。
② 根据厦门法院 2020 年 1—11 月改革试点情况通报。

的管理也比较规范。其中，厦门市地方金融行业协会还是全国首个由地方金融监管局组建的涵盖整个金融类业态的行业协会，是地方金融监管的一大创新，属于厦门"人无我有"的独特优势。

此外，2019年9月，厦门市召开了金融产业促进大会，市委、市政府结合厦门实际与资源禀赋，确定了重点发展金融产业、打造金融强市、建设金融科技之城的远期发展战略部署。将厦门建成两岸区域性金融中心，也已经写入国家战略规划。此后，多项配套支持政策先后出台，金融领域的专门调解组织如雨后春笋般先后成立。

厦门金融业发达，业内具备丰富的专业调解力量：

（1）厦门市经贸商事调解中心。2020年7月11日，福建省首家商事调解组织——厦门市经贸商事调解中心揭牌成立，经贸商事调解中心以厦门市工商联作为主管单位，厦门市司法局作为业务指导单位。作为福建省首家专业从事民商事纠纷非诉调解的民非企业，经贸商事调解中心致力于改善厦门市营商环境，推动纠纷解决机制更为便利、快捷、低成本。调解范围包括贸易、投资、金融、证券、房地产、保险等金融及周边领域。

（2）厦门国际金融仲裁中心。2020年10月30日，福建省首家专门金融仲裁机构在厦门正式揭牌成立。中心依托厦门仲裁委的业务指导，致力于推动仲裁与行政、司法在化解金融纠纷方面的有机互补、有序衔接，探索构建适合两岸金融融合发展的仲裁规则体系，建立多元化、法治化、智能化国际商事纠纷解决机制。

（3）厦门中小投资者投服中心，在中国中小投资者投服中心、厦门证监局以及证券期货基金行业协会三方共建下成立，是证券行业中小投资者保护的专业半官方机构，厦门证券期货基金业协会的日常调解工作也都依托厦门中小投资者服务中心开展。

（4）厦门市保险纠纷调解委员会，受理各类保险纠纷。2017年，调委会修订了《厦门市保险纠纷调解委员会工作办法》，进一步完善了调解规则，完善了诉调衔接工作的制度保障。调委会的调解员积极参与各类保险纠纷案件的调解，自2017年以来共处理各类保险投诉案件1400余件，调解成功率超过90%，有力保护了保险消费者和保险公司的正当权益，保障了保险行业的健康有序发展。

针对这些情况，厦门金融司法协调中心打破既往司法确认工作局限于法院系统内部以及司法行政管理部门闭门造车的思维定式，巧借外力，吸收四大金融行业协会以及社会上的专门纠纷解决组织的力量进入特邀调解组织名录，参与司法确认工作。通过制定专门的诉前调解工作制度,设计标准工作流程,绘制调解与司法确认工作路线图,并将调解组织、调解员名册、岗位职责等事项通过互联网对外公示,目前全市纳入名册管理的可进行金融司法调解的组织23个,有效地充实了中心的调解力量。

表5-3 厦门市部分金融调解组织

序号	特邀调解组织名称	调解案件类型
1	厦门市银行业协会	银行业纠纷
2	厦门市保险业协会	保险纠纷
3	厦门市证券期货基金业协会	证券、期货、基金纠纷
4	厦门市地方金融协会	小额贷款公司、融资担保公司、区域性股权市场、典当行、融资租赁公司、商业保理公司、地方资产管理公司、投资公司纠纷
5	厦门市保险纠纷调解委员会	保险纠纷
6	厦门地方金融纠纷调解中心	民间借贷、互联网金融纠纷
7	中证中小投资者服务中心厦门调解工作站	证券纠纷
8	厦门国际金融仲裁中心	国际商事纠纷
9	中国证券投资者保护基金有限责任公司	群众通过12386热线反映纠纷
10	厦门金融消费者权益保护工作站	金融消费者保护纠纷
11	厦门市银行业协会金融纠纷调解委员会	银行业纠纷
12	厦门市经贸商事调解中心	民商事纠纷
13	厦门市思明区人民调解中心	民商事纠纷
14	厦门市思明区中华街道人民调解委员会	民商事纠纷
15	厦门市思明区鼓浪屿街道人民调解委员会	民商事纠纷
16	厦门市思明区梧村街道人民调解委员会	民商事纠纷
17	厦门市思明区滨海街道人民调解委员会	民商事纠纷
18	厦门市思明区鹭江街道人民调解委员会	民商事纠纷
19	厦门市思明区开元街道人民调解委员会	民商事纠纷
20	厦门市思明区厦港街道人民调解委员会	民商事纠纷
21	厦门市思明区嘉莲街道人民调解委员会	民商事纠纷

续表

序号	特邀调解组织名称	调解案件类型
22	厦门市思明区莲前街道人民调解委员会	民商事纠纷
23	厦门市思明区筼筜街道人民调解委员会	民商事纠纷

2. 充实调解队伍

人民法院由于案多人少，人手紧张，在进行调解工作时单靠法院力量显然是不合适的。因此，有必要引入多方调解力量参与相关工作。但如果法院不介入管理，完全放任自流，坐等外部力量上门寻求司法确认，也难以及时解决问题。如何平衡二者之间的矛盾，是推进优化司法确认工作的难点。有鉴于此，金融中心改变既有做法，建立起以外聘专职调解员为核心，多方参与、梯队的符合金融案件特点的调解协议司法确认制度。

（1）建立专职调解员制度

司法确认是对调解协议的赋能，其主体力量无疑来自法院外部。金融中心探索人事管理制度改革，聘请三名资深金融业人士担任专职调解员。在法官的指导下，专职调解员常驻中心，负责诉前调解、诉中调解以及调解案件的分包、发包，特邀调解员队伍的日常管理、考核等工作。

表5-4 专职调解员情况表

专职调解员	姓名	专业范围	职务	从业年限
1	李江明	银行信贷、融资租赁、小贷、房地产	华夏银行厦门分行风险管理部副总经理	26
2	吴月玲	银行保险业务、兼具证券基金业从业资格	中国银行厦门分行莲北支行行长	27
3	吕家欣	银行后台、行政管理	中国建设银行厦门分行办公室经理	26

专职调解员主要来自金融行业协会的推荐，工作年限久，专业知识过硬，社会阅历丰富，从事调解工作上手快，能够迅速捕捉双方的争议焦点，精准把握双方，特别是金融机构一方的接受底线和审批流程、决策层级，不仅直接消

化了大量调解案件，还为金融中心探索形成金融纠纷调解的标准化工作模式。

以厦门市银行业协会派驻中心的专职调解员李江明为例，其2020年成功调解案件数128件，是2019年的3倍，调解成功的诉讼标的金额2.79亿元，是2019年的2.58倍。其中，仅2020年第四季度就调解成功49件，标的金额1.49亿元。该同志还总结调解工作经验，撰写了系统性的调解手册和工作指南。

专职调解员还承担司法确认中枢的作用，具言之，专职调解员接收中心移送的待调解案件后，统一登记入库，通过金融中心的全在线诉讼一体化平台录入相关案件信息，并向特邀调解员发包并定期回收。

厦门金融司法协调中心还依托法院"诉源治理中心"及互联网教育平台，组织法官和专职调解员对特邀调解员开展集中培训，强化审判业务指导。为避免过去特邀调解员重进入审查，轻后续考核，没有退出机制的制度漏洞，为激发广大特邀调解员的工作积极性。金融中心建立起一整套特邀调解员工作量统计与考核评价体系，探索形成能进能出的名册动态管理模式。通过这些创新，调解员的调解工作已驶上快车道，取得较好法律效果和社会效应。

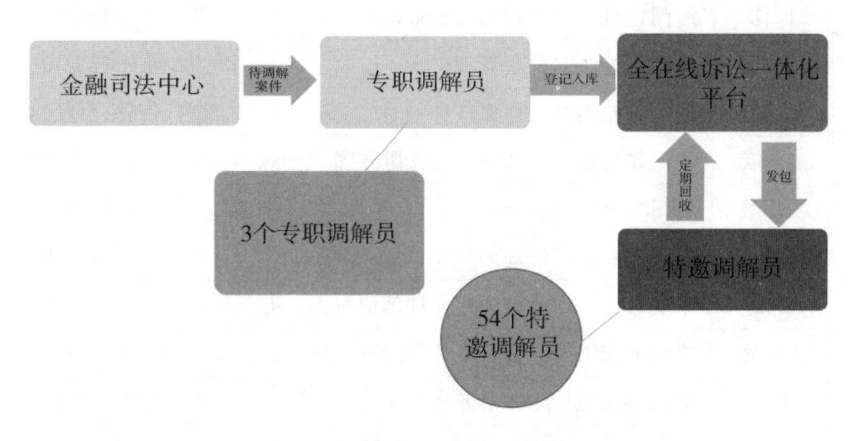

图5-1 金融中心调解分发包流程图

（2）引入特邀调解员

贯彻借助外部资源的基本思路，建立特邀调解员制度，特邀调解员是金融中心司法确认工作的主体，目前已聘请六十余名专业范围涵盖全金融业务的特邀调解员。这些特邀调解员主要来自厦门市银行业协会、厦门市保险行业协会、厦门证券期货基金业协会、厦门市地方金融行业协会等四大协会，纳入厦门中院特邀调解员名册，由厦门金融司法协同中心进行聘任、管理，并向社会公开金融特邀调解员名册。为了进一步激活当事人的调解意愿，金融中心组建中联调部,借鉴仲裁程序当事人选择仲裁员的经验,推行当事人合意选任调解员新模式,当事人可以像在医院挂号看病一样,根据调解员的专业背景、相关履历选择自己满意的调解员,显著提升了当事人参与调解积极性。辅以根据案由和案情复杂程度推荐、分配调解员制度,推行以在线调解与司法确认为核心的金融纠纷调解工作模式,便利当事人随时随地申请服务,减少讼累,节约成本,群众满意率高达93.5%。

表 5-5 兼职调解员情况表

序号	姓名	职业	来源
1	黄秀辉	厦门工行法律事务部消费者权益保护团队主管	厦门市银行业协会
2	郑芊	厦门农行营业部风险经理、农行法律专家组成员	厦门市银行业协会
3	孙伟	厦门中行个人数字金融部副总经理	厦门市银行业协会
4	何佳	厦门建行渠道管理部投诉管理岗	厦门市银行业协会
5	陈友森	厦门交行法律合规管理岗	厦门市银行业协会
6	黄一楠	厦门邮储银行法律事务岗	厦门市银行业协会
7	王美美	厦门光大银行法律审查综合服务岗	厦门市银行业协会
8	贾军波	厦门光大银行保全经理	厦门市银行业协会
9	许鸿辉	厦门兴业银行法规部法律事务岗	厦门市银行业协会
10	田成	平安银行厦门分行法律合规部负责人	厦门市银行业协会
11	王佳妮	厦门平安银行人员与服务管理室经理	厦门市银行业协会
12	卓珺	厦门中信银行法律事务审查岗	厦门市银行业协会
13	蔡璞	厦门招行法律合规部(之前在中信银行法律保全部)	厦门市银行业协会
14	王智勇	厦门民生银行法律事务部法律顾问中心经理	厦门市银行业协会
15	叶辉鹏	厦门国际银行法律合规岗	厦门市银行业协会
16	张晶晶	厦门银行营运管理岗	厦门市银行业协会
17	赵晓峰	厦门农商银行高级运营专家	厦门市银行业协会
18	颜秋贤	厦门市保险行业协会	厦门市保险行业协会

续表

序号	姓名	职业	来源
19	许珑	中国人民财产保险股份有限公司厦门市分公司	厦门市保险行业协会
20	李虹臻	中国平安财产保险股份有限公司厦门分公司	厦门市保险行业协会
21	方淑琼	中国太平洋财产保险股份有限公司厦门分公司	厦门市保险行业协会
22	王蓓	中国大地财产保险股份有限公司厦门分公司	厦门市保险行业协会
23	黄炜	阳光财产保险股份有限公司厦门市分公司	厦门市保险行业协会
24	黄宗队	中国人寿保险股份有限公司厦门市分公司	厦门市保险行业协会
25	罗斯凯	中国平安人寿保险股份有限公司厦门分公司	厦门市保险行业协会
26	蔡淑敏	厦门证券期货基金业协会	厦门证券期货基金业协会
27	江琳彬	厦门证券期货基金业协会	厦门证券期货基金业协会
28	郑立群	厦门证券期货基金业协会	厦门证券期货基金业协会
29	叶雅芳	厦门证券期货基金业协会	厦门证券期货基金业协会
30	吴昊	长城国瑞证券有限公司	厦门证券期货基金业协会
31	汤丹	江海证券厦门营业部	厦门证券期货基金业协会
32	潘筱	国贸期货有限公司	厦门证券期货基金业协会
33	叶勇	福建天衡联合律师事务所	厦门证券期货基金业协会
34	陈智智	建信期货有限责任公司厦门营业部	厦门证券期货基金业协会
35	任国民	福建德和联盟律师事务所	厦门证券期货基金业协会
36	郑立群	厦门证券期货基金业协会	厦门证券期货基金业协会
37	黄武泉	厦门市地方金融协会	厦门市地方金融协会
38	洪皇坤	厦门诚泰小额贷款股份有限公司	厦门市地方金融协会
39	邓华新	厦门百应融资租赁有限责任公司	厦门市地方金融协会

续表

序号	姓名	职业	来源
40	涂立强	上海锦天城（厦门）律师事务所	厦门市地方金融协会
41	彭凯	北京金诚同达（上海）律师事务所	厦门市地方金融协会
42	陈昱	福建联合信实律师事务所	厦门市地方金融协会
43	李琨晖	福建英合律师事务所	厦门市地方金融协会
44	苏奕欣	福建瀛坤律师事务所	厦门市地方金融协会
45	廖彩晖	上海协力（厦门）律师事务所	厦门市地方金融协会
46	牛云志	容诚会计师事务所（特殊普通合伙）厦门分所	厦门市地方金融协会
47	郑安安	上海段和段（厦门）律师事务所	厦门市地方金融协会
48	李广鹤	杭州智法网络科技有限公司	厦门市地方金融协会
49	张小梅	杭州智法网络科技有限公司	厦门市地方金融协会
50	吴盼盼	杭州智法网络科技有限公司	厦门市地方金融协会

（3）引入律师等专业调解力量

律师作为"法曹三者"之一，法律业务素质较高，是建设法治社会的主要力量，而部分年轻律师因为刚刚参加工作不久，案源不多，业务较少，更愿意参加一些纠纷解决锻炼自己的业务能力。为此，厦门法院广泛设立法律援助工作室，每周二、周四上午天翼、凌一两家律师事务所轮流指派律师进驻，为来访群众提供法律咨询、文书代写、纠纷调解等服务，2020年接受当事人咨询1000余人次，代写法律文书50余份，成功调解20余件。

金融中心还引入厦门市律师协会选派的实习律师，担任法官助理职务。律师法官助理的一大职能就是协助法官主持调解，参与司法确认工作。

3. 设置专门场所

为便利当事人诉讼，金融中心在金融聚集区租用写字楼办公，在办公面积极为有限的情况下，仍然扩充诉讼服务中心，开辟专门的诉调对接区域及调解室，法院团队、入驻调解员集合办公。金融中心是金融纠纷的一站式处理平台，充分发挥资源集聚的优势，设立"诉前调解窗口"，提供诉讼辅导、诉讼评估、非诉引导等服务，对原告担心诉前调解久拖不决的，进行现场电话调解；对原告担心被告利用调解期间转移财产的,引导其申请诉前财产保全;对被告已下落不明的,应用手机实名制政策,利用科技手段进行失联当事人号码修复,努力提高诉前调解适用率。

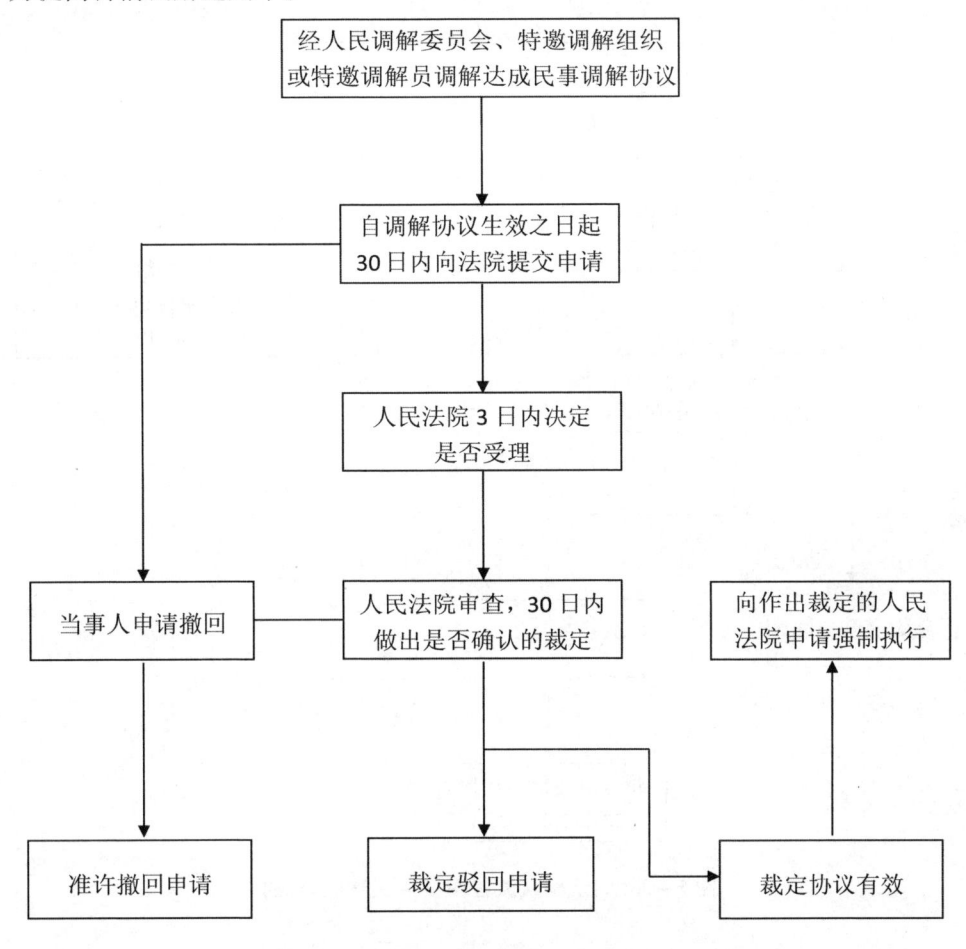

```
         ┌─────────────────────────┐
         │ 经人民调解委员会、特邀调解组织 │
         │ 或特邀调解员调解达成民事调解协议 │
         └────────────┬────────────┘
                      ↓
         ┌─────────────────────────┐
         │   自调解协议生效之日起        │
         │   30日内向法院提交申请        │
         └────────────┬────────────┘
                      ↓
         ┌─────────────────────────┐
         │   人民法院3日内决定           │
         │      是否受理              │
         └────────────┬────────────┘
    ↓                 ↓
┌──────────┐   ┌─────────────────────┐   ┌──────────────┐
│当事人申请撤回│   │人民法院审查,30日内    │   │向作出裁定的人民 │
│          │   │做出是否确认的裁定      │   │法院申请强制执行 │
└────┬─────┘   └──────────┬──────────┘   └──────┬───────┘
     ↓                    ↓                     ↑
┌──────────┐         ┌──────────┐         ┌──────────┐
│准许撤回申请│         │裁定驳回申请│         │裁定协议有效│
└──────────┘         └──────────┘         └──────────┘
```

图5-2　司法确认流程图（当事人申请）

121

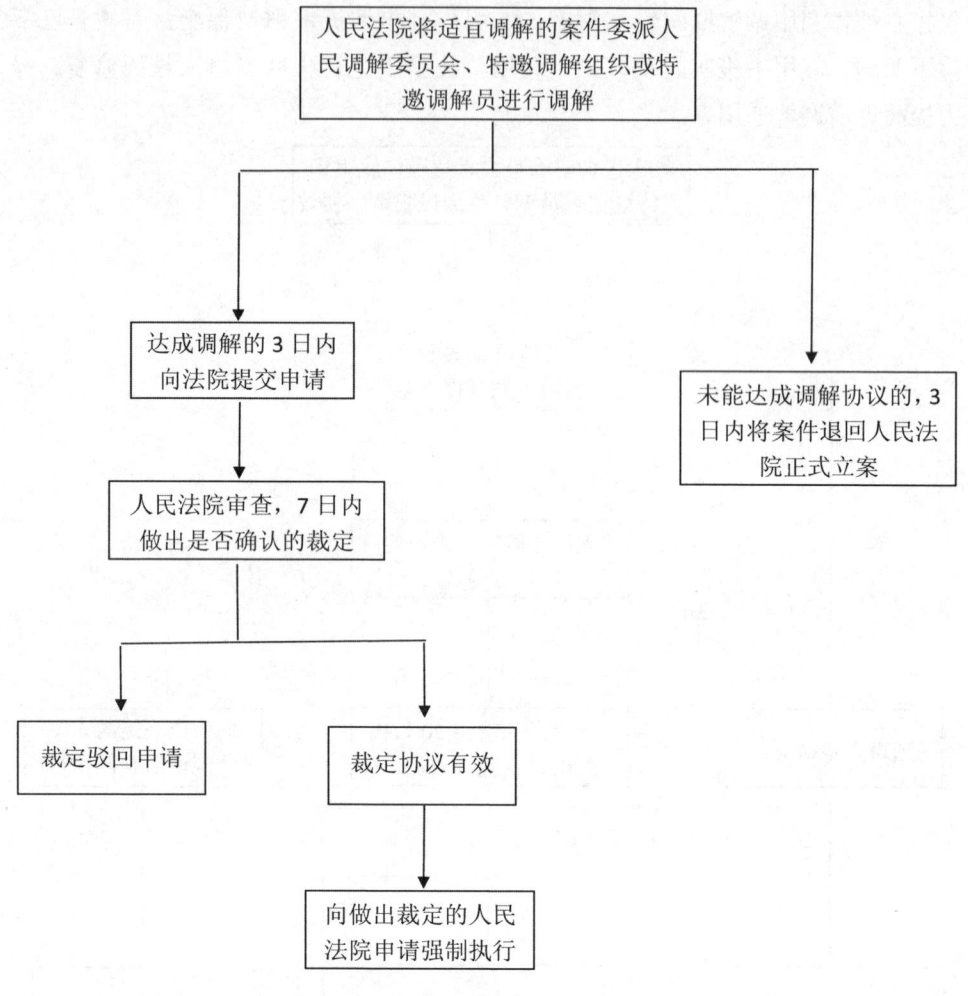

```
                    ┌─────────────────────┐
                    │ 人民法院将适宜调解的案件委派人 │
                    │ 民调解委员会、特邀调解组织或特 │
                    │ 邀调解员进行调解          │
                    └─────────────────────┘
                       │              │
          ┌────────────┘              └────────────┐
          ▼                                        ▼
  ┌───────────────┐                      ┌───────────────────┐
  │ 达成调解的3日内 │                      │ 未能达成调解协议的,3 │
  │ 向法院提交申请  │                      │ 日内将案件退回人民法  │
  └───────────────┘                      │ 院正式立案          │
          │                              └───────────────────┘
          ▼
  ┌───────────────┐
  │ 人民法院审查,7日内│
  │ 做出是否确认的裁定│
  └───────────────┘
      │        │
      ▼        ▼
┌──────────┐ ┌──────────┐
│ 裁定驳回申请│ │ 裁定协议有效│
└──────────┘ └──────────┘
                 │
                 ▼
           ┌──────────────┐
           │ 向做出裁定的人民│
           │ 法院申请强制执行│
           └──────────────┘
```

图 5-3 司法确认流程图（人民法院委派）

（二）以便利化运行为导向，破解司法确认堵点

互联网时代，大量证据以电子数据的形式存在，金融中心自主开发与全在线审判平台互联互通的金融案件全在线调解系统作为司法确认工作的专属工作平台，通过与立案、庭审、归档等系统的后台联通，实现了案件数据的一次录入，全程应用，为繁简分流提供了信息技术支撑。

具体而言，厦门金融司法协同中心按照工作流程，分阶段破解司法确认的堵点。

1. 通过全渠道送达完成送达工作

全在线调解系统既接入电话送达、上门送达、邮寄送达等传统送达方式，又大力拓展电子送达、平台注册送达以及二维码扫描送达等新型电子送达方式。金融中心充分发挥自主研发"全在线"诉讼平台的优势，对于宜在线调解的案件，通过"全在线"诉讼平台在线向被告发送诉前告知书，督促当事人以自助协商方式达成调解。2020 年金融中心以电子送达方式促成当事人自助协商达成调解协议共 127 件，占同期诉前调解成功案件数量的 14.51%，调解效率显著提升。①

2. 通过人民法院调解平台在线委派调解

针对传统委派调解需要调解员定期到法院来接受委派调解，路途奔波、费时费力，且容易发生工作冲突、积极性不高的问题，金融中心积极应用人民法院调解平台，将当事人材料上传平台后在线委派给特邀调解员进行调解，调解员通过手机即可查询案件材料并与双方当事人进行联系沟通，极大提高了调解员的工作效率。2020 年，金融中心通过人民法院调解平台委派各类案件 2500 余件。②

3. 通过全在线调解系统开展调解

待调解案件通过系统分配给特邀调解员后，通过全在线调解系统，特邀调解员可以远程协助金融中心进行金融案件的全在线调解工作。金融中心鼓励当事人采用远程调解的方式息纷止争，引导人民群众通过非诉方式化解金融纠纷，从而实现当事人"一趟不用跑"，足不出户化解纠纷；当然，如果在设定期限内调解不成的，也不能久拖不决，而是在系统自动提醒调解员后将相关当事人信息以及调解过程中初步查明的事实通过后台，直接转入诉讼平台。诉讼平台同样以"云审理"为工作原则，线下审理为补充。疫情期间，全在线调解平台大显身手，数十起标的金额过亿元的医院融资租赁纠纷据此得以化解。

4. 通过增设诉前终结程序减轻诉讼负担

对于经诉前调解已经化解纠纷或者虽然未完全解决纠纷但原告不再要求向法院起诉的案件，可以在诉前通过终结立案审查方式结案。原告起诉材料与撤回立案申请的相关材料存留在"全在线"诉讼平台或人民法院调解平台存档，法院不再进行立案登记。相关终结立案审查材料报审判管理部门存档，作为工作人员绩效考核依据，减轻当事人诉累和法院工作负担。这一制度充分尊重了

---

① "一站式"建设 | 这家法院两手"妙棋"开启诉非联动升级进行时 [EB/OL]. 厦门法院网，2020 – 09 – 17.
② "一站式"建设 | 这家法院两手"妙棋"开启诉非联动升级进行时 [EB/OL]. 厦门法院网，2020 – 09 – 17.

当事人意愿，又保障了各方权益，2020年通过诉前终结程序化解纠纷27件。

5. 探索通过微信工作号实时指导和参与调解

金融中心在注册微信订阅号的基础上，尝试探索通过微信工作号进行在线调解，通过微信将在线调解操作指引、风险提示、送达地址确认事项告知等内容告知当事人，并接收当事人提交的简单证据材料，相关注册工作正在紧锣密鼓地推进之中。①

（三）以精细化管理为基础，提升司法确认实效

1. 强化类案示范从源头减少诉讼

金融中心针对金融合同多为标准合同、案情相似的特点，对于信用卡、保险代追偿等系列案件，挑选双方当事人对案件事实和法律适用存在相似争议的典型案件先进行类案裁判，然后再进行批量集中调解。例如2020年5月，经先行裁判及释明，批量调解了原告为厦门某财产保险公司的29件保险代位追偿纠纷案件。

2. 强化案件要素整理，将案件化繁为简

针对大部分当事人没有聘请律师，又不熟悉法律知识，诉求不合理、依据不清楚、事实模糊等问题。金融中心安排资深法官与技术专家联合组成开发团队，为常见金融案由制作标准化的要素式判决书，引入"反向工程"的逆向思维，倒推提炼类案要素表。据此在诉前引导当事人明确其诉求，将双方的争议焦点以要素式进行归纳，化繁为简，提高审判效率。②

3. 强化大数据运用打击虚假诉讼

通过查询执行信息网、工商登记信息网及司法管理信息系统收集当事人信息，对案件进行风险评估。对于职业放贷人起诉案件、联保合同、当事人之间存在特殊关系、公司关联交易案件等可能存在虚假诉讼风险的案件，由法院主动调查交易的真实性，并增加当事人诚信宣誓程序，必要时向第三人进行调查取证。2020年依职权向第三人调查取证7件，促成当事人主动撤回起诉3件，并对当事人进行训诫、法庭教育12次。③

---

① "一站式"建设 | 这家法院两手"妙棋"开启诉非联动升级进行时 [EB/OL]. 厦门法院网，2020-09-17.
② "一站式"建设 | 这家法院两手"妙棋"开启诉非联动升级进行时 [EB/OL]. 厦门法院网，2020-09-17.
③ "一站式"建设 | 这家法院两手"妙棋"开启诉非联动升级进行时 [EB/OL]. 厦门法院网，2020-09-17.

（四）着力构建特色鲜明的在线诉讼服务体系

围绕长期以来，法院信息化建设过程中电子平台探索不够、在线诉讼思维滞后、案件适用范围狭窄等问题，厦门市思明区人民法院推出诉讼服务集成"云套餐"、培育诉讼参与主体"云思维"、打造批量案件办理"云模式"，积极有序推进电子诉讼，形成特色鲜明的在线诉讼服务体系。

1. 着力平台开发应用，推出诉讼服务集成"云套餐"

成立专项组，同步推进现有平台的深度应用与智能平台的自主开发，为当事人及司法人员提供集成电子咨询、立案、缴费、送达、调解、审判、执行等诉讼服务功能的"云套餐"。

（1）深度应用统一电子平台功能

深入挖掘"人民法院调解平台""福建移动微法院""福建法院综合送达平台"等现有平台功能并进行功能整合，分别制作当事人版本及司法人员版本的简易操作流程指引，使当事人和司法人员能够"立即上手"，避免额外增加负担。广泛搜集反馈平台运用过程中出现的问题，为平台功能完善建言献策。

（2）自主开发智能信息化平台

以"管用、好用、会用、喜用"为理念，在总结厦门法院"全在线诉讼""要素式智审"等经验基础上，金融中心自主研发"金融案件全在线审判（调解）系统""小额金融消费案件立审执一体化审判平台"。自主研发执行接待微信小程序，全省率先开通在线执行预约，当事人可一键查询27位执行员的值班接待时间并在线预约、填写案件基本信息及接待诉求，并建立当事人实名认证、限制连续预约、恶意黑名单三项机制，节省当事人现场等待时间。

2. 着力理念更新转变，培育诉讼参与主体"云思维"

（1）强化诉讼主体"云思维"

以律师、金融机构等特定主体为突破口，批量引导进行电子送达地址确认、在线庭审等。金融中心主动对接市国资委及辖区20余家企业，建议企业积极运用线上平台，在合同、协议中增设电子送达地址确认条款达到高效解纷目的。以群众喜闻乐见的方式在微信公众号上进行在线诉讼宣传，通过12368诉讼服务热线接听、现场指引等，告知当事人在线诉讼优势，引导当事人主动选择，精准对接指导系统操作。

（2）强化解纷主体"云思维"

对在线庭审适用范围、庭审规则、在线送达效力规则等难点堵点进行专题研判，形成统一做法。对接律所、专业解纷调解机构等，由资深法官多次开展线上调解、司法确认操作与技巧培训,提升调解员在线解纷的能力。成立由专业信息技术人员组成的技术保障组,完善、维护系统功能,做好电子诉讼配套保障。

3. 着力电子诉讼运用,打造批量案件办理"云模式"

聚焦案件适用范围狭窄的问题,分析各环节特点及案件类型,合理确定适用案件范围,在立案缴费、调解、司法确认、庭审、送达各环节打造批量案件办理"云模式"。

(1) 推行规模化在线立案缴费

疫情严控期间以在线立案为原则,2020 年在线立案 11051 件。厦门市两级法院在交纳诉讼费用通知书上增设二维码,当事人通过手机扫码即可实现网上缴费。

(2) 推行"在线调解 + 在线司法确认"模式

诉前调解及司法确认以在线为原则、线下为补充,其中金融案件实行诉前委派调解与司法确认相结合的在线全流程调解方式,通过推广诉中在线调解,当事人足不出户即可解决纠纷。截至 2020 年 11 月,金融中心在线调解、司法确认案件为 445 件。2020 年在线调解全省首例小额诉讼标的上提后的金融借款合同纠纷案件,在线调解、司法确认两起涉及防疫工作的大额金融纠纷,相关经验做法在最高人民法院《司法改革动态》刊登后得到周强院长批示肯定。

(3) 推行简案批量在线庭审

中心建立案件繁简识别标准,将疑难复杂、事实争议较大、庭审时间较长、需要确认证据原件真实性等案件类型排除在外。针对信用卡、金融借款合同、保证保险合同纠纷等系列简案,在全省率先开展批量案件集中在线审理,最多的一次性开庭上百件。以疫情最严重的 2020 年 2 月为例,金融中心在线庭审数量 375 件,占全省网络庭审总数近三分之一。

(4) 是推行小额金融消费案件全流程在线

针对事实清楚、权利义务关系明确、争议不大且标的额 5 万元以下的金钱给付类金融消费案件,在国内率先实现立案、庭审、送达、归档全流程无纸化。[①] 激活民诉法中规定的督促程序,首创"电子支付令"程序,发出电子支付令 3052 件,其中生效 2902 件,处置时间从最快 6 个月压缩到最短 25 天。

---

① 聚焦 | 繁简分流显成效,金融审判驶入"快车道"[EB/OL]. 厦门中院,2020 - 08 - 06.

（五）以金融消费者保护站统领各类专业案件的诉调对接机制

金融中心针对金融消费者保护这一当前金融领域的顽疾，依托法院与"一行三局"等金融监管单位合作打造了全国首个司法与行政联合保护平台——"厦门金融消费者权益保护工作站"。该工作站由厦门市中级人民法院、中国人民银行厦门市中心支行、中国银保监会厦门监管局、中国证监会厦门监管局、厦门市地方金融监督管理局、厦门市思明区人民法院联合设立，是继厦门金融司法协同中心后，六单位持续探索多元纠纷化解推出的又一"厦门新模式"，也是优化司法确认程序的一大利器。

厦门金融消费者权益保护工作站设置于厦门金融司法协同中心，依托中心联调部和调解员队伍，致力于实现投诉、调解、诉讼、审判一站式功能，主要开展以下四项工作：一是接受中国人民银行厦门市中心支行、中国银保监会厦门监管局、中国证监会厦门监管局、厦门市地方金融监督管理局等单位的消费者权益保护部门的委托，对涉及民事合同、侵权的消费者权益纠纷开展调解工作；二是与上述单位的消费者权益保护部门共同开展金融消费者教育工作和金融消费者权益保障调研工作；三是就金融消费者纠纷调解工作中发现的问题向上述单位提出加强金融消费者权益保护的建议，向相关金融经营机构提出指导意见；四是各协同单位通过金融中心布置的其他金融消费者权益保护工作。

依托这一平台，厦门法院构建联动平台，将厦门金融消费者保护站和厦门金融司法协同中心的工作有效衔接，逐步建立起专业高效、便捷利民的金融纠纷多元化解机制和金融消费纠纷非诉第三方解决机制，畅通渠道，充分发挥金融消费纠纷调解效果。[1] 工作站还通过行业协会及金融机构的网点延伸调解触角，打造示范性流动金融消保"微服务"站点，提供涉消保"一站式"解纷服务，织密金融纠纷立体调解网络，有力促进金融业持续健康发展，全方位提升人民群众的获得感、幸福感、安全感。厦门金融司法协同中心优化司法确认的相关做法受到中国人民银行金融消费权益保护局的高度肯定。

（六）上海市金融消费纠纷调解中心的实践经验

我国现行的金融案件纠纷解决机制范围很广，除了诉讼外，主要还包括金融监管部门行政调解、金融机构内部客诉处理、行业协会调解、仲裁、媒体监督等，这些机制针对各自领域内涉及消费者切身权益的实际问题发挥作用，有

---

[1] 安海涛，林鸿. 创新与突破 金融消费者权益保护的"厦门路径"[J]. 中国审判，2020（5）：44.

效防范和化解了大量不稳定因素。但在实践中也暴露出四个主要问题：一是金融机构作为一方交易主体，一旦自身利益与消费者权益产生冲突，其很难做到公平公正解决纠纷；二是金融监管部门行政调解是以当事人自愿为前提，只能采取说服和劝导手段，约束力不足；三是通过仲裁或诉讼方式解决金融消费纠纷的周期长、成本高，再加上金融消费者举证能力有限，仲裁或诉讼失败的风险较高，消费者权益难以真正得到保护；四是媒体监督可能引发炒作，导致隐私被侵犯，给交易双方均造成负面影响。

因此，全国人大代表、政协委员多次呼吁在金融领域建立非诉第三方解决机制，各地也进行了一定探索。上海市金融消费纠纷调解中心（以下简称为"上海金融中心"）就是一个比较成功的范例，为我们优化金融纠纷司法确认机制提供了很好的借鉴。

1. 上海金融中心的组织形式、治理结构和主要业务

（1）上海金融中心的组织形式。在筹建之初，对采用"社会团体"还是"民办非企业"的组织形式社会曾有不同的主张。后来采用"民办非企业"模式，在上海市民政局、上海市社会团体管理局登记注册，逻辑是现在金融领域的协会（公会）已经很多了，不能每个金融子行业都成立一个协会。而且现有的每个金融类协会都可以做调解，再成立一个金融消保协会的必要性也不是很充分，而且从法律上看，社会团体的宗旨就是为会员服务，以社团的名义面向公众开展调解，其独立性和公正性会受到质疑。成立"金融消费纠纷调解中心"的民办非企业单位，可以突出其作为独立第三方的特点，并聚焦于纠纷的非诉解决处理，有更大的社会意义。

（2）上海金融中心的治理结构。根据《民办非企业单位登记管理暂行条例》和《上海市金融消费纠纷调解中心章程》，中心设立理事会作为决策机构，理事主要由大型金融机构的代表、资深专家学者和律师代表出任，目前有19名，包括各商业银行推荐的理事17人，高校推荐的专家理事2人。监事会是中心的监督机构，监事主要由大型金融机构代表、资深专家和举办单位代表出任。

（3）上海金融中心的主要业务。一是运营、维护12363金融消费权益保护咨询投诉电话；二是调解金融消费纠纷；三是开展金融消费服务领域的金融知识普及、课题研究、咨询、培训和国际交流。

2. 上海金融中心运行状况

2014年12月16日，上海金融中心揭牌成立。成立以来，运行平稳，起到了试点带动的积极作用。

（1）诉调对接机制覆盖全市三级法院。为了增强调解协议对当事人的约束力，2015年6月18日，上海金融中心与上海市高级人民法院签订了《关于建立金融消费纠纷诉调对接工作机制的会议纪要》。纪要明确：①上海金融中心作为行业调解组织依法对金融消费纠纷进行调解，调解协议可申请法院司法确认。经确认的调解协议，如一方拒绝履行或未完全履行的，另一方可依法向法院申请强制执行；②法院在受理涉及金融消费纠纷的案件前或受理案件后，经当事人同意，可以将争议案件委托、委派中心调解，也可邀请中心推荐的专家、专业人员共同参与调解，或者提供专家意见；③法院鼓励、支持中心参与法院设立的"诉调对接中心"工作，并定期对中心调解员开展业务培训。2015年11月9日，浦东新区法院在上海金融中心设立了诉调对接中心金融争议解决分中心，安排法官常驻现场，对上海金融中心的调解协议进行司法确认，保证了上海金融中心调解结果的法律约束力。

（2）高素质的调解员队伍基本建立。在调解员队伍的建设方面，征询各方意见后，确定了调解员的任职条件和资格。通过机构推荐、专家推荐等方式从高校、研究机构、律师事务所、金融机构、监管机关遴选了精通金融、法律业务，热爱调解工作的专家作为调解员。截至目前，上海金融中心共聘任了48名调解员。为了使来自不同单位和行业的调解员能尽快适应金融消费纠纷调解工作，中心不定期邀请司法行政机关、法院等部门的资深专家、法官做调解技巧、金融案件审理的专题讲座与培训。

（3）小额纠纷快速解决机制初步建立。为公正、便捷、高效地处理各类金融消费纠纷，2016年3月15日，上海金融中心与上海地区银行业金融机构签订合作备忘录，在上海正式启动小额金融消费纠纷快速解决机制：即赔付金额在5000元以下的纠纷，如果经调解，当事人无法协商一致的，由调解员根据法律、法规和国家政策、行业惯例，依照公正公平的原则，提出解决纠纷的调解意见。如果消费者接受该意见的，则争议双方均应接受并承诺履行该调解意见，否则，调解意见对各方当事人均无约束力。

（4）世界银行给上海金融中心提供了专业的技术支持。上海金融中心成立以后，世界银行专门立项进行技术支持，委派专家到中心开展培训，带来了世界先进的第三方非诉调解机构的运营模式、经验，并对我国相关立法进行研究。

（5）投诉处理和调解业务进展良好。2015年，上海金融中心共接听各类电话21278个，其中投诉类来电14273个，咨询类来电7005个。239个工作日，日均来电接听量为89个，最高日接听量为426个。

3. 上海金融中心运行的积极意义

（1）使金融监管部门在消费纠纷的处理中相对超脱。根据《消费者权益保护法》，金融消费者有权向监管部门投诉属于其法定职责范围内的金融消费纠纷。如果监管部门不能建立、畅通这一投诉渠道，对金融消费者的投诉进行推诿，将会存在法律风险。设立上海金融中心，由其负责金融消费权益保护咨询投诉电话的运行维护工作和金融消费纠纷的调解工作，可以使监管部门从具体的纠纷调解事务中解脱出来，专注于政策的制订和贯彻落实。

（2）使金融消费者得到公正、便捷、经济的纠纷解决渠道。上海金融中心独立、专业的特点，为金融消费者提供了一条经济、便利的纠纷解决渠道，能帮助其更好、更快地维护自身的合法权益。

（3）为金融体系的运行提供了"减压阀"和"润滑剂"。上海金融业发达，公众维权意识强，金融纠纷和矛盾多发。设立纠纷的第三方解决组织，使金融消防纠纷调解与诉讼、仲裁等纠纷解决方式形成有效对接，构成多元化的纠纷解决机制，可以有效润滑金融机构与消费者的关系，促进金融体系稳定、高效、健康运行。

（4）减少小额金融消费纠纷对司法资源的占用。法院应该是社会纠纷的最后一道防线，在非诉第三方纠纷解决机制缺位的情况下，法院实际上被推到了第一道防线，金融消费纠纷占用了大量司法资源。金融消费纠纷非诉第三方解决机制的试点建立，可以助推构建多元化的纠纷机制，减少小额纠纷对司法资源的占用。

（5）完善上海国际金融中心的功能要素。从伦敦等几个大的全球国际金融中心看，金融消费纠纷非诉第三方解决机制是其必备要件。上海金融中心的建立，完善了上海国际金融中心的功能要素，从另外一个维度助推了国际金融中心建设。

（七）完善优化司法确认程序厦门模式的再突破

2020年10月30日，厦门市第十五届人民代表大会常务委员会第三十八次会议通过《厦门经济特区地方金融条例》，条例第二十条规定："人民法院应当推进金融司法机制创新，会同相关单位设立金融司法协同平台，完善金融纠纷多元化解决机制，协同防控金融风险，提升司法服务金融发展的水平。"通过地方立法的形式，确认了厦门金融司法协同中心的存在合理性、必要性。条例明确金融中心以法院为主、各方参与、共同推进的机构定位，并明确了金融中心完善金融纠纷多元化解机制、防控金融风险、提升金融发展水平三大职能。值得注意的是完善金融纠纷多元化解机制是金融中心的首要职能,而如前所述,司法确认程序是人民法院保障纠纷多元化解的主要抓手。易言之,优化司法确认程序也是金融中心的首要任务。前述上海金融中心与厦门模式最大的区别,是上海金融中心由金融行政监管部门主导建立,司法机关提供支持,而厦门金融中心与此相反。上海模式下,尚且可以使金融监管部门在金融消费纠纷的处理中相对超脱,遑论厦门模式。可以说,在金融体制改革持续推进,"疫情后"金融不良贷款高企的大背景下,厦门模式大有可为。然而,目前厦门模式在司法确认的源头之水,也就是纠纷调解上仍然比较被动,新意不多。既有的调解组织仍然主要依托于行政监管部门,中立性不足;经费来源上主要依赖于财政拨款和法院补助,无法实现自收自支。一方面,难以实现可持续发展,另一方面也与"疫情后"政府严格控制预算支出的大方向背道而驰。

为此,金融中心正与包括法院、监管部门、行业协会等协同单位联合筹建独立的民办非企业组织——厦门地方金融纠纷调解中心,打造符合新时代要求的自收自支的地方类金融纠纷专业调解机构,向包括全部金融业态在内的整个社会提供非营利性金融纠纷调解服务,推进多元化纠纷解决机制创新。

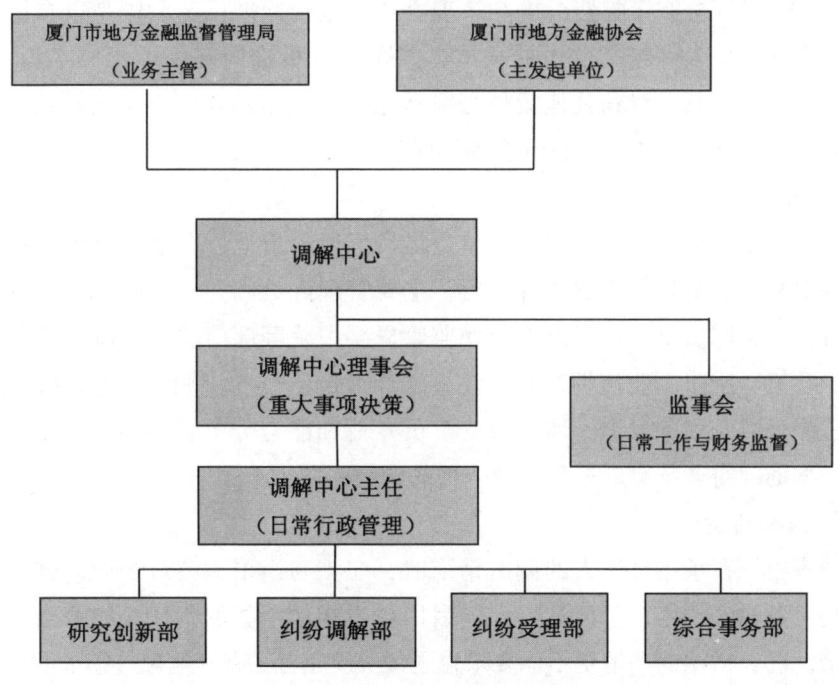

图 5-4 厦门地方金融纠纷调解中心组织架构图

2021年9月正式揭牌的厦门地方金融纠纷调解中心指导单位为厦门金融司法协同中心，主发起单位为厦门市地方金融协会，业务主管部门为厦门市地方金融监管局，具有独立法律主体资格，中心管理运营采取主管单位指导下主任负责制，以中立第三方机构定位，独立开展市场化运营管理。

1. 法律依据

《厦门经济特区多元化纠纷解决机制促进条例》第十条：鼓励和引导当事人优先选择成本较低、对抗性较弱、利于修复关系的非诉讼方式解决纠纷。第五十二条：鼓励行业主管部门、社会团体和组织设立行业、专业调解组织，调解涉及行业性、专业性以及特定类型的民商事纠纷。鼓励行业协会、商会发挥行业自治和行业服务功能，调解成员之间及成员与其他主体间的民商事纠纷。《厦门经济特区地方金融条例》第二十条：人民法院应当推进金融司法机制创新，会同相关单位设立金融司法协同平台，完善金融纠纷多元化解决机制，协同防控金融风险，提升司法服务金融发展的水平。

2. 预算经费

调解中心实行市场收益性调解，针对市场化委托纠纷案件以地方金融机构会员和非会员区分制定收费标准和管理办法，收费标准设定原则是以自愿为原则，以降低当事人纠纷司法诉讼成本，兼顾调解机构的基本运行成本为目的。主要有受理费、调解费和其他案件必需费用三大块。随着中心步入正轨后，所有营业收益全部用于中心建设和金融纠纷调解工作。

3. 调解队伍

由调解中心市场化招聘和发起单位借调、厦门市地方金融协会现兼职调解队伍等多种渠道组建专兼职调解队伍，主要管理人员和专职调解员应与调解中心签订劳动合同协议。定期由市金融监管局、中院等部门联合对调解队伍开展监管、政策、法律专业培训，尤其注重培养调解队伍的协调、沟通、应急处理技巧等能力以及服务意识。加强对调解员专业和能力分类管理和挖潜工作，对不同类型的纠纷调解案件适配有效合理的调解团队。

4. 权利与责任

调解组织在承接当事人的调解请求时，应当与当事人签订合同，就调解中的权利义务明确约定，包含各自主体因出现过错而承担的责任。如果当事人出现过错，已经缴纳的调解费不能要求退还或完全退还；有其他额外损失的，还需依据合同或侵权责任法承担责任。如果调解员在提供调解服务中出现过错时，同样需要对损失承担责任。

5. 筹建意义

（1）完善诉调对接机制

通过设立厦门市地方金融调解中心，以更好地实现"服务社会、服务行业、服务监管为宗旨"，加大对非法民间借贷的协同治理，化解地方金融纠纷及风险，明确工作范围、对接机制及调解结果司法确认机制，协调调解中心纳入厦门市中级人民法院特邀调解组织。加强府院多元对接，与厦门市司法机关签订诉调对接协议，整合行业力量资源，协同建立专业高效、有机衔接、便捷利民的常态化诉非联动金融纠纷多元化解机制，确保金融类纠纷进入诉讼数量的增幅不高于往年水平，推动诉非联动实质化运作，保障厦门地方金融行业持续健康稳定发展。

（2）搭建信息化平台

通过建立地方金融纠纷调解专业线上和线下平台，力争降低企业诉讼时间和经济成本，提高纠纷解决效率。创新在线纠纷解决方式，建立电子督促程序，更好地为司法审判过渡、增速、减压，把有限的司法资源让渡给疑难复杂案件。指定纠纷调解系统接入全市诉非联动信息化工作平台，以实现全市化解纠纷数据共享和业务协同，对地方金融和民间金融纠纷化解及时分析研判，为制定政策提供参考。探讨调解中心纠纷调解系统与"寒霜"系统建立连接，实现地方金融"业务系统—监管平台—纠纷化解—司法确认—确权执行"全流程管理，以促进地方金融发展，提高服务能力和营造更好的营商环境。

（3）完善调解工作机制

建立和培训专业调解队伍，整合各方原有调解资源，建立健全一套符合现行法律法规和法定程序要求的调解工作规范以及系列规章制度、规则文件等，以及建立突发事件、群体性纠纷等预案和处理机制，承接法院委派、委托调解案件，以及地方金融、民间金融委托调解案件。做好诉非联动工作信息接收、报送和反馈工作，包括诉非联动工作情况、矛盾化解情况、突发涉法重大事件、群体性纠纷等事项。构建"党委领导、市金融监管局主导、部门联动、社会参与"的纠纷解决大格局，开展社会矛盾纠纷源头治理、多元解纷、综合化解、风险防控，推进地方金融和民间金融纠纷解决领域治理体系和治理能力现代化。

（4）促进构建良好的营商环境

高效快速解决地方金融纠纷，最大限度降低企业纠纷处理的时间成本和诉讼成本，是提升厦门营商环境的重要指标。当前，受新冠肺炎疫情影响，经济形势持续处于低谷，有关于企业之间的金融诉讼纠纷存在上涨趋势。另外，地方金融纠纷与一般性普通民事纠纷相比具有主体特殊性、案件专业性、案件错综复杂的特点，现有调解的专业能力无法有效提高金融纠纷调解的调解率，因此建设专业的金融调解中心有助于满足人民群众金融纠纷调解的需要，有助于提高金融司法程序的质量和效率。

第六章

完善小额诉讼程序研究

一、关于小额诉讼程序

随着我国经济社会的高速发展，社会对于司法的需求不断升级，单独的简易程序已经不能够完全满足诉讼大众化的要求。因为现实世界丰富多样，民众的需求以及纠纷的形态也是不一而足，所以仅就司法解决纠纷而言，现有的简易诉讼不符合某些金额较小事件的特点。而这些情节轻微、诉讼标的金额特别小的事件，我们称为小额事件。这些小额事件，标的金额小，当事人对其解决的预期首先是效率，从比例原则来看，也不宜投入过多的资源。完全可以适用更为简单易行的简易程序进行快速审理，从而更能够节约成本，提升司法效率。"当事人在诉讼程序中获得的个人利益通常随诉讼标的额的增大而增加。案件标的额越大，审理的周期就越长，司法资源的投入也越多，由此可以推定当事人享受的司法资源就越多，所以相应增加利用者的负担是有合理性的。相反，案件标的额越小，当事人获得的个人利益就越小，当事人的负担也相应减小。"[1]

针对这一需求，立法进行了调整。2012年《民事诉讼法》修订中一个重要的变化就是新增了小额诉讼程序，这一程序是指基层法院的小额诉讼法庭或专门的审判组织在审理数额甚小的案件过程中，适用比普通、简易程序更加简易化的民事诉讼程序，以提高诉讼效率。围绕小额诉讼程序的试点经验，暴露出不少问题。研究解决这些问题，必将进一步完善这一程序，为民事诉讼中广泛存在的小额纠纷的快速公正解决提供新的选择。

小额诉讼程序的制度安排是民事诉讼理论研究的重大制度创新，充分体现了"程序相称"原则，在审级规定、审理方式、文书制作等方面与案件性质充分匹配，对于进一步推动案件繁简分流、轻重分离、快慢分道具有重要

---

[1] 樊崇义. 诉讼原理（第二版）[M]. 北京：法律出版社，2009：180.

的示范意义。

(一) 小额诉讼的制度沿革

从立法沿革来看,小额诉讼程序是 2012 年民诉法修改中新增的程序,但并非一蹴而就的。早在 2009 年 10 月 29 日全国人大常委会《中华人民共和国民事诉讼法修正案(草案)》第三十五条就规定:"基层人民法院和它派出的法庭审理标的额人民币五千元以下的民事案件,实行一审终审。"这一规定已经具备了一审终审这一小额诉讼程序的核心要素,但由于五千元的标准过低,全国"一刀切"而不考虑地区差异的做法也欠缺合理性。因此,草案在受到称赞的同时也引发了理论与实务界的诸多质疑,主要矛头在小额诉讼标的额这一问题上。2012 年 8 月 31 日,第十一届全国人民代表大会常务委员会第二十八次会议最终通过的修改民诉法决定中,将上述草案调整为:"基层人民法院和它派出的法庭审理符合本法第一百五十七条第一款规定的简单的民事案件,标的额为各省、自治区、直辖市上年度就业人员年平均工资百分之三十以下的,实行一审终审。"即 2012 年《民事诉讼法》第一百六十二条。这意味着小额诉讼程序在我国的正式确立,这对及时化解小额纠纷、减轻当事人的经济负担、提高诉讼效率等具有极为重要的意义。

然而,立法通过后,全国法院的小额诉讼程序适用率普遍偏低,主要原因,既有适用条件相对严格、程序优势不够明显等制度设计不接地气,也有基层法院法官担心一审终审的信访维稳以及再审绩效考核压力等,但主要原因,还是这一新制度体现在民诉法中只有简单的一条,相关制度过于简单[①],缺乏可操作性,配套制度也暂时缺位,从而导致程序适用率低,无法充分发挥其推动普惠司法、降低诉讼成本、优化资源配置的作用。为解决这一问题,2015 年,最高人民法院在《民事诉讼法司法解释》中就小额诉讼程序做了进一步的扩充,共新增了 13 条,即民诉法司法解释第二百七十一条至二百八十三条,以增加小额诉讼程序的操作性。然而,增加司法解释后上述问题并没有根本解决,小额诉讼程序仍然缺乏独立性和完整性,加之一审终审的压力等问题,对当事人和法官均没有足够的吸引力。司法实践中,仅有部分法院的速裁庭有零星适用,小额诉讼程序适用率普遍偏低。

[①] 《民事诉讼法》第一百六十二条规定:"基层人民法院和它派出的法庭审理符合本法第一百五十七条第一款规定的简单的民事案件,标的额为各省、自治区、直辖市上年度就业人员年平均工资百分之三十以下的,实行一审终审。"

为进一步优化小额诉讼程序，凸显其独特的制度优势，最高人民法院根据《全国人民代表大会常务委员会关于授权最高人民法院在部分地区开展民事诉讼程序繁简分流改革试点工作的决定》编制了《民事诉讼程序繁简分流改革试点实施办法》（以下简称《实施办法》），该办法第五条至第十一条进一步完善小额诉讼程序适用范围、审理方式、审理期限、裁判文书等问题。至此，小额诉讼程序首次独立于简易程序，呈现出民事诉讼基本程序的独立品格。本次最高院《实施办法》，小额程序在30条中独占7条，在总体五个部分中所占篇幅超过了四分之一，可见其在民事诉讼繁简分流改革中的重要性。

在英美法系的发源地英格兰，早期的治安法官除了具有简单刑事案件管辖权之外，还审理小额案件。而在1973年伦敦小额索赔法庭（small claims courts）开始受理案件，基本上则是仲裁庭的变体。根据1973年程序法的规定："如果案件金额少于100英镑，任何一方当事人都可以向郡法院提出申请，将案件交付仲裁；如果金额在100英镑以上的案件，则双方当事人必须都同意或由郡法院法官指令交付仲裁。"[①] 而在苏格兰，小额债务法院（small debt court）则分成两类。一类是1799年的治安法官小额债务法院，对于5英镑以内的债务纠纷拥有管辖权，于1975年被取消。另一类则是1826年建立的执行官小额债务法院（1976年被撤销），受理8英镑6先令8便士的案件，后来扩展到50英镑以内的债务纠纷。[②]

（二）小额诉讼的法律性质

总体而言，小额诉讼与简易程序相比差别不大，或者可以说小额诉讼属于简易诉讼的一个构成部分。"从广义上讲，由于立法的原因，小额诉讼程序与普通程序相比，只是由于标的金额的不同使案件在地方法院和上诉法院之间进行了划分。在这个意义上，小额诉讼程序与简易程序并无大的区别，我们不妨将它界定为简易法院或基层法院审理小额、简易程序案件适用的一种特别程序。从狭义上讲，这是一种以提高办案效率促进司法服务大众化为目的，正在发展的未成熟的诉讼程序，是有别于普通程序和简易程序的独立的程序。我们将它界定为：用来救济小额轻微权利的简易快捷的特别程序。"[③] 但是，我们还是有

[①] 戴维·M. 沃克. 牛津法律大辞典 [M]. 北京社会与科技发展研究所，译. 北京：光明日报出版社，1988：831.

[②] 戴维·M. 沃克. 牛津法律大辞典 [M]. 北京社会与科技发展研究所，译. 北京：光明日报出版社，1988：831-832.

[③] 杨荣馨. 民事诉讼原理 [M]. 北京：法律出版社，2003：439.

必要将其与简易程序进行比较，分析小额诉讼具有的若干特征，以准确把握其制度定位。

1. 受案的范围

小额诉讼与其名称相对应的是特别适用于小额案件。这是以金额较小为标准的特殊简易程序案件，而非其他受案类型的简易程序。对于繁简分流而言，所谓"繁案"和"简案"之间的标准并不能够很好地进行明确和区分。虽然金额的大小不一定能够截然体现繁简程度，实践中依然存在其他各类不同差别的标准。但是争议金额的确是一个具有较强衡量性的标准，多数案件以金额为标准进行繁简程度的区分存在相当的合理性，尤其是以简单金钱给付为争议内容的纠纷，则更具有合理性。当然了，为了更好地保障当事人的基本权益，在制度设计上也允许部分小额诉讼转化为普通诉讼程序。

2. 程序简便易行

小额诉讼本身就是属于简易程序的范围，为了诉讼效率应当将程序设计得更为简便易行。从设计的功能而言，小额诉讼更能够适配以金额为标识的小额民事纠纷的解决。同时，也能够尝试大幅简化包括送达、庭审在内的各类程序、文书，以实现节约当事人的人力、物力、时间、金钱，以及国家的司法资源的目的，法院必须尽快、以最小的成本对案件进行裁判。

3. 更为快速，具有效率

小额诉讼针对的是事实清楚、权利义务关系明确、争议不大的简单金钱给付类案件。这不仅仅是该制度设计的目的，也是在司法实践中需要实现的。从目的而言，小额诉讼和一般简易程序都是为了更简单快捷地进行民事案件的审理。小额诉讼制度设计的相关目的更强于一般简易程序。

4. 一审终审

为了比一般的简易程序更为快捷，小额诉讼设定的审级是一审终审，这也是小额诉讼程序区别于简易程序的最大特点。因为审级越多，则程序越烦琐，诉讼成本越高，诉讼所涉社会关系也越不能稳定。而小额诉讼由于争议金额较小，当事人更难以承受长时间的损耗和不确定，否则他们就很可能舍弃司法救济途径，而采取其他的解决模式。当然，小额程序虽然简便易行，却不能在实质上减损当事人权益。相关程序的设计不能忽略对当事人包括答辩、举证、最终陈述等基本权利的保障。特别需要注意的是，小额诉讼程序虽然是一审终审，但当事人依然应当具有申请再审这一基本权利。

从总体而言，有学者对于小额诉讼与简易程序之间的差异总结如下："小额诉讼程序作为独立的解纷机制，并不是简单的简易程序的再简化，诉讼效率量的差异性是两者的主要区别。小额诉讼更侧重效率优先，在整个诉讼流程和时间节点上突出'快'字优先，以'调'为主，小额程序'通过简易化的努力让有程序保障的司法服务普遍惠民'。简易程序则强调'简'字优先，'调审'结合。诉讼效益量的差异性决定两者在受理机构、适用范围、审理期限等方面存在不同。"①

（三）小额诉讼程序的基本原理

对于小额诉讼程序的基本原理，根据相关学者的研究，有以下几个方面的内容。②

1. 公正与效率的平衡

相关问题在前后文的论述中已经有较多论述，在此不再赘述。

2. 程序分化原理

针对纠纷解决中实际需求的不同，以及对于效率、公平正义等不同价值的平衡，需要对民事诉讼的程序进行不同的分化。面对复杂多变的社会纠纷，司法需要提供不同的救济方法、程序以更好地匹配各类型社会问题，更好地解决社会问题，这是基于实事求是的解决问题的态度。一方面，面对繁杂疑难案件，应当进行繁案精审；而面对简单、清楚的案件，就可以适用简易程序，乃至小额诉讼程序。

3. 平等接近正义（access to justice）

这是涉及司法的便民性问题，即通过小额诉讼、简易程序，司法提高了效率、节约了部分的资源，为此司法能够为社会提供的纠纷解决能力大大增强，为平民大众提供更多的司法服务。同时，由于此类程序比较简单便捷，也更加亲民。该问题的论述，前后文已经有较多的论述，在此不做赘述。

4. 程序法理交错适用

即诉讼法理与非讼法理交错适用。为了更好地推进诉讼的快捷、经济、便民，小额诉讼虽然属于诉讼事件，但是可以对其进行"非诉化"处理。从诉讼法理而言，法院通过行使审判权处理的民事事项通常包括两类：一类是诉讼事件；另一类是非讼事件。"小额诉讼程序属于诉讼程序，处理的是诉讼案件，按照程序法理二元分离适用理论，小额诉讼本应适用诉讼法理，贯彻辩论主义、

---

① 刘秀明，骆军．小额诉讼程序研究［M］．北京：法律出版社，2015：13．
② 刘秀明，骆军．小额诉讼程序研究［M］．北京：法律出版社，2015：13．

直接言词原则①、公开原则。然而,小额诉讼程序完全贯彻诉讼原理,就无法实现旨在提高司法效率的立法原意。特别是伴随着小额纠纷的大众化、多样化,案件简速解决的重要性日益凸显。"② 在这种情况下,非讼法理能够为小额诉讼的简审、快审提供理论基础,"非讼法理在小额诉讼程序中的适用为纠纷的简速解决提供了契机。如果仍依照通常的诉讼法理去审理小额事件,将是相当不经济的,当事人根本无法忍受完全适用诉讼法理而造成的劳力、时间、费用的浪费。法院就没有必要采用严格的言词主义、辩论主义等审理方式,特别需要以简化的程序来处理。"③

就小额诉讼程序而言,程序法理的交错适用具有较大的社会意义,"尽管小额争讼案件争议标的额较小,但仍属于私权争议,本应按通常诉讼法理去审理。但如果按通常当事人主义诉讼程序进行审理,会造成时间、劳力、费用的浪费,不符合诉讼经济的基本理念",而小额诉讼的目的就是"快速地解决纠纷,尽可能为社会成员最大限度地提供司法救济的途径,以保证实体权利的实现不致因高成本、诉讼迟延等原因而受到阻碍"。④

5. 社会和谐、稳定性

社会各类纠纷的发生,需要尽快进行解决,以迅速稳定社会关系,维护社会和谐。而小额诉讼的各类快捷、便利特性,能够在尽量节约诉讼资源、时间的前提下,实现快速解决纠纷,防止相关社会关系处于不稳定状态,从而降低纠纷的社会成本,尽快减少社会纠纷,并提高社会的和谐稳定。此类部分的内容在前后文的论述中已经有较多论述,在此不再赘述。

(四)小额诉讼程序的制度定位

依据《中华人民共和国民事诉讼法》第一百三十三条第(三)项之规定,人民法院对受理的案件,根据案件情况,确定适用简易程序或者普通程序。《中华人民共和国民事诉讼法》与《最高人民法院关于适用〈中华人民共和国民事诉讼法〉的解释》均规定小额诉讼案件适用简易程序审理。因此,在本轮改革试点之前,人民法院有权酌情在简易程序和普通程序之间择一适用。而最高人

---

① 蔡才昂,凌定胜. 论人民法院司法改革的中心环节[J]. 新疆大学学报(哲学·人文社会科学版),2014,42(1):35.
② 孙永军. 非讼法理在诉讼程序中的适用[M]. 南京:东南大学出版社,2018:138.
③ 孙永军. 非讼法理在诉讼程序中的适用[M]. 南京:东南大学出版社,2018:138.
④ 刘秀明,骆军. 小额诉讼程序研究[M]. 北京:法律出版社,2015:30.

民法院《民事诉讼程序繁简分流改革试点实施办法》① 将小额诉讼程序单列，与简易程序、普通程序并列，就是为了凸显小额诉讼制度的独特优势，充分发挥其快速解纷的实践效用。

作为本次繁简分流改革中最集中体现民事诉讼程序"简"特点的诉讼程序制度，"小额诉讼程序"集中体现了"便捷高效低成本、终局解纷"的独立制度品格。随着全国改革试点的铺开，已经正式从"简易程序"中独立出来，成为与简易、普通等民事诉讼基本程序制度并列的三大审判程序之一。诉讼制度"程序相称"原则要求诉讼程序应当与案件性质、争议金额、争议事项复杂程度等因素相匹配，三者形成有机衔接、分层递进的民事诉讼程序体系。某种意义上可以说，小额诉讼程序的意义不仅在于可以解决某种特定类型的纠纷，还在于其为我们的司法改革提供了这样一个思路，即通过诉讼程序制度的多元化，引导民事诉讼案件分流，减轻普通程序的诉讼压力，从而在普通程序中侧重于追求程序公正，而通过小额诉讼程序或者其他非诉程序重点破解人案矛盾，侧重供给诉讼效率，实现诉讼的效益化。相信随着两年试点工作的经验总结和完善，这一程序必然会推广到试点城市外的全国法院，并在后续全国人大的民诉法修订中固定下来。

1. 科学规划全新的民事诉讼制度格局

设置独立的小额诉讼程序，对法律关系明确、标的额较小、争议不大的简单案件在审级制度、审理方式、审理期限、文书制作等方面做出特殊的安排，其制度定位是通过大幅简化程序，与既有的简易程序、普通程序进行显著的区隔，形成三大程序不同分工的有机衔接的诉讼格局，促进人民法院司法资源的合理安排，科学调配人力、组建团队，提升诉讼效能，凸显并实现这一制度便捷高效、终局解纷的制度优势。

2. 实现审判资源的优化配置

根据民事诉讼制度的"程序相称"原则，诉讼程序的选择应当与案由、案件性质、讼争金额、争议事项复杂程度及双方心理差距等因素相匹配，这是诉

---

① 《实施办法》第五条：基层人民法院审理的事实清楚、权利义务关系明确、争议不大的简单金钱给付类案件，标的额为人民币五万元以下的，适用小额诉讼程序，实行一审终审。标的额超出前款规定，但在人民币五万元以上、十万元以下的简单金钱给付类案件，当事人双方约定适用小额诉讼程序的，可以适用小额诉讼程序审理。适用小额诉讼程序审理的案件，人民法院应当向当事人告知审判组织、审理期限、审理方式、一审终审等相关事项。

讼制度设计要求。既有的民事诉讼制度,是基于十余年前的人口流动不大,社会实践需求所制定的。正如春秋时期的"小国寡民"的战争方式,不能适应战国时代"千乘之国"规模的战争。近年来,随着国家经济的起飞,我国社会转型期剧变,诉讼案件形态也发生了巨大的变化。特别是"互联网+"的渗透,基于互联网的诉讼数量激增,大量简单金钱给付类案件,如果都按传统的简易程序或普通程序处理,诉讼环节过多,诉讼成本当事人难以承受,与司法实践需求不符。设置独立的小额诉讼程序处理这些案件,简化规则,缩短期限,对符合法定条件的强制适用,满足当事人高效、便捷、低成本解纷的需求。

3. 简化程序不减损权利

如前所述,诉讼权利是人民群众的基本权利,不容减损。传统的诉讼模式,之所以设置了冗长的环节,其制度出发点恰恰是为了保障当事人的各项合法诉讼权利。设置专门的小额诉讼程序,大幅简化程序,实行一审终审等制度设计,毫无疑问将显著节约诉讼成本,提高诉讼效率,让当事人能够尽快兑现胜诉利益,但也可能危及当事人的诉讼权利。制度设计是一个平衡的游戏,要找到最适合纠纷特点的程序,确保放弃的程序对当事人的实体权利没有实质性影响,或者说是当事人为了追求效率而自愿放弃的,需要明确法院和法官的释明告知责任,完善当事人申请再审机制,确保权利保障不打折扣。具言之,"简化程序不减损权利"的原则绝不能动摇,既要通过简化程序、一审终审等制度设计减轻当事人讼累,尽快兑现胜诉利益,又要明确法院和法官的释明告知责任,优化流程节点,完善当事人申请再审机制,确保权利保障不打折扣。

二、小额诉讼程序的适用条件

根据最高院的《民事诉讼程序繁简分流改革试点实施办法》,小额诉讼程序采取定额制,分别以五万元、十万元为画线标准确定"两线三区",分别适用不同的程序。基层人民法院①对五万元以下的简单金钱给付类案件一律适用小额诉讼程序(意见第二条),而对于五万元以上、十万元以下的当事人可以选择适用(意见第三条第一款)。

(一)适用小额诉讼程序的法定条件

最高人民法院《民事诉讼程序繁简分流改革试点实施办法》第五条第一款

---

① 根据《民事诉讼法》第一百六十二条,意见中的基层人民法院应当包括其派出法庭。

规定,"基层人民法院审理事实清楚、权利义务关系明确、争议不大的简单金钱给付类案件,标的额为人民币五万元以下的,适用小额诉讼程序,实行一审终审。"该条款是试点法院适用小额诉讼程序的法定条件。对于该款强制适用的理解,主要有五方面的问题。

1. 适用主体的问题

小额诉讼程序的适用主体仅限于基层法院。当然根据《民事诉讼法》第一百六十二条之规定,基层人民法院应当包括其派出法庭。

2. 适用案件的基本条件

适用小额程序的案件限定于标的较小的简单金钱给付类案件,当然还有三个原则性条件——事实清楚、权利义务关系明确、争议不大。

根据最高人民法院《关于适用〈中华人民共和国民事诉讼法〉若干问题的意见》第一百六十八条之规定,"事实清楚",是指当事人双方对争议的事实陈述基本一致,并能提供可靠的证据,无须法院调查收集证据即可判明事实、分清是非;"权利义务关系明确",是指谁是责任的承担者,谁是权利的享有者,关系明确;"争议不大"是指当事人对案件的是非、责任以及诉讼标的争执无原则分歧。

实践中,立案部门对此比较难把握,各区法院做法不一。有的法院会让各民事审判庭限定一些案由,原则上统一适用。有的法院则采用类似于黑名单或者说负面清单的管理办法,排除某些复杂的案由后一律适用。不同的做法,会带来适用率的数值差异,也会给后续程序转换带来影响,在实施办法允许范围内应当尊重基层法院的选择。

3. "金钱给付类案件"

指的是当事人的诉讼请求仅有金钱(司法实践中也可能包括有价证券),没有其他类型诉讼请求,而且当事人双方仅在金钱给付的数额、时间、方式等细节问题上存在争议的案件。一旦在给付金钱的诉求之外,当事人还提出其他诉讼请求,比如解除合同、返还原物、停止侵权、消除影响、赔礼道歉等,鉴于此时诉求已经不再局限于金钱给付案件,原则上不可以适用小额诉讼程序。

4. "标的额"的理解

一般是指当事人起诉时确定的诉讼请求数额。本次试点采取定额制,分别以五万元、十万元为画线标准,区分为"两线三区"。具言之,对五万元以下的一律强制适用小额诉讼程序(意见第一条),五万元以上、十万元以下的当事人可以选择适用(意见第二条第一款),而对十万元以上的案件,则当事人不得选择使用。这一规定有别于简易程序,根据《民事诉讼法》第一百五十七条第二款之规定,基层人民法院及其派出法庭审理简单民事案件以外的民事案件,当事人双方也可以约定适用简易程序。

司法实践中,十万元以下的案件大致占全部民事诉讼案件数的六七成[1],固然有个别案件标的额很庞大,标的金额大的案件社会关注度也高,但事实上十万元以下的确是我们当前民事诉讼案件的主流,是我们司法工作的牛鼻子,也是司法改革的主要矛盾。

当然,实践中固定金额比较少见,对于因资金占用而持续发生的违约金、利息等资金诉求,或者存在特定计算方法的案件,应当以当事人起诉之日确定的本金、利息和其他诉请金额总和,也就是以人民法院立案庭计收诉讼费的诉求金额作为界定标准。例如,原告诉讼请求主张利息的,如果利息金额总额固定(包括利息计算起止日及标准明确等情形),案件标的额应当以本金、利息和其他诉请金额总和认定;计息起止日不确定或者计息标准不明确的,考虑到小额诉讼案件利息金额一般不大,本着扩大适用的宗旨,如果计息起止日不确定或者计息标准不明确的,在判断可否适用小额诉讼程序之时,利息可以不计入标的额而只以本金界定。另外,对原告选择起诉日前某个时点确定暂合计诉求金额的,如果原告能够对这一时点作出合理解释,原则上也可以允许以该时点的诉求金额判断是否适用小额程序。总之,就是对这条界限应当从宽认定。

5. 法律适用问题

对于一审法院应当适用小额诉讼程序而没有适用的案件,二审法院不能以此为理由裁定发回重审。[2] 如果将这类案件一律发回,既违背小额诉讼程序快捷解决纠纷、降低诉讼成本的制度定位,又增加当事人讼累。对于这类问题,应当通过健全完善以"该用即用"为导向的考评机制加以解决,将小额诉讼程序适用率作为审判业绩考核的重要指标,确立小额诉讼程序应有的适用空间。

(二)约定适用小额诉讼程序的方式

按照《民事诉讼程序繁简分流改革试点实施办法》第五条第二款,"标的额超出前款规定,但在人民币五万元以上、十万元以下的简单金钱给付类案件,

---

[1] 以厦门金融司法协同中心为例,笔者在 2020 年初牵头起草《小额诉讼程序实施细则》前,专门对 2019 年的案件进行了统计,发现五万元以下、五万元以上十万元以下的案件大致各占中心案件总数的三分之一。
[2] 按照《实施办法》第十七条第(六)项之规定,发回重审的案件应当组成合议庭按普通程序审理。

当事人双方约定适用小额诉讼程序的，可以适用小额诉讼程序审理"。这一条款是合意适用条款，是在前款小额诉讼程序法定适用条件基础上的扩充。

（1）对"当事人双方约定"的理解，不能局限于进入诉讼之后的当面确认。由于《民事诉讼程序繁简分流改革试点实施办法》未明确选择适用小额诉讼程序的方式，为了扩大小额诉讼程序的适用，参考最高院《民事诉讼法司法解释》第二百六十四条关于当事人约定选择适用简易程序的规定，笔者认为，当事人双方约定既可以是立案后双方合意适用，并主动告知法院。告知的方式，可以在开庭前以书面形式向法院提出申请，也可以当庭口头提出，由法院工作人员记入笔录，并交由双方当事人签名或捺印确认；也可以在开庭审理前，由法院工作人员向当事人释明包括法律后果在内的小额诉讼程序的相关事项，征询双方意见，一致同意的；还可以是双方当事人的事先约定。只要充分尊重当事人的选择权，并做好记录留痕，确保有据可查，就可以按小额诉讼程序审理。比如某些符合标的要求的案件，立案时选择简易程序，被告收到诉状后同意适用小额诉讼程序，这种情况下只要原告也同意，完全可以适用小额程序。社会生活实践中，特别是商事活动中，格式合同的提供者完全可以通过事先约定的方式，选择适用小额诉讼程序。当然，根据民法典第四百九十六条，格式条款提供方依法应当尽到提示说明义务。

（2）约定后能否再适用其他程序审理。借鉴管辖恒定原则，当事人双方一经约定适用小额诉讼程序，原则上不得反悔。当然，考虑到程序选择权是当事人的权利而非义务，制度上也应当允许当事人退出，但应当慎重审查，以避免无端浪费社会资源。退出应由当事人对适用小额程序提出书面异议，还应提供正当理由和相应证据，经审查符合《实施办法》第十一条有关程序转换情形的，应当准许转换程序；不符合的，则应予以驳回。

（三）不适用小额诉讼程序的案件范围

《民事诉讼程序繁简分流改革试点实施办法》第六条反向规定了六类不适用小额诉讼程序的案件，即人身关系纠纷；财产确权纠纷；涉外民事纠纷；需要评估、鉴定或者对诉前评估、鉴定结果有异议的纠纷；一方当事人下落不明的纠纷；其他不宜适用小额诉讼程序审理的纠纷。对于上述案件，当事人不得约定适用小额诉讼程序。值得注意的是，"下落不明"应当从宽理解，在庭前有送达地址确认的，即便进入诉讼后未实际送达，也不属于下落不明，按照视为送达处理，仍然可以适用小额诉讼程序。另外，鉴于小额诉讼的制度优势，本着扩大适用的原则，兜底条款的适用应当审慎。

对于简单知识产权案件，例如图片类、音乐作品类著作权侵权案件，只要事实清楚、权利义务关系明确、争议不大，且标的额未超过规定的，可以适用小额诉讼程序审理；但当事人起诉时还提出除给付金钱外的其他诉讼请求的，不得适用小额诉讼程序。

当前，试点法院普遍合意适用比例偏低，需要引起重视。这一点也对我们的诉源治理工作提出了新要求，诸如银行、保险公司等商事主体，作为社会经济生活中常见的格式合同起草方，完全可以通过格式条款明确约定的方式，实现对十万元以下（"以上""以下""以内""届满"，包括本数）案件的一审终审。民商事审判各庭室可以结合自身实际，寻找突破口，集腋成裘，逐步将法院近七成的案件终审消灭在基层法院。

三、简化小额诉讼程序的审理方式

小额诉讼程序与简易程序的关系，是"青出于蓝而胜于蓝"。整体参照简易程序但更加简化，为充分发挥小额诉讼程序的便捷高效、终局解纷的制度定位，在不减损当事人答辩、举证、质证、陈述、辩论等诉讼权利前提下，应当全面简化其审理方式，从而将小额诉讼程序与简易程序、普通程序有效区隔，形成独特的制度定位。

（一）传唤送达方式的简化

《民事诉讼法》第一百四十四条规定，基层法院及其派出法庭审理简单的民事案件，可以用简便方式随时传唤当事人、证人。为了发挥小额程序简便处理的制度优势，适用小额诉讼程序审理的案件，传唤送达方式应当比照简易程序将以简便方式发送开庭通知与送达的方式进一步简化。除了电话、手机短信、传真等传统方式外，还可以通过电子邮件、微信[①]等其他电子通信方式传唤当事人、通知证人、交换证据或送达文书。但要注意根据电子送达方式来源的不同采纳不同的传唤与送达标准，如果电子邮件地址等电子送达方式由受送达人主动提供，则应采取发出即视为到达。否则，如果相关送达方式来自其他方式，比如电信运营商查询或其他第三方机构提供，则应采取实际到达主义，应由当事人确认收到或其他足以认定其收到的时候方可视为有效传唤或成功送达。在

[①] 微信在国内已经成为占市场统治地位的互联网即时通信工具，当然，还有钉钉、QQ等其他方式，只要具备电子证据条件的均可采信，人民法院对此应当持开放态度，不能够通过司法裁判的方式限制市场竞争。

传唤送达过程中，仍应强化留痕意识，比如对以简便方式发送开庭通知（时间地点），应将已通知原被告开庭时间、地点的内容与书面或电子佐证材料固定并纳入案件卷宗。有条件并征得档案部门支持的地区，可以推行电子材料入电子卷的无纸化方式。

（二）答辩期间和举证期限的确定

答辩与举证是诉讼的重要环节。进入诉讼后，双方当事人均依法享有答辩与举证期间，以围绕诉求与对方意见展开有效攻防。鉴于小额诉讼程序大幅简化程序的制度定位，答辩与举证两个期间也应参照简易程序做出特别安排。

1. 答辩期间的确定

根据《民事诉讼程序繁简分流改革试点实施办法》第七条第二款之规定，小额诉讼程序的答辩期间可以在不超过七天的范围内由法院合理确定，这一期间相比《民事诉讼法司法解释》第二百六十六条"十五天"的规定显著缩短。但要注意这一条款适用的前提是应当征得当事人同意；如果人民法院没有征询当事人意见，或者虽经征询，但当事人未明确放弃答辩期间，也未就答辩期间的时长作出明确意思表示的，根据《民事诉讼法》第一百二十五条之规定，当事人答辩期间为十五日；人民法院可以通过电话、电子邮件、传真、手机短信等简便方式征得当事人同意①。

2. 举证期限的确定

根据《民事诉讼程序繁简分流改革试点实施办法》第七条第三款之规定，小额诉讼程序的举证期限、答辩期间在比照简易程序的基础上进一步缩短，一般不超过七日，但允许当事人申请延长。当事人确有正当理由需要向法院提出延长申请，人民法院可以酌情准许，但是举证期限和答辩期间一样，均不得超过十五日。此外，为贯彻"禁反言"原则，对当事人先行放弃举证期限，后又

---

① 《民事诉讼法》第一百二十五条：人民法院应当在立案之日起五日内将起诉状副本发送被告，被告应当在收到之日起十五日内提出答辩状。答辩状应当记明被告的姓名、性别、年龄、民族、职业、工作单位、住所、联系方式；法人或者其他组织的名称、住所和法定代表人或者主要负责人的姓名、职务、联系方式。人民法院应当在收到答辩状之日起五日内将答辩状副本发送原告。

提出延期举证申请的，一般情况下不应准许。除非当事人证明确有正当事由①。

当事人明确表示不放弃答辩期间和举证期限的，当事人自行约定的答辩期、举证期一般不得超过七日。答辩期间和举证期限是否可以同步开始计算在实务中存在争议。有观点认为应分开计算，在答辩期间届满后至开庭审理前确定举证期限。笔者认为，鉴于小额诉讼程序的审理期限较短，且当事人行使举证期与答辩期并不矛盾，完全可以并行不悖，同步进行，为了体现便利性，两期可以试点合并起算，而不必分开计算。当然，根据《民事诉讼法》第一百二十五条之规定，正常情况下，当事人答辩期间和举证期限为十五日，且并未规定可以合并；根据需要，基层法院可以根据当事人申请，酌情适当延长两期，但最多不得超过十五日。同时，按照规定，答辩期间和举证期限也可以分开计算，分开计算的话，法院应当在答辩期间届满后至开庭审理前确定举证期限。

3. 答辩期间和举证期限的放弃

答辩期间与举证期限是当事人的重要诉讼权利，既然是权利，就可以放弃。参照《民事诉讼法》第二百六十六条②之规定，当事人同意放弃的，比如双方均表示不需要举证期限、答辩期间，或者明确表示不提交答辩状，抑或同意口头答辩的，人民法院可以立即开庭审理或者确定开庭日期。《民事诉讼程序繁简分流改革试点实施办法》第七条第一款亦规定，"适用小额诉讼程序审理的案件，经人民法院告知放弃答辩期间、举证期限的法律后果后，当事人明确表示放弃的，人民法院可以直接开庭审理"。和前述约定适用小额程序一样，这一规定里"当事人明确表示放弃"的方式应当作宽泛理解，但必须要明确表示，既可以是当事人到庭后明确表示不需要答辩期间和举证期限并记入笔录，也可以是当事人收到起诉状后、开庭之前，通过电话、传真、电子邮件、手机短信等

---

① 《实施办法》第七条：适用小额诉讼程序审理的案件，经人民法院告知放弃答辩期间、举证期限的法律后果后，当事人明确表示放弃的，人民法院可以直接开庭审理。当事人明确表示不放弃答辩期间的，人民法院可以在征得其同意的基础上，合理确定答辩期间，但一般不超过七日。当事人明确表示不放弃举证期限的，可以由当事人自行约定举证期限或者由人民法院指定举证期限，但一般不超过七日。

② 《民事诉讼法》第二百六十六条：适用简易程序案件的举证期限由人民法院确定，也可以由当事人协商一致并经人民法院准许，但不得超过十五日。被告要求书面答辩的，人民法院可在征得其同意的基础上，合理确定答辩期间。人民法院应当将举证期限和开庭日期告知双方当事人，并向当事人说明逾期举证以及拒不到庭的法律后果，由双方当事人在笔录和开庭传票的送达回证上签名或者捺印。当事人双方均表示不需要举证期限、答辩期间的，人民法院可以立即开庭审理或者确定开庭日期。

电子通信方式表示放弃。当事人明确表示不提交答辩状或者同意口头答辩的，人民法院可以直接开庭审理。具体方式，既可以是到庭后明确表示并记录在案，也可以通过上述电子通信等简便方式。值得注意的是，根据"禁反言"原则，与选择小额程序一样，当事人已放弃举证期限又提出延期举证申请的，一般不予准许。

（三）全面简化庭审程序和裁判文书

小额诉讼程序比简易程序更加简化，这是其最大的制度优势。为了凸显制度区隔，在不减损当事人诉讼权利[1]的前提下，应当尽量简化相关的审理方式。

小额诉讼程序与简易程序一样，采用独任审理方式。庭审中的程序可以更加灵活，不必机械按照诉求答辩、法庭调查、法庭辩论、最终陈述等固有环节进行，不受相关程序的限制，可以直接围绕诉讼请求，或者法庭归纳的案件要素等进行。也可以充分利用庭前会议的制度，完成部分程序性事项和确定无争议事实和证据，充分提升庭审效率。进一步简化证据交换等方式，可以广泛推行概括举证、质证的工作方式，法庭可以引导双方针对法庭归纳的争议焦点进行证据交换。

结合小额诉讼案件特点，参考最高院2016年发布的《关于进一步推进案件繁简分流的意见》第八条规定，小额诉讼案件可以建立问诊式的集中审理模式，科学的分案和排庭制度，对小额诉讼案件集中立案、移送、排期、开庭、宣判，还可以由同一审判组织在同一时段内对非系列案件的多个小额诉讼案件连续审理，当庭宣判。

适用小额诉讼程序的案件，原则上应当一次开庭审结，以节约司法资源，确有必要的可以再次开庭，但应当慎重审查，切实避免二次开庭。

当前，系列案件集约程度不够。各区院部分小额系列案件仍存在单独立案、分散审理的问题，无法发挥类案批量处理效果。此外，司法实践中系列案件存在标的金额在五万元上下，或者部分应诉并同意小额程序的问题，针对这些情况，建议首先要规范送达与排庭工作，在审限内尽量安排在同一时间庭审，可以在征求当事人是否同意意见的基础上，尝试性开展合并审理或者示范性庭审机制，避免重复庭审。笔录也可以采用合并记录的方式，不必机械地追求一案一笔录。

基于小额诉讼程序一审终审的特点，案件审理中涉及的所有程序性裁定均

---

[1] 不得实质减损当事人答辩、举证、质证、陈述、辩论以及最终陈述等诉讼权利。

亦为一审终审，如管辖权异议裁定、驳回起诉裁定等，一经做出即生效。

在裁判文书简化上，小额诉讼程序也可比照简易程序进一步简化。原则上还是坚持调解优先、调判结合的原则进行相应裁判。对于当庭履行完毕、原告当庭撤诉等情形，可以口头裁定，不再另行制作书面裁定，当事人坚持要求出具文书的除外。采用判决结案的文书，可以根据案件的具体情况，制作令状式、要素式、表格式等简式裁判文书，记载主要内容即可。同时，为了鼓励提高当庭裁判率，法官可以对案情简单、法律适用明确的案件进行当庭判决并说明裁判理由。具备同步录音录像的，在裁判文书中甚至可以只写明裁判结果，不再载明裁判理由，以最大化地精简文书篇幅。整体而言，令状式文书的适用前提为当庭宣判案件，对法官要求比较高，适用范围相对有限，建议可以放宽。要素式和表格式文书不仅需要法官事先提炼与设计，也依赖于当事人的要素录入。而要素信息填写不规范的现象比较普遍，影响文书生成的速度和效率。

四、小额诉讼程序的程序转换规则问题

（一）小额诉讼程序转换为其他程序的条件

如前所述，适用小额诉讼程序的案件主要在立案时依据标的金额确定。然而，司法实践中标的金额大小与案件简易与否其实并没有必然联系。标的小，甚至低于五万元以下的案件，双方也可能矛盾很大，不宜适用小额诉讼程序。而且按当前的分案机制即便简易程序中必然也有难案，这就要求我们法官和法官助理提前阅卷，对手中的案件统筹规划，把握好办案节奏，简单的就尽量快审快结，难的及时程序转换，不要因为案件积压而在面临审限到期时，才不加区分需求延审或转换程序。

为加强对小额诉讼程序的有效准确适用，避免随意性，根据案件的情况，要完善从小额诉讼程序向简易程序、普通程序的转换机制。根据最高院的试点办法，根据案件性质、标的额等情况，发现不宜适用小额诉讼程序的情形，但符合适用简易程序或普通程序审理条件的，应当相应转换。转换的情形主要有五种：当事人异议、诉求金额超标、反诉、鉴定评估审计以及其他法官认为不宜采用小额诉讼程序的情形。其中诉求金额超标又包括增加到五万至十万元和超过十万元两种情形。

最高人民法院《民事诉讼程序繁简分流改革试点实施办法》第十一条结合实际需要设计出一套程序退出机制，对此做了规范。

1. 转为简易程序审理的几种情形及其处理

一是当事人申请转出的。当事人认为案件不符合小额诉讼程序适用条件规定的，可以向人民法院提出异议。这种情况是尊重当事人程序选择权的表现，由于不同程序的举证、答辩等期限不同，程序转换可能对民事诉讼造成重大影响，为了维护程序安定性，当事人至迟应当在开庭前向法院提出对适用小额诉讼程序的书面异议。

二是当事人申请增加或者变更诉讼请求，致使案件标的额不符合小额诉讼程序适用条件的。这种情况包括两种情形：一种是案件标的额增加到十万元以上；另一种是标的额增加到五万元以上，未超过十万元，但一方当事人不同意继续适用小额诉讼程序。

三是其他案情复杂，不宜继续适用小额诉讼程序的情形，比如被告提起反诉的，需要追加当事人的，或者需要鉴定、评估、审计的，或者增加诉讼请求导致案件主要的争议内容超出小额诉讼程序仅仅局限于金钱给付类范围等。这些情形，或者影响到案件复杂程度问题，法律关系较为复杂，双方争议较大，或者导致案件性质发生变化，或者不符合小额诉讼程序的基本条件，均不宜继续适用小额诉讼程序。

2. 转换为普通程序的情形及处理

适用小额诉讼程序审理的案件，审理中发现案情疑难复杂，并且不宜适用简易程序审理的，应当直接转为普通程序审理。这其中，审理过程中出现《实施办法》第十七条第（一）至（五）项或者第（九）项规定"需要依法组成合议庭，适用普通程序审理的"，应当裁定转换为普通程序[①]，除需要回避等情形外，原独任法官一般继续参加案件审理。

3. 程序转换的特殊情形

总体而言，不宜适用小额诉讼程序的案件，应当由承办人根据案件复杂程度，裁定转换为简易程序或者普通程序。不满足《民事诉讼法》《民事诉讼法司法解释》和《民事诉讼程序繁简分流改革试点实施办法》规定的简易条件的，应当做出转换成普通程序的裁定。但对上述情形，如果双方有约定适用简易程

---

① 最高人民法院《民事诉讼程序繁简分流改革试点实施办法》第十七条第（一）至（五）项、第（九）项基层人民法院审理的案件，具备下列情形之一的，应当依法组成合议庭，适用普通程序审理：（一）涉及国家利益、公共利益的；……（九）其他不宜采用独任制的案件。

序的，符合《民事诉讼法》第一百五十七条第二款①，也可以裁定转换成简易程序。

由小额诉讼程序转为简易程序审理的案件，一般不得再转为普通程序审理，但如果在案件审理过程中，出现前述必须适用普通程序且需组成合议庭审理的情况时，应当允许再次程序转换。但为了确保程序的安定性，审批过程应该更为慎重。

（二）程序转换的审批、裁定和效力

上述情形，经审查认为异议成立或者其他法院认为不宜继续适用小额诉讼程序的，法院采用什么方式转出，也是一个重大问题，需要加以明确。

1. 程序转换的裁定

程序转换原则上应当做出程序转换裁定。由小额诉讼程序转换为简易程序或者普通程序可以采用口头或者书面形式做出裁定。然而，小额诉讼程序以标的金额划分的特点决定了其转为简易程序的情况在实务中较为常见，如果一味参照简易程序转普通程序出具书面裁定书的做法，司法上十分不经济。因此，完全可以采用由案件承办人直接口头裁定转为简易程序审理的方式处理。当然，为体现慎重、留痕的原则，承办法官应当将口头裁定记入笔录，或者以录音录像的方式记录；裁定转换为简易程序的，由原审理法官做出殆无疑义。但裁定转换为普通程序且需组成合议庭审理的，应以合议庭名义做出，并以书面通知双方当事人合议庭组成人员及相关事项。

2. 程序转换的审批

转换为简易程序或者普通程序审理的，是否需要报批，笔者认为应当区分对待，但均应在转换事由出现后及时报批，入档留痕。为使得程序的转换具有可操作性，减少一线法官的工作，结合司法实践，转为简易程序的，不必履行审批程序，主审法官即可确定。承办人应填写"小额诉讼程序案件转入简易程序备考表"附卷备查；转为普通程序的，案件承办人还应填写"小额诉讼程序案件转入普通程序审批表"，经庭室负责人签批附卷备查。如果涉及审判组织转换的，应当将新的合议庭成员一并报批。如果是小额转简易后再次转换为普通的，还需要经院长（分管副院长）批准。如果是采取全在线电子方式审理的，

---

① 《民事诉讼法》第一百五十七条：基层人民法院和它派出的法庭审理事实清楚、权利义务关系明确、争议不大的简单的民事案件，适用本章规定。基层人民法院和它派出的法庭审理前款规定以外的民事案件，当事人双方也可以约定适用简易程序。

可以通过电子方式进行留痕，不需另行制作纸质的备考表或审批表。

3. 程序转换的效力

为了维护程序的严肃性，节约司法资源，对于程序转换前，双方已确认的事实，应当予以确认。双方当事人可以不再举证、质证。已经查明事实的，原则上可以无须再次开庭。小额程序开庭后转换为简易程序或者独任制审理的普通程序的，经当事人同意可以不再开庭，当然最好让双方当事人再确认一下同意不再开庭。但考虑到庭审与程序的重大关联，对开庭后程序转换的，除非双方当事人同意不再开庭并且案件事实已查清的，应当再次开庭审理；否则无须适用新程序再次开庭。转换为普通程序且需组成合议庭进行审理的，由于审判组织发生了变更，为了体现庭审亲历性，即便双方当事人同意不再开庭，也应当再次组织开庭审理，当然，庭审中对双方无异议的事实可以在征求当事人意见后在记录方式上做简化处理。

（三）普通程序或者简易程序的反向转换

鉴于程序选择权是当事人的权利，应当允许当事人处分其权利。既然允许当事人申请将小额诉讼程序转为简易或普通程序，也应当允许程序的反向转换。实践中，考虑到普通程序的特殊案件适用范围，程序的反向转换主要是简易程序转换为小额诉讼程序[①]。对立案中原本适用简易程序审理的案件，经充分告知当事人小额诉讼程序有关事项后，符合标的额不足五万元，或者因为当事人减少或者变更诉讼请求，致使案件符合前述标的额条件，且双方当事人同意适用小额诉讼程序的，或者当事人对适用小额诉讼程序无异议或者异议不成立的，可以转换为小额诉讼程序审理；但要注意充分告知当事人小额程序有关事项，防止侵犯当事人上诉权。

需要强调的是，为确保程序安定性，维护司法尊严，也为了杜绝某些人通过多次程序转换变相延长审限的可能性，经由简易程序转为小额诉讼程序审理的案件，除非有《民事诉讼法司法解释》第四百二十六条第二款[②]规定的"不应按小额诉讼案件审理"应当再审的情形，否则不得再次转为简易程序或者普通程序。

[①] 实践中原则上只允许简易程序转换为小额诉讼程序，也应当从严把握。

[②] 《民事诉讼法司法解释》第四百二十六条第二款：当事人以不应按小额诉讼案件审理为由向原审人民法院申请再审的，人民法院应当受理。理由成立的，应当裁定再审，组成合议庭审理。作出的再审判决、裁定，当事人可以上诉。

（四）程序转换的期限计算问题

程序转换后的举证期、答辩期如何计算，也是一个问题。参照民诉法及司法解释中相关规定，适用小额诉讼程序审理的案件，转为简易程序审理后，扣除在小额诉讼程序中的举证期、答辩期后，另行指定的举证期、答辩期原则上不得超过七日。

适用小额诉讼程序审理的案件，转为普通程序审理的，应另行指定15天答辩期间与举证期限，但合并不应超过23天。但普通程序正式开庭之前已经过的期间如果超过60日的，由于已经给予双方当事人充分的庭审准备时间，举证期、答辩期不再另行指定。

需要特别说明的是，考虑到司法实践中，送达成为案件能否顺利审理的重要难点，为切实解决实际问题，可以在最高院试点办法的基础上设置送达障碍案件的程序转换机制。赋予案件审理法官自由裁量权，对不符合前述程序转换条件的案件，在自立案起25日内未能向当事人成功送达的，可以视案件情况进行程序转换。

（五）其他配套机制

程序转换对当事人的诉讼权利实现影响殊巨，应当尤为慎重。繁简分流改革应当始终坚持"简化程序不减损权利"的原则，根据小额诉讼程序的特点和程序转换可能存在的风险，完善审判监督管理制。加强小额诉讼程序相关事项的权利告知甚至释明，加强对程序转换案件的监督，并将其纳入常态化监督中，防止侵犯当事人的上诉权。

适用小额诉讼程序审理的案件转为简易或普通程序审理的，均可以尝试通过口头裁定做出，同时记入笔录。具备同步录音录像功能的庭审，可以电子方式进行记录。

裁定小额或简易程序转换为合议普通程序（普通程序且需组成合议庭审理的），应以合议庭名义做出书面裁定，合议庭组成人员及相关事项应当书面通知双方当事人。当然，考虑到书面裁定中已有合议庭成员名字，可以不必另行书面通知双方合议庭成员。

五、完善小额诉讼程序的其他细节

（一）管辖权异议问题

首先是提出期限的问题，根据及参照《民事诉讼法》第三十八条，管辖权异议与当事人对适用小额诉讼程序的异议一样，当事人对管辖权有异议的，应当在答辩期间提出。鉴于答辩期可以放弃，对当事人放弃答辩期的情况，管辖权异议申请应当在开庭审理前提出。其次是处理方式的问题，人民法院经审查，如果认为当事人管辖权异议成立的，应当做出书面裁定。根据《民事诉讼法》第一百五十四条，为加快审理效率，认为当事人管辖权异议不成立的，则可以口头裁定，并以笔录或录音录像的方式记录备案，后者可以不必当事人签字。最后是上诉的问题，有别于简易程序和普通程序，基于小额诉讼程序一审终审的特点，小额诉讼案件的管辖权异议裁定一经做出即发生效力[1]。

（二）优化审前工作和程序性事项

一般认为妨碍法官适用小额诉讼程序的主要堵点之一在于审前工作不到位，无法真正对小额诉讼案件进行精准识别和分流。因此，在最高院试点办法之外，需重点加强对立案环节的制度设计。各试点基层人民法院应当加强对小额诉讼程序的宣传，积极引导当事人选择适用小额诉讼程序，有条件的还可以开辟专门窗口和绿色通道。在立案之时选择适用小额诉讼程序的案件，立案庭工作人员应当和《诉讼费交纳通知书》等常规文书一起，同时向当事人递交《小额诉讼程序须知》《诉讼程序选择确认书》等，充分告知双方当事人一审终审等小额诉讼程序相关事项。考虑到当前立案登记制的实际情况，立案部门在推广小额诉讼程序、实现程序分流上责任重大。如果能够在庭前一次性充分告知各个事项，将显著提升小额程序的成功率，避免程序转换以及可能发生的再审。

此次改革强调坚持"简化程序不减损权利"原则，特别重视通过法院的释明告知责任保障当事人诉讼利益，强化法官释明、告知义务，尊重和保障当事人的合意选择权。具体到小额诉讼选择环节当事人的权利保障问题，法院在告知环节中遭遇的主要的困难是对被告的告知。要解决这个问题，除了格式合同这种事先预防的办法外，各地法院也应当结合实际多想办法。值得注意的是，有条件的地区应当结合推行电子诉讼的有利条件，鼓励采用在线网络庭审的审理方式，一并解决权利告知问题。所谓"福兮祸之所倚，祸兮福之所伏"，2020年以来蔓延全球的新冠肺炎疫情，固然危害巨大，但也极大地促进了电子诉讼的推广。对于相关程序告知，人民法院完全可以在事先设计规范文本后，内嵌进入当事人的注册与登录界面，厦门金融司法协同中心在这一领域，有一套比

---

[1] 《民事诉讼法司法解释》第二百七十八条：当事人对小额诉讼案件提出管辖异议的，人民法院应当作出裁定，裁定一经作出即生效。

较成熟的做法，该中心将繁简分流工作融入智慧法院电子诉讼平台开发，在其自主开发的"金融案件全在线审判系统"中全程内嵌弹出窗口设计的权利告知，效果良好。

考虑到基层法院在正式立案前存在大量的诉前调解情形，还应当注意做好小额诉讼程序与诉前调解程序的衔接，对符合前述小额诉讼条件的调解失败案件，应当及时立案适用小额诉讼程序，确保无缝衔接，信息化系统在这一方面同样大有可为。

在电子诉讼平台中，为了统计、考核等需要，应当在系统中为正式立案适用小额诉讼程序的案件专门设置相应的标识，开发小额诉讼自动识别、标注及各类检索统计功能，在系统开发中嵌入一线使用与审判管理的需求，实现智能识别、有效预警。

（三）健全程序转换机制

为加强对小额诉讼程序的有效准确适用，避免随意性，根据案件的情况，要完善从小额诉讼程序向简易程序、普通程序的转换机制。根据最高院的试点办法，根据案件性质、标的额等情况，发现不宜适用小额诉讼程序的情形，但符合适用简易程序或普通程序审理条件的，应当相应转换。需要注意的有五点：第一，当事人提出不应适用小额诉讼程序的异议，可能对程序后续进程产生重大影响，从程序安定性出发，前面说过了，提出时限应截至开庭前。第二，追加当事人并不必然会导致程序转换，这一点和反诉不同。当然，一般来说如果案件就此不再简单，应当根据案件复杂程度裁定转换为简易或者普通程序。第三，本来不到五万元，是不需要考虑当事人是否同意的，但如果增加、变更诉求到超过五万元，则只要有一方不同意就应当程序转换。当然，如果增加了非金钱给付的诉求，也自然不符合小额程序的基本条件，应当转换。第四，转换为简易还是普通，主要是依据最高院《实施办法》第十七条的9种情形，主要要小心四类案件。应当注意简易程序适用条件其实和小额相似，根据《民事诉讼法》第一百五十七条"事实清楚、权利义务关系明确、争议不大的简单"案件。但是，即便不符合上述条件，根据第一百五十七条第二款，如果双方当事人约定适用简易程序的，也应当允许采用简易程序。一般来说，主要还是基于主审法官对案件难易程度及可能耗费时间的预判，应当尊重一线法官。裁定转换为普通程序，除需要回避等情形外，原独任法官一般继续参加案件审理。第五，为避免程序频繁转换，增加讼累，原则上禁止两次程序转换，除确有必要且经院长批准外，由小额诉讼程序转为简易程序审理的案件，一般不得再转为普通程序审理。允许在小额转简易后再次转普通的条款表述"确有必要",应是指案件审理过程中,出现前述必须适用普通程序且需组成合议庭审理的情况。

(四) 收费杠杆

为了更好地鼓励当事人适用小额诉讼程序解决纠纷,降低诉讼成本,细则明确了小额程序的诉讼费收取标准。基本是根据诉讼费用交纳办法的规定,比照简易程序的标准再降低一半,即当事人申请撤诉或者经调解结案的,比照案件受理费标准的1/4交纳案件受理费;经判决结案的,比照标准的1/2交纳案件受理费。对这个问题,最高院的意见是在国务院诉讼费交纳办法没有修改的情况下,小额诉讼程序只能参照简易程序收费。当然,这个解答也有一定道理。笔者认为,诉讼费的处理办法比较多样,除了参照我市细则外,各院可以酌情应用既有的"减免缓"政策灵活处理,把政策用好用足,切实降低当事人的诉讼成本,引导当事人积极适用。

(五) 程序救济

小额诉讼程序一审终审及独任审理的特点,要求对小额诉讼程序的适用加强审判监督。根据民诉法相关规定,当事人可以对小额诉讼相关裁判结果提出再审申请。对小额诉讼案件进行再审审查的,为确保案件正确审理,应当由审监庭组成合议庭进行。经审查原审确有错误的,即不适用小额诉讼程序审理,此时则不存在一审终审的问题,故应当由原审法院或者上级法院指定原审法院按照第一审程序审理,当事人对做出的相应裁判可以上诉。

需要特别说明的是,小额程序适用率低,固然有制度设计不接地气的原因,但一审终审所带来的信访维稳和再审绩效考核压力等因素,也是重要的制约因素。此次民事诉讼繁简分流改革,简案快审可以说是核心诉求。能否扩大小额诉讼程序的适用,减轻当事人讼累,帮助这些当事人尽快兑现胜诉利益,对改革推进的重大意义无论如何强调也不为过。然而,扩大适用不能仅仅依靠基层法院。可以说,上级法院是否尊重一审裁判,从根源上决定了小额诉讼程序能否真正成为民事诉讼的主渠道。况且小额程序案件本身标的金额不大,因此,希望我们中级人民法院在改革试点期间,赋予小额案件更多的宽容,尽量尊重基层法院的既判力,切实减少改判率,尽量杜绝发回重审。根据最高法院的通报,第一季度全国试点城市适用小额程序82629件,占一审案件总数的11.7%,共有126件提起再审,0件发改。举个最高院已经明确的例子,对于一审法院应当适用小额诉讼程序而没有适用的案件,二审法院不能以此为理由裁定发回重审。按照《实施办法》第十七条第(六)项之规定,发回重审的案件应当组成合议庭按普通程序审理。如果将这类案件一律发回，既违背小额诉讼程序快捷解决纠纷、降低诉讼成本的制度定位，又增加当事人讼累。对于这类问题，应当通过健全审判管理引导形成"该用即用"的导向。

（六）审限问题

根据最高院试点办法，小额诉讼程序审理的案件原则上在 2 个月内审结，根据最高院的通报，全国试点城市 2020 年第一季度的案均审理周期是 31.9 天，相比此前简易程序大幅缩短，初步达到了改革预期。

对不能在 2 个月审限内审结的，当事人同意继续适用小额诉讼程序或有其他特殊情况的，可以经院长批准延长 1 个月的审理时间（意见第十七条）。需要注意的是，审限是确定和刚性的，不能随意延长，为了实现高效流转的制度初衷，避免某些一线司法工作人员形成心理依赖，过往实践中常用的让当事人签署调解期扣审限的做法，是不允许在小额程序中使用的。经延长审限 1 个月后仍不能在规定审限内结案，即便双方合意适用也应当转换程序，当然，如果转换程序后就不属于小额程序了，不再受此限制。

考虑到小额程序的审限较短，应当限定法院内部部门间，特别是立案庭与业务庭的卷宗移送和送达工作处理时限。立案后至正式审理前，应当加快案件流转程序，以加快案件移送，快速启动庭前送达，并尝试多渠道并联推进等科学统筹工作法减少流转时间。① 对于部分开展诉讼公证协同创新试点地区的公证处反映的五个工作日送达时间不够的问题，笔者认为这是改革过程中的阵痛，经过一段时间的适应还是可以克服的。具体来说，公证处作为集中送达单位，必须压缩衔接时间，比如从接收材料到邮寄的时间，从寄出到预排庭的时间，市内上门的时间均应规定最高期限。举个例子，有约定送达地址视为送达的案件其实根本不用等待邮寄回单，寄出后，在途时间本市最多两三天，省内最多四五天，省外即便最偏远的地方也不可能超过 10 天。在途时间加上 7 天大举证答辩期，就应该是排庭时间。换句话说，从立案到排庭，最长不应该超过 20 天。因此，这一时限的设计对于视为送达的案件，只要做好流程控制是完全可

---

① 比如厦门法院完善小额诉讼程序实施细则用了两个条文（意见第九条、第十条）限定部门间的卷宗移送和送达工作处理时限：第九条【内部移送期限】适用小额诉讼程序的案件，立案部门应于两个工作日内将案件移送至对应的审判业务庭和专门送达团队。第十条【送达】送达人员应在立案之日起七日内将起诉状副本及证据、《小额诉讼程序须知》《诉讼程序选择确认书》（标的额在人民币五万元以上、十万元以下的简单金钱给付类案件）送达被告。

以实现的，而对于没有约定且送达不到的案件，本来就不能适用小额程序。当然，为了达到时限要求，对于没有开展诉讼公证协同创新的地区法院，建议立案和送达部门建立专门的小额程序送达小组和专用绿色通道，全面压缩内部流转时间。

（七）考核评估

绩效考核具有导向性功能，"评价什么，得到什么"，这就是评价机制的正向反馈机制。为推进小额程序，应当以提升小额诉讼程序适用率为目标，合理设置符合小额诉讼案件特点的评估与考核机制，努力确立小额诉讼程序应有的适用空间。当前，可以参照发改率、上诉率等作为案件质效考核指标的做法，将小额诉讼程序适用率作为审判业绩重要指标纳入考核范围；此外，各试点法院的审管办与纪检监察部门也应当形成推广小额诉讼程序的合力：合理设定考评、考核机制和案件权重，对当事人无正当理由对程序适用提出申诉信访的，不应当计入人民法院或法官考核范围；小额诉讼程序案件的统计，同样可以参照发改率、上诉率等指标的做法进行，并作为案件质量和效率评估考核的依据。统计法官工作量时，应当综合考虑案件的案由、类型、复杂程度等多种因素，合理设置案件权重，不应一刀切或一味降低小额诉讼程序的考核权重。

第七章

完善简易程序规则研究

一、关于简易程序

简易程序是案情事实清楚、权利义务关系明确、争议不大的简单的民事案件审理时所适用的审判程序。完善简易程序规则，是此次民事诉讼程序繁简分流改革试点工作的一项重要内容。最高人民法院《民事诉讼程序繁简分流改革试点方案》规定，合理扩大简易程序适用范围，将需要公告送达的简单民事案件纳入适用范围。方案进一步明确简易程序庭审和文书简化规则，优化庭审程序和审理方式，推行要素式裁判文书，对事实清楚、争议不大的案件可以适当简化处理。

诚如我国台湾地区的诉讼法学者对此历史背景进行归纳时指出："在19世纪个人主义盛行之时代，自由主义之诉讼观完全指导了诉讼法之发展，诉讼程序在自由主义下强调个人之自主与当事人进行主义，然而自由主义个人至上之观念已经为社会本位所取代，法院进行诉讼程序方式的选择不再完全取决于当事人主义，而是在社会本位之观念下强化法院之职权，而加入职权色彩。"[①] 所以，在法院强化职权的过程中，需要加强法院的主导性，加快司法效率、节约司法成本和社会成本。此时，对于部分较为简单、清楚、额度较小的诉讼案件，采用简易程序，强化法官、法院的主导，以提升效率，提供更好的司法服务。也有学者认为，简易程序并非仅仅是强调职权主义的色彩，而也可以适用当事人主义。"简易程序是提高诉讼效率的一种有效方法。是在诉讼正义、诉讼效率、诉讼成本和案件的复杂程度之间寻找一种平衡。但简易程序既可以是当事人主义，也可以是职权主义的。并不是说实行当事人主义就一定是非常复杂的

---

① 林家祺. 民事诉讼法新论（第四版）[M]. 台中：五南图书出版公司，2014：561.

程序，简易程序就不能适用当事人主义。"①

在现代市场经济的交易、服务模式越来越渗透到社会的各个领域后，人与人的合作不仅在于各类重大事务方面，而且各类细微事务也出现分工、交易、服务、合作等协作关系，在这些社会合作、交往过程中，也可能出现各类纠纷。而此类社会纠纷的解决，除了适用多样化纠纷解决模式、行政机关执法或者社会信誉等奖惩模式外，还可以使用简易、小额诉讼模式。所以，简易、小额诉讼存在的社会基础，"是因为在复杂的现代化生活及民主法治社会中，数额不大的纷争和零星权利受到侵害后需要得到救济的情况相当频繁；社会上每一个人均为消费者，其在消费过程中都可能因商品的品质或瑕疵之问题发生纷争。……这种问题占整个社会纷争问题之绝大部分，因为一个人一辈子很难有机会打几百万元之官司，但每个人每天都有多少可能遇到自己所买东西或所交易的事物有无瑕疵之问题。"②

在这样的社会基础下，如果此类社会纠纷不能获得司法的解决或者救济，一方面不利于经济社会的高效与合理配置，另一方面也无益于人民对于法治的信赖以及信仰的塑立。所以，简易程序的建设，不仅仅是基于经济原因，更是国家作为社会的治理者、纠纷的终极解决者，其在民众心目中的职能、地位和尊严。在我国当下，民众对国家司法的亲近感不强、信赖感不深的情况下，以简易、小额诉讼模式提高民众的法治意识，防止其走向自力救济的低阶救济模式。同时，基于平等接近司法的原则，所有人无论贫富、地位高低，均应当有平等接近、申请国家司法机关解决纠纷的权利，国家也应当为其提供相当的保障。

同时，国家在为相关简单、小额纠纷提供救济时，也不能太过烦琐。这样一方面会耗费太多的司法资源，使得此类救济模式不可持续；另一方面也可能耗费民众太多的金钱和精力，不仅会增加其诉讼成本，也可能会使其望而却步，转而投向其他救济途径。正如日本学者棚濑孝雄指出的那样，"在讨论审判应有的作用时不能无视成本问题。因为，无论审判能够怎样完美地实现正义，如果付出的代价过于高昂，则人民往往只能放弃通过审判来实现正义的希望。或许也能够说正义的实现是国家的使命，所以无论如何花钱也必须在所不惜，但是

---

① 张卫平. 诉讼架构与程式：民事诉讼的法理分析 [M]. 北京：清华大学出版社，2000：127.

② 章武生. 民事司法现代化的探索 [M]. 北京：中国人民公安大学出版社，2005：121.

161

作为实际问题，实在是花费高昂的审判，与其他具有紧迫性和优先权的社会任务相比较，结果仍然是不能容许的。"①

关于简易程序的法理，学者们提出了一系列的观点，例如我国台湾地区学者姜世明认为至少包括：国民之法主体性与确保平等适用诉讼制度之机会、费用相当性原则、公正程序请求权及适时审判请求权、达成简速裁判之程序保障、非诉化审理之需求、事件类型审理必要论、程序法理交错适用肯定论及程序选择权之法理等。② 篇幅所限在此不做赘述。

（一）简易程序的特征

简易程序是民事诉讼程序的重要组成部分，简易程序的特征主要体现为以下四点。③

1. 程序的便利性

便利性是简易程序的首要内涵和价值，其在每个方面都尽可能地体现其便利性。在我国当下，司法、诉讼的便利性，一方面在于简化流程，另一方面也在于提升信息化、数据化的程度和覆盖。简化便利既是属于经济性、效益性，简易程序的便利性使得当事人能够有机会更为迅捷地解决纠纷，节约了各方的时间和诉讼成本。也能够给当事人各方带来心理的舒适，在一定程度上也具有公平正义、和谐等社会价值属性。当然，这样也可能会对程序正义带来一定的损害。虽然便利性与程序保障存在一定的冲突，但是"充实程序保障并非简单地意味着尽可能小心谨慎地进行审理。过于慎重往往导致程序的僵硬，而僵硬的程序对于程序保障来说只能是有害无益。……只是在已经高度专业化了的法律集团内部来充实程序保障，而把当事人本人完全排除在外的话，那是没有任何意义的。只有即使是法律的门外汉也能理解，且能够获得受到了认真审理的满足之感的程序，才算得上是真正地充实了程序保障。为此，确立不以当事者本人参加诉讼为烦累的司法体制，……"④

2. 适用的特定性

理论上民事诉讼案件适用普通程序是主流，而适用简易程序是针对一些特

---

① [日] 棚濑孝雄. 纠纷的解决与审判制度 [M]. 王亚新, 译. 北京：中国政法大学出版社, 1996：266.
② 姜世明. 民事诉讼法基础论（第十版）[M]. 台北：元照出版公司, 2017：354.
③ 杨荣馨. 民事诉讼原理 [M]. 北京：法律出版社, 2003：412-413.
④ [日] 谷口安平. 程序的正义与诉讼 [M]. 王亚新, 刘荣军, 译. 北京：中国政法大学出版社, 1996：60.

别的案件种类和范围。因此，对于简易程序需要进行较为详细和专门的规定，一方面能够较好地防止当事人任意运用简易程序的行为，另一方面也能够较好地制约法官随意进行程序的简化。

简易程序可以分成三类。第一类就是将小额诉讼程序、督促程序、缺席判决等其他简易程序排除在外的狭义意义上的简易程序。第二类则是传统意义上的简易程序。第三类则包括了前述的各个种类在内的所有的简化程序的诉讼种类。

3. 具有非讼的倾向

在简易程序和小额诉讼程序中，更强调调解的作用或者与调解进行一定程度的连接。

4. 职权主义扩大

在简易程序中，虽然也要确保当事人的各种基本权利，但是为了提升诉讼速度和效率，当事人主义会受到相对更多的限制，相对应的代价就是法官的职权主义倾向会更强化。

（二）简易程序的功能

通过简易程序以及小额诉讼程序，主要应当实现四大功能。

1. 节约司法资源，提升司法效率

这方面的作用是设立简易程序、小额诉讼的主要目的。我们在此不做赘述。当然，还必须强调的是，虽然简易程序节约司法资源，提升了效率，但是绝对不能漠视、否认当事人接受公平审理的基本权利。

2. 更多地提供司法服务

随着社会发展的加速，经济社会关系日趋复杂，人民群众的权利意识不断提升，他们的纠纷解决需求不断增长。如果司法不能提供更多的纠纷解决和救济服务，则他们的权益得不到保护，不利于社会经济增长与社会的和谐稳定。而适用了简易程序以及小额诉讼之后，司法资源较为节约，司法服务能力获得了较大提升。在这种情况下，人民群众就能够获得更多的司法服务。

3. 快速稳定社会关系，提升社会和谐

如前所述，小额诉讼和简易程序能够实现快速解决纠纷，防止相关社会关系处于不稳定状态，从而降低纠纷的社会成本，尽快减少社会纠纷，并提高社会的和谐稳定。

4. 针对不同类型纠纷适用不同程序

如果仅仅是用一种单一的标准，则不仅不利于繁简分流，而且在简案内部各种大类型案件的审理中也不利于快速、公正地审理案件。"世事包罗万象,社会姿态万千,每一起民事案件的繁简程度不一,争议大小、要处理的焦点问题等不尽相同,当事人对案件审理的要求也有所差别。这就对程序体系的设置、各程序的划分标准和适用范围都提出了要求……但是我国现有程序的适用标准之间没有什么逻辑联系,或者说没有较鲜明的层次区分,容易造成司法中的过度随意化处理。"① 所以,针对各种类型的民事案件,特别是案件数量较多的民事简案领域,设立不同的简易程序,有针对性、专业性地进行更快速、公正的案件审理工作,"使得不同类型的简易案件进入不同的审理程序,加快纠纷的类型化处理,提高诉讼公正和效率。"②

(三) 简易程序的内容

各国的司法发展历程中,关于简易程序的主要内容在于各类诉讼活动、程序的简略化,以及设立简易法庭/法院等。主要有以下四个方面。

1. 当事人诉讼行为的简略化

例如,在许多国家都允许在简易程序中以口头方式提起诉讼或者以略式书状起诉,并允许双方当事人可以任意出席法庭,就诉讼进行口头辩论。而辩论的简化也体现在原则上不需要进行书面准备,即当事人无须将在口头辩论中想要陈述的事项预先记载而向法院提出,同时也不实施律师的强制代理。

2. 法院诉讼行为的简略化

从各国司法制度的视角看,这主要可以体现在以下几个方面:①传唤方法的简略化。例如除了文书送达外,还可以以电话、转达等方式进行送达。②不再严格区分审前程序(准备程序)和庭审程序,程序高度集中化。③证据调查的简略化。例如,法院可以根据裁量权,代替讯问证人或鉴定人,可以命令提交记载证言或者鉴定结论的文书。④法官的独任制审判。⑤笔录和判决书的简略化。例如,判决书可以简略为只记载表明请求的目的以及原因的要点、有无该原因、驳回请求的抗辩理由的要点等内容即可。③

3. 设立简易法庭/法院等专门机构

简易程序通常是由初审法院适用,而相当一部分国家在初审法院中设置了专门的简易法院。各国的初审法院除了拥有处理大量简易案件的一般管辖权的

---

① 张旭东. 民事诉讼程序类型化研究 [M]. 厦门:厦门大学出版社,2012:145.
② 张旭东. 民事诉讼程序类型化研究 [M]. 厦门:厦门大学出版社,2012:146.
③ 乔欣. 外国民事诉讼法学 [M]. 厦门:厦门大学出版社,2008:350-351.

法院外，还设置了另一类处理大量较轻的纠纷或侧重于某一领域的有限管辖权法院。同时，部分简易法院的法官地位低于普通法院的法官，有的简易法院的法官直接由没有受过专门法律教育的人士担任，其待遇也经常低于普通法院的法官。比如，美国小额法院的法官通常为治安法官。①

4. 提供相应的保障和救济途径

简易程序也是司法制度、司法救济的正式构成部分，也需要为当事人提供充足的保障和救济途径。这方面例如当事人需要获得包括接受告知、陈述和抗辩以及中立第三方居中裁判等权利在内的最低限度程序保障的权利。

(四) 简易程序的完善

充分发挥简易程序的效用，促进司法资源优化配置，是深化繁简分流改革的目的。长期以来的司法实践中，简易程序存在适用范围不合理、庭审和文书程序简化规则不够清晰、延长审限不规范等诸多问题②，需要进一步优化程序规则，加强规范指引。

1. 适度扩大简易程序的适用范围

简易程序的适用，主要针对相对简单的案件。司法实践中，公告案件大多数案情比较简单，相当比例案件事实与法律关系简单的案件，仅仅因为一个被告下落不明而公告送达，就被迫转入普通程序③。为了打破公告案件与普通程序之间的不合理绑定，《民事诉讼程序繁简分流改革试点实施办法》首次明确对于需要公告送达的、事实清楚、权利义务关系明确的简单案件，可以适用简易程序审理。由此，赋予法官对需公告送达的案件区分难易选择适用普通程序或者简易程序审理的权限。否则既占用了司法资源，也增加了当事人的诉讼成本。允许对部分需要公告送达的简单案件适用简易程序，有利于降低当事人诉讼成本，在保障当事人权利的前提下有效提升审判质量与效率。

2. 规范庭审和裁判文书简化规则

在新的民事诉讼程序格局中，简易程序应当是民事诉讼的主体程序，发挥

---

① 汤维建. 外国民事诉讼法学研究 [M]. 北京：中国人民大学出版社，2007：430 - 431.
② 《民事诉讼程序繁简分流改革试点实施办法》的理解与适用。
③ 根据《民事诉讼法司法解释》第一百四十条规定："适用简易程序的案件，不适用公告送达。"第二百五十七条规定："起诉时被告下落不明的案件，不适用简易程序。"《最高人民法院关于严格规范民商事案件延长审限和延期开庭问题的规定》第四条第四款规定："适用简易程序的案件，不适用公告送达。"上述规定公告案件必须适用普通程序。

类似于橄榄中部的作用。虽然相比小额诉讼程序,其程序理应更为规范,但这并不意味着现有程序已经无从简化。比如为了呼应法官员额制改革的实际,充分发挥法官助理的作用,对法官助理在庭前会议程序中已经固定的无争议事实和证据,以及已经完成的当事人身份核实、权利义务与程序告知、庭审纪律宣示的,庭审阶段完全可以不再重复。在简易程序的庭审过程中,完全可以突破传统庭审的阶段划分,重点围绕诉讼请求,或者法院提炼的类案案件要素,对法庭调查、法庭辩论与最终陈述合并进行。对系列案件,也完全可以合并审理,同步配合代表性诉讼,选择一起比较有代表性的案件展开审理,并要求当事人配合提供案件要素表。

需要特别注意的是,相关程序的简化仍然应当坚持"简化程序不减损权利"的原则,切实保障当事人的诉讼权利,凡涉及当事人基本诉讼权利的,可以简化相关环节与流程,但未经当事人明确同意不能省略。《民事诉讼程序繁简分流改革试点实施办法》还明确了"要素式裁判"案件和"认诺诉讼请求"案件的裁判文书简化规则。司法实践中,可以采用要素式、令状式,还有表格式等简化文书来代替传统文书,对于能够概括出案件要素的,裁判文书不必区分"诉辩意见""本院查明"和"本院认为"等,可以围绕要素,直接载明当事人诉辩意见、相关证据以及法院认定的理由和依据。对于案件事实没有争议或者争议不大的,或者一方当事人承认对方全部或主要诉讼请求的,可以进一步简化裁判文书,裁判文书可以只包含当事人基本信息、诉讼请求、答辩意见、主要事实、简要裁判理由、裁判依据和裁判主文,但务必确保不减损当事人的合法诉讼权益。比如,诉讼费用负担、告知当事人上诉权利是不能精简的文书必备要素。

3. 规范审限延长

简易程序的审限仍为自立案之日起 3 个月,《民事诉讼程序繁简分流改革试点实施办法》调整适用了《民事诉讼法司法解释》第二百五十八条的规定,取消了简易程序案件延长审限需"双方当事人同意继续适用简易程序"的限制,将案件审限的延长交由法院决定。值得注意的是,《实施办法》将简易程序案件延长审限的时间从3个月缩短为1个月①,这个重大变化倒逼案件承办法官加快审理进度,从而更好发挥简易程序快速解纷的功能定位。此外,在民事诉讼程序繁简分流改革允许由法官一人适用普通程序独任审理之后,普通程序独任审理已经成为基层法院司法实践中的主流,简易程序审限届满后,法官完全可以酌情决定是延长审限还是转为普通程序审理,而不必像过去那样为了避免转普而不断人为延长。

二、我国民事诉讼简易程序立法的简要回顾

(一)清末至改革开放前

简易程序在民事诉讼中具有较为重要的价值,我国的简易程序自从清末开始移植、借鉴西方法律制度开始,就在立法上进行了相关的规定。我国早在清末修律时制定了《大清民事诉讼律草案》,是中国法律史上第一部民事诉讼法典,其由清政府聘请日本法学家松冈义正起草,于宣统二年(1910)完成主持修订,共4编,22章,800条。该草案以德国民事诉讼法为蓝本,参照日本、奥地利和匈牙利的民事诉讼法,并且还考虑我国传统的封建社会民间习俗。在该草案的第三篇"普通诉讼程序"第三章"初级审判厅之程序"中有关于简易程序的一系列相关规定。

北洋政府时代颁布的《民事诉讼条例》中,规定了1000元以下的民事诉讼案件,由地方审判厅依照简易程序审理。当时简易程序的专门审判组织是地方审判厅的简易庭,由一名推事进行相关审判工作。至南京国民政府统治时期,制定了两部《民事诉讼法》;在1935年制定的第二部《民事诉讼法》中,增加为9编636条,其变化宗旨如司法行政部修改理由所言,在于"保护人民私权","迅速解决两造间之争执,俾有正当权利之人,得受充分保护"。因此,该法对于简易程序进行了专章规定,内容为:"凡关于财产权之诉,其诉讼标的金额或价额在200元以下者,得适用简易程序;此外,具有下列情形之一的,不论其标的的金额或价额多少,亦一律适用简易程序:①出租人与承租人之间,

---

① 《民事诉讼程序繁简分流改革试点实施办法》第十五条:"人民法院适用简易程序审理的案件,应当在立案之日起三个月内审结。有特殊情况需要延长的,经本院院长批准,可以延长一个月。"上述规定调整适用了《民事诉讼法司法解释》第二百五十八条第一款"适用简易程序审理的案件,审理期限到期后,双方当事人同意继续适用简易程序的,由本院院长批准,可以延长审理期限。延长后的审理期限累计不得超过六个月"的规定。

因接收房屋或迁址、使用、修缮或因留置承租人之家具物品涉讼者；②雇佣人与受雇佣人之间，因雇佣契约涉讼，其雇佣期在一年以下者；③旅客与旅店主人、饮食店主人或运送人之间，因食宿、运送费或因寄存行李、财物涉讼者；④因请求保护占有涉讼者；⑤因不动产之界限或设置界标涉讼者。对适用简易程序审理的案件，由推事一人独任审理。"①

在新民主主义革命时期，中国共产党的各个根据地在各自的根据地立法以及司法审判实践中，为了更好地便利群众，各地因地制宜，也建立起了一系列的简易诉讼相关制度。例如，1946 年颁布的《冀南区诉讼简易程序试行办法》第八条规定，"民事诉讼标的在 5000 元以下者，可适用简易判决"；《辽北省人民法院的组织职权义务及办理细则》第十八条规定，"民行轻微案件，得使用简易判决书"；《晋西北巡回审判办法》第十一条规定，"行署巡回推事，对民事诉讼标的在 2000 元未满之案件，得自己决定，以行署名义，借用县印制判决送达"。而当时典型的马锡五审判模式，也体现了简易诉讼的审理模式。② 在新中国成立之后的《人民法院组织法》以及 1982、1991 年的《民事诉讼法》中，也规定了简易程序。

（二）改革开放以来的相关法律及其司法解释

1. 民事诉讼法及其司法解释的历史沿革

（1）1982 年《中华人民共和国民事诉讼法（试行）》（失效）；

（2）1984 年《最高人民法院关于贯彻执行〈民事诉讼法（试行）〉若干问题的意见》（失效）；

（3）1991 年《中华人民共和国民事诉讼法》；

（4）1992 年《最高人民法院关于适用〈中华人民共和国民事诉讼法〉若干问题的意见》（失效）；

（5）1993 年最高人民法院《经济纠纷案件适用简易程序开庭审理的若干规定》（失效）；

（6）2003 年《最高人民法院关于适用简易程序审理民事案件的若干规定》；

（7）《最高人民法院关于严格执行案件审理期限制度的若干规定》（2000 年制定，2008 年调整）；

（8）《中华人民共和国民事诉讼法》（2007 年修正）；

---

① 陈雪琼. 论我国民事诉讼一审终审制度的构建 [D]. 上海：复旦大学，2011.
② 杨荣馨. 民事诉讼原理 [M]. 北京：法律出版社，2003：409 - 410.

(9)《中华人民共和国民事诉讼法》(2012年修正);

(10) 2015年2月《最高人民法院关于适用〈中华人民共和国民事诉讼法〉的解释》;

(11)《中华人民共和国民事诉讼法》(2017年修正)延续了前述规范体系,没有修改或调整;

(12)《最高人民法院关于严格规范民商事案件延长审限和延期开庭问题的规定》(2018年制定,2019年修正)。

2. 本次改革前简易程序的规范体系

(1) 民事诉讼法(2017年修正);

(2) 2015年民事诉讼法司法解释;

(3)《最高人民法院关于严格执行案件审理期限制度的若干规定》(2008年调整);

(4)《最高人民法院关于严格规范民商事案件延长审限和延期开庭问题的规定》(2019年调整);

(5) 2003年《最高人民法院关于适用简易程序审理民事案件的若干规定》中不与前述民事诉讼法、民事诉讼法司法解释等新司法解释冲突的部分。

本次改革就是在上述规定的基础上进行的。对于没有被调整适用的法律与司法解释,在没有明确作废的前提下,应当依据原来相应的规定处理。

三、完善简易程序实务中的若干问题探讨

自2020年1月15日民事诉讼繁简分流改革试点启动以来,司法实务中出现了许多对最高人民法院《民事诉讼程序繁简分流改革试点实施办法》的疑惑,最高人民法院对此多次印发《民事诉讼程序繁简分流改革试点问答口径》,有条件的试点高级人民法院、中级人民法院也以结集问答形式,对实务中提出的问题予以规范,对简易程序而言,本书进行梳理。

(一) 与适用范围有关的问题

问:发回重审或再审的案件不宜适用简易程序,但"因程序问题的除外",实施细则①是否需要予以进一步明确范围?目前实践中因程序问题发回的案件,往往都存在事实不清、当事人争议较大等实体问题;而且按规定,发回重审的

---

① 厦门法院制定的民事诉讼程序繁简分流改革试点工作实施方案中的《完善简易程序实施细则》。

应当依法组成合议庭,适用普通程序进行审理。二者是否存在矛盾?

答:针对上述问题,"因程序问题的除外"是在该条否定式规定语境下的再次否定。此规定意在突出仅因程序问题被发回重审或再审的可以适用简易程序,是对简易程序适用范围的一种扩大。如原本适用简易程序审理但因公告送达不规范导致被发回重审的案件,就没有必要因"发回重审"而必然适用普通程序。至于是否需要进一步明确范围,有待于司法实践中总结经验,待修订时再提升。如果发回重审或再审,并非仅因程序问题,还涉及实体问题,则不适用此条规定。简易程序与独任制实施细则出现适用情形竞合时,问题的关键在于适用者,适用法官可以选择"常规的、不易出问题的"方式。之所以对因程序问题发回、再审案件有"突破"式的规定,意在尽可能扩大适用范围。

(二) 与期限有关的问题

1. 简易程序案件的答辩期是否一定要给足 15 天?

答:《民事诉讼法》第一百二十五条规定,人民法院应当在立案之日起五日内将起诉状副本发送被告,被告应当在收到之日起十五日内提出答辩状。《民事诉讼法司法解释》第二百六十六条①规定,适用简易程序案件的举证期限由人民法院确定,也可以由当事人协商一致并经人民法院准许,但不得超过十五日。被告要求书面答辩的,人民法院可在征得其同意的基础上,合理确定答辩期间。……当事人双方均表示不需要举证期限、答辩期间的,人民法院可以立即开庭审理或者确定开庭日期。

【关于当事人答辩问题】② 双方当事人到庭后,被告同意口头答辩的,经审查诉讼主体适格的,人民法院可以当即开庭审理;被告要求书面答辩的,人民法院可在征得其同意的基础上,合理确定答辩期间,同时应将提交答辩状的期限和开庭的具体日期告知各方当事人,并向当事人说明逾期举证以及拒不到庭的法律后果,由各方当事人在笔录和开庭传票的送达回证上签名或者捺印。

根据最高人民法院《民事诉讼程序繁简分流改革试点实施办法》第七条第二款,在征得当事人同意的基础上,可以合理确定不超过七天的答辩期间;人

---

① 《民事诉讼法司法解释》第二百六十六条:"适用简易程序案件的举证期限由人民法院确定,也可以由当事人协商一致并经人民法院准许,但不得超过十五日。……"公告案件基本不存在当事人协商一致的情形,所以举证期限由人民法院依法在 15 天的范围内确定。

② 选自厦门法院制定的民事诉讼程序繁简分流改革试点工作实施方案中的《完善简易程序实施细则》。

民法院没有征询当事人意见或者当事人未明确放弃答辩期间，也未就答辩期间作出明确意思表示的，根据《民事诉讼法》第一百二十五条之规定，答辩期间为十五日；人民法院可以通过电话、电子邮件、传真、手机短信等简便方式征询当事人意见。

上述问答虽然是针对小额诉讼程序的，但实际上简易程序案件乃至普通程序案件都可以参考，因此，民事诉讼中，答辩期均可在征得当事人同意的基础上灵活确定。

2. 适用简易程序的公告案件，答辩期与举证期如何确定？

答：适用简易程序审理的公告案件是此次繁简分流改革新增的程序类型，但其本质仍然是简易程序案件，答辩期限同样适用"无同意、不减损"原则。由于被告需要公告送达，除非主动出现，否则是不会存在同意的情形的，所以一般就是要给足15天的答辩期限。

实践中主要的争议点是举证期的计算，是应该从答辩期满后再开始计算还是可以与答辩期并行、同时计算的问题。根据《民事诉讼法司法解释》第九十九条，人民法院应当在审理前的准备阶段确定当事人的举证期限。举证期限可以由当事人协商，并经人民法院准许。结合《民事诉讼法》第十二章第二节的规定，审理前的准备阶段是当事人答辩期届满后至开庭审理前的阶段。因此，举证期限应当是在答辩期满后再确定、计算。

但是，鉴于小额诉讼程序审限较短，为体现程序价值差别，可以尝试并行计算。

3. 问："在三个月内无法审结的"适用简易程序审理的案件应转普通程序审理，这里的三个月，是否指已合理扣除审限后的三个月？哪些期间可以不计入简易程序案件审理期限？

答：该"三个月"的适用语境是"简转普"的兜底情形，不应当理解为绝对期限，应当是指扣除鉴定、公告等合理期限后的三个月。根据《民事诉讼法》及其司法解释、《最高人民法院关于严格执行案件审理期限制度的若干规定》，案件中止期间、公告期间、鉴定期间、双方当事人和解期间、审理当事人提出的管辖异议以及处理人民法院之间的管辖争议期间，不计入审限，但对扣除审限的期间和次数应当从严把握。

（三）诉讼请求固定问题

问：厦门法院《完善简易程序实施细则》规定，应当在举证期限届满前固定当事人诉讼请求，除规定情况外，当事人在开庭后认为必须变更诉讼请求的，应当告知当事人撤诉后另行起诉。实践中，部分当事人特别是没有代理人的当事人不一定会配合，若当事人坚持不撤诉，应如何处理，是否仅审理变更前诉讼请求？

答：《最高人民法院关于适用〈中华人民共和国民事诉讼法〉的解释》第二百三十二条规定，在案件受理后、法庭辩论结束前，原告增加诉讼请求，被告提出反诉，第三人提出与本案有关的诉讼请求，可以合并审理的，人民法院应当合并审理。而《最高人民法院关于民事诉讼证据的若干规定》（法释〔2001〕33号，以下简称《证据规定》）第三十四条第三款规定，当事人增加、变更诉讼请求或者提出反诉的，应当在举证期限届满前提出。第三十五条规定，诉讼过程中，当事人主张的法律关系的性质或者民事行为的效力与人民法院根据案件事实作出的认定不一致的，不受本规定第三十四条规定的限制，人民法院应当告知当事人可以变更诉讼请求。当事人变更诉讼请求的，人民法院应当重新指定举证期限。从以上法律规定看，两者规定不一致，但是《证据规定》生效时间为2002年4月1日，而《最高人民法院关于适用〈中华人民共和国民事诉讼法〉的解释》于2015年2月3日实施，依据新法优于旧法的原则，变更诉讼请求的时限本应适用后者的规定，即变更诉讼请求，应在法庭辩论结束前提出。

上述司法解释关于"法庭辩论结束前可以变更诉讼请求"的规定，并未废止，但基于民事诉讼的新格局构建的需要，该规定更适合放在普通程序或普通程序简化审，此次繁简分流改革的简易程序相较原"简易程序"，应当更为简化。"关口前移"对审理而言并非坏事，对当事人也是一种规制。如果发生"当事人在举证期限届满后、开庭前，乃至开庭时当庭变更诉讼请求"，可以对当事人进行释明，根据上级法院关于繁简分流的试点规定，要么撤诉，要么变更审判程序。倒逼当事人谨慎参与司法程序，稳定诉讼秩序。

当事人变更诉讼请求的，经审查不予准许的决定应当告知当事人，同时告知当事人可以撤诉后另行起诉，相应内容记入笔录。若当事人坚持不撤诉，由于不予准许其变更诉讼请求，应当仅审理变更前诉讼请求，其可另案主张，不影响诉讼权利。在裁判文书中，可以将其作为事实简要叙明。例如，另查明，原告××在法庭辩论终结后申请变更诉讼请求为……本院经依法审查未予准许，并已告知其可以另行起诉。当然，如果当事人是在原有诉求基础上减少诉求的，由于并未增加负担，原则上可以准许。

(四) 简便方式送达及传唤问题

以电话等简便方式传唤,是简易程序、小额程序区别于普通程序的重大特征,实践中以此方式发送的开庭通知,如何确认当事人收到是一个难题。

根据最高院《关于进一步加强民事送达工作的若干意见》[①] 第十四条之规定,"对于移动通信工具能够接通但无法直接送达、邮寄送达的,除判决书、裁定书、调解书外,可以采取电话送达的方式,由送达人员告知当事人诉讼文书内容,并记录拨打、接听电话号码、通话时间、送达诉讼文书内容,通话过程应当录音以存卷备查。"送达人员配备录音电话目前已经普及,电话送达应当录音备查,如果有录音备查,就应当认定证据达到足以证明当事人已经收到的程度。如果由于条件限制,没有录音,就只能通过行为推进的方式来把握,如受送达人另行回复或确认收悉,或者根据送达内容作出相应诉讼行为。

(五) 其他问题

关于需要公告送达的简单民事案件可以适用简易程序。公告案件适用简易程序的范围是否作出进一步明确和限制?厦门法院《完善简易程序实施细则》中规定公告案件可以适用简易程序,实际操作中是由送达人员决定或是由承办人决定;关于告知程序,因《民事诉讼法司法解释》规定当事人一方下落不明的不适用简易程序,那么适用简易程序的公告案件是否应告知其他当事人?如应告知,则应在何阶段以何种形式告知?

1. 第一个问题"公告案件适用简易程序的范围是否作出进一步明确和限制"?

目前没有更多规定。总体上讲,进一步限制的必要性不大。因为根据厦门法院《完善简易程序实施细则》,"事实清楚、权利义务关系明确的简单案件,公告送达后,可以适用简易程序审理"。所以主要还是判定案件是否属于"事实清楚、权利义务关系明确",实际上也就是除了公告送达这一因素之外,案件本身是不是属于可适用简易程序案件的范围。

最高人民法院《民事诉讼程序繁简分流改革试点实施办法》的表述是"事实清楚、权利义务关系明确的简单案件,需要公告送达的,可以适用简易程序审理"。但其调整适用的是《民事诉讼法司法解释》第一百四十条:"适用简易程序的案件,不适用公告送达。"以及《最高人民法院关于严格规范民商事案件

---

① 《关于进一步加强民事送达工作的若干意见》(法发〔2017〕19号),该文件系司法解释性质的文件。

延长审限和延期开庭问题的规定》第四条第四款"适用简易程序的案件，不适用公告送达"。所以这个问题归根结底是判断哪些案件应该适用简易程序，而对哪些案件应适用简易程序，正反两个面向的规定都有了，"进一步明确和限制"必要性不大。在后续不断完善细则规定的过程中可以讨论。

2. 第二个问题"《完善简易程序实施细则》中规定公告案件可以适用简易程序，实际操作中是由送达人员决定或是由承办人决定"？

这个问题本质还是对规定的理解问题，本轮民事诉讼繁简分流改革，一个重要的改革目标就是发挥法官的主动性，最后决定是否继续适用或转换程序，应当由承办法官根据案件的复杂程度决定。实践中，操作流程一般是：先适用简易程序/小额诉讼程序（标的金额＋案由）—送达过程中发现并确定需要公告送达—决定是否继续适用或转换程序，送达人员如果没有把握，应当请示法官，发现问题的，法官也应当纠正。

3. 第三个问题"告知程序的问题，适用简易程序的公告案件是否应告知其他当事人？如应告知，则应在何阶段以何种形式告知？"

为保障当事人的知情权，应当以告知为宜。一方面，试点地区虽然有全国人大常委会授权，但确实是对现行司法解释进行了调整适用。另一方面，试点地区的改革实践中，对于适用小额诉讼程序，以及普通程序适用独任制审理，都有进行相关的告知程序要求，从统一与协调的角度，也以进行相应告知为宜。

具体的告知，可以考虑在两个阶段进行：一是在告知原告决定公告送达的时候，可以一并告知，根据《授权决定》决定继续适用简易程序，并记入笔录。此阶段由于被告无法送达，无须告知被告。二是在结案文书的案件由来部分叙明。

第八章

扩大独任制适用范围研究

一、独任制的概念

独任制,与"合议制"相对,是人民法院两种主要审判组织形式之一。通俗来讲就是由一名审判员独自审理案件,并对自己承办的案件负责的审判制度。根据我国诉讼法的规定,独任制仅适用于民事诉讼和刑事诉讼。在民事诉讼中,基层人民法院及其派出的人民法庭,适用简易程序以及小额诉讼程序审理简单民事案件,适用特别程序审判非重大、疑难的非讼案件,由审判员一人独任进行;在刑事诉讼中,基层人民法院、中级人民法院对第一审自诉案件和其他轻微刑事案件,同样可以由审判员一人独任审判。

作为重要的公共资源,司法资源有很大的优化配置空间。否则,平均用力,不能精准匹配司法需求,不仅在急需司法资源的地方资源短缺,难以运转;在其他领域也可能会人浮于事,空耗浪费,最终往往会两头落空,一事无成。

长期以来,独任制、合议制等审判组织形式与一审、二审的审级设置,以及简易、普通等审理程序严格绑定,无法根据案件类型、难易程度等因素弹性适用,影响司法资源效能的最佳发挥。简易程序与普通程序在衔接上亦有诸多问题。

民事审判组织的设立,主要是落实民事审判权,代表法院参加民事诉讼。国家要调整民事法律/社会关系,解决民事纠纷,推动社会进步与和谐,因此需要司法机关履行职责,行使民事审判权。但是,作为司法机关的法院不可能全部都参与某一案件的审理,法院内部必须要有分工。除了司法行政、辅助工作等分工,还进行立案、审理、执行等分工之外,以及民事、刑事、行政的分工;对于不同类型的民事案件的案件类型分工,必须明确由法院中的一个审判组织来进行某一个案件的具体审理工作。审判组织与审级并没有必然联系,不管是基层法院、中级法院(部分国家是上诉法院等其他形式),还是最高人民法院,都有独任、合议等审判组织进行相关案件的审理工作。

法庭的独任制与合议制各有利弊,有域外学者比较分析了这两种法庭组织形式,指出:"多个法官一起能够比一个法官更全面和可靠地对案情做出评价。独任法官缺少共同讨论和监督的合作同事。合议庭的讨论、监督和团体合作为裁判的正确性提供了更高的保障。由此可以解释,为什么大多数国家的法官数量从初级法院到高级法院与案件的重要性相适应逐级增加。合议庭的另一个优点就是,可以在年轻法官作为独任法官负责任之前通过共同合作对其进行训练和培养。……独任法官则意味着清楚的并且是不分摊的责任,在一定程度上也节约了法官的投入(这诱使人们在国库空虚的时候实质上不适当地对独任法官的偏爱),……一个出色的独任法官肯定胜过一个中等的合议庭。"[①]

（一）独任制的优势

从总体而言,民事独任制的优势主要有如下几个方面。[②]

（1）审判资源占用较少。独任制由于是由单个法官进行裁判,从司法人员工作的角度看,独任制占用的审判资源明显少于合议制、陪审制等审判组织形式。当然了,这仅仅是从一个视角看多数案件的审理,审判资源的使用有很多视角,也不排除少数的独任制审理案件需要占用的资源多于合议制。尤其是在我国当下部分基层法院的案件较多,迫切需要提高效率,减少司法资源的适用,在部分领域的简单案件中,推动独任审判的建设就具有较强的现实意义。同时,在这些法院中,在司法资源总体有限和不变的情况下,部分案件减少占用司法资源,就能够为更多的当事人、纠纷提供国家强制力保障的司法服务,也有助于更好地为公民接近司法提供保障。

（2）效率较高。由于独任制由单一法官进行案件的审理,其所做的决策只需要根据法律、证据进行自由心证,在制度上无须与其他法官进行合议,也不需要进行表决。这样的审理和裁判的效率,通常会高于合议庭、陪审团。此外,由于独任法官的工作模式更为灵活,也能够更为简化程序,这样也使得法院解决纠纷的能力提高。

独任制审判的高效率,是其在实践中一个重要的优势和价值。各国在进行司法改革时,除了提高公正之外,另外一个重要的价值取向就是提升效率。而

---

① [德]奥特马·尧厄尼希. 民事诉讼法［M］. 周翠,译. 北京:法律出版社,2003:39.
② 赵旻. 民事审判独任制研究［M］. 武汉:华中科技大学出版社,2014:35-37.

且，在当下我国进行的繁简分流改革的一个核心目标就是在确保公正的情况下更好地提升效率。所以，独任审判的推广、适用的范围，主要在于是否能够提升效率。当然了，司法是公平正义的同义词，是公平正义的最后一道防线，也不能仅仅为了提升效率而简单地推动独任制审判，在具体适用的案件类型和权利保障方面也要有所考量。

独任制对于权利的保障，主要从以下两个方面看待：一方面，独任制能够提升效率，节约司法资源，为更多的纠纷提供司法解决，为权利的保障提供更多的救济机会。另一方面，由于独任制审判往往适用于法律关系简单、程序简易的案件类型，特别需要注重当事人的基本权利，还需要为当事人提供各类救济途径。

（3）权责分明。如前所述，因为独任制是由一个法官单独审理案件并做出裁判，其无法与其他法官一起通过投票来分担责任，因此其虽然权力较大却也是责任较重。通过独任制，法官需要更为慎重地考察全案的事实、厘清相关的各类法律关系、对于各类金额进行反复计算，才可以做出裁判。否则一旦出现被上诉、改判以及争议较大等情况，也将会对主审法官产生不良的影响。相比之下，合议制下的法官们就因为有投票问题，更可能以集体决策来规避自身的责任。同时，在合议制下，法官的主动性和创造性也可能被抑制。

（4）亲和力强。独任制通常是适用于基层法院的审判工作，同时又往往适用于小额、简易、交通等各类需要快速审理、不涉及重要社会关系的案件类型。在此类审理中，法官需要直接面对最普通的人民大众，往往也需要对普通大众进行说理、调解和解释，其更需要具有亲和力。由于独任法官的工作模式更为灵活，程序更为简化，也更能够推动调解等多样化纠纷解决。

（二）独任制的问题

前述分析了独任制的优势，但是在另一方面，独任制审判也有一些问题。

（1）个人色彩较重，容易引发偏差和错误。法官也是人，其作为认识主体和决策主体会受到自身的经历和知识性的影响；但是作为个体，无论其再如何公正、客观，自身的经历和知识都存在一定的局限性。所以，法官对于案件事实的判断、法律和司法解释的理解也可能出现一定偏差、错误。在合议制、陪审制模式下，事实认定和裁判是集体决策的结果，法官、陪审员个体的决策偏差或受到一定程度制约或者说服；个人意见虽然也能够对决策产生重要影响，但是通常会有一定的平衡。但是，由于独任审判仅由单名法官进行案件审理和裁判，这样单名法官存在的偏差和错误就较难通过其他人员、法官进行制衡，其偏差和错误在决策中的作用可能会被放大。如果发生了，从单一案件而言，这样的偏差和错误对于当事人可能存在一定的不公平。

正是基于对缺乏合议机制可能影响办案质量的顾虑，主流观点认为疑难复杂案件的审理不宜适用独任制，"之所以建立由一名法官组成的独任庭制度，其基本考虑是节约司法资源、快速裁判案件，所以，对于疑难复杂案件是不能由独任庭裁判的"。①

（2）司法专断、随意的问题。如上所述，由于独任审判仅由单名法官进行案件审理和裁判，个人的自由裁量权不受其他法官的限制和说服，其审理、裁判就具有较强的个人色彩和风格。有调研显示，54.71%的法院外部人员还担心独任制后法官廉政风险。②

（3）司法公信力问题。如上所述，由于独任审判中，法官在法律规定的自由裁判权范围内的决策不受其他法官的制衡，具有较强的个人色彩和风格。如果在部分案件的审理中，个人的裁判风格与大众、职业共同体的主流观点意见出入太大的话，甚而这种风格影响到其审理的一系列案件的裁判，这样就可能会让群众对于司法的公信力产生怀疑。因为，对于相当大一部分民众而言，其一生可能仅仅就打一次官司，或者他们家人朋友一辈子才打一次官司。这样的裁判风格与大众、职业共同体的主流观点意见出入太大，则会让当事人对于该案件和这位独任制法官的印象和理解，扩展到对于整个司法系统的理解中去。这样就会对司法公信力产生较大的不良影响。同理，如果是这位独任制法官的审理较为合理、亲民，裁判结果符合法律、司法解释的主流意见和人民群众的主流正义观，则也会对司法公信力产生较大的良好影响。

二、扩大独任制适用改革的主要内容

《民事诉讼程序繁简分流改革试点实施办法》改革了民诉法传统审判组织的配置模式，扩大了独任制在民事诉讼案件中的适用范围，主要包含以下四方面。

第一，调整扩充基层法院可以适用独任制审理的情形。司法实践中，一审案件大多采取简易程序，由承办法官独任审理，社会各界对一审案件适用独任

---

① 张述元. 司法改革形势下的审判管理基本理论研究 [M]. 北京：人民法院出版社，2018：40.
② 四川省成都市中级人民法院课题组. 扩大独任制适用范围改革试点的主观认知分析——以1631份问卷调查为样本 [J]. 人民司法，2021（16）：4-11.

制有较强的心理预期。《民事诉讼程序繁简分流改革试点实施办法》第十六条规定了基层人民法院可以适用独任制由法官一人审理的案件类型。其中，第一款规定，基层法院小额诉讼程序、简易程序案件一律适用独任审理。第二款规定，基层法院审理的事实不易查明，但法律适用明确的案件，可以由法官一人适用普通程序独任审理。前者延续了《民事诉讼法》第三十九条第二款关于简易程序审理方式的规定，并首次明确小额诉讼程序一律适用独任审理。后者改变了《民事诉讼法》第三十九条第一款的规定，突破性地规定普通程序可以由法官一人适用普通程序独任审理，无须组成合议庭。当然，这种普通独任审理模式的适用范围局限于部分事实不易查明，但法律适用明确的案件。这里的"事实不易查明"不等于案件事实"疑难复杂"，如果案件事实"疑难复杂"就属于《民事诉讼程序繁简分流改革试点实施办法》第十七条[①]第（四）项规定的"应当依法组成合议庭，适用普通程序审理"的情形，仍应适用合议庭审理。"不易查明"主要是查明事实的过程和方法有困难。司法实践中常见的如为查明事实进入评估、鉴定、审计、调查取证等耗时较长的程序。这类案件较之于简易程序案件，查明事实需要更长时间、更多程序环节，但一旦查明事实，法官一人即可认定事实及法律关系，并正确适用法律做出裁判。所谓"法律适用明确"，是指事实查明之后，即可形成清晰明了的法律关系，有明确的法律规范与案件事实及争议焦点对应，在法律理解与适用上基本不存在争议。

第二，明确基层法院必须适用合议制的情形。通过上述调整扩大独任制在简案上的适用范围，可以帮助法院腾出更多的人力资源来从事繁案审理，从而更加精准匹配审判资源和诉讼案件。繁案审理仍应适用传统的普通程序审理，以充分发挥合议制集思广益、民主参与的制度优势。为了明确合议制与独任制的界限，避免理解偏差，应当采取正反面清单相结合的方法确定独任制案件范围。《民事诉讼程序繁简分流改革试点实施办法》第十七条明确了基层人民法院

[①] 《民事诉讼程序繁简分流改革试点实施办法》第十七条："基层人民法院审理的案件，具备下列情形之一的，应当依法组成合议庭，适用普通程序审理：（一）涉及国家利益、公共利益的；（二）涉及群体性纠纷，可能影响社会稳定的；（三）产生较大社会影响，人民群众广泛关注的；（四）新类型或者疑难复杂的；（五）与本院或者上级人民法院已经生效的类案判决可能发生冲突的；（六）发回重审的；（七）适用审判监督程序的；（八）第三人起诉请求改变或者撤销生效判决、裁定、调解书的；（九）其他不宜采用独任制的案件。"

必须适用合议制，亦即不宜适用独任制的9种情形①，可以归纳为三种大类：一是涉及重大法律利益、产生广泛社会影响的案件。如涉及国家利益、公共利益的；涉及群体性纠纷，可能影响社会稳定的；产生较大社会影响，人民群众广泛关注的案件。二是事实认定困难或者法律适用存在分歧的案件，主要是新类型或者疑难复杂的案件；以及与本院或者上级人民法院已经生效的类案判决可能发生冲突的案件。这类案件对法官司法能力、审判经验要求较高，判决甚至可能对法律统一适用产生影响，不宜适用独任制。三是程序回转需要重新做出司法判断的案件。主要是发回重审、适用审判监督程序再审和第三人提起撤销改变或生效裁判之诉的案件。这类案件往往案情疑难复杂、争议较大，同时因涉及既有裁判的稳定性，宜采用合议制。

第三，突破性地在二审程序中探索适用独任制。《民事诉讼程序繁简分流改革试点实施办法》第十八条、第二十条首次确立了在民事诉讼第二审程序中适用独任制的规则。在2012年《民事诉讼法》的旧有规定中，二审民事案件必须由审判员组成合议庭②，不仅不能适用独任制审理，还不能使用人民陪审员。之所以做出这一规定，主要是基于第二审案件复杂的假设。然而，二审案件并非全然复杂。比如在当前司法实务中，不服民事裁定的上诉中，第二审做出维持裁判比例超过95%，其中绝大多数为诸如管辖权异议等简单案件，完全可以由法官一人审理。随着民事诉讼案件数量的激增，由审判员组成合议庭占用了法官大量的时间与精力，导致本应投入复杂案件的审判资源不足。为此，此次改革明确对第一审以简易程序结案的上诉案件及裁定类上诉案件，这两类案情相对简单的案件可以适用独任制审理。当然，如果独任制法官在审理过程中发现案件事实查明或法律适用难度较大，不宜独任审理的，仍应当转为合议制，由新组建的合议庭审理。

审理方式方面，根据2012年《民事诉讼法》，第二审以"开庭为原则、不开庭为例外"，对上诉案件，应当组成合议庭，开庭审理。经过阅卷、调查和询

---

① 《民事诉讼程序繁简分流改革试点实施办法》第十七条："基层人民法院审理的案件，具备下列情形之一的，应当依法组成合议庭，适用普通程序审理：（一）涉及国家利益、公共利益的；（二）涉及群体性纠纷，可能影响社会稳定的；（三）产生较大社会影响，人民群众广泛关注的；（四）新类型或者疑难复杂的；（五）与本院或者上级人民法院已经生效的类案判决可能发生冲突的；……（九）其他不宜采用独任制的案件。"

② 《民事诉讼法》第四十条第一款："人民法院审理第二审民事案件，由审判员组成合议庭。合议庭的成员人数，必须是单数。"

问当事人,对没有提出新的事实、证据或者理由,合议庭认为不需要开庭审理的,可以不开庭审理。在二审中引入独任审理制度后,在二审独任审中同样坚持了上述原则,对于上诉没有提出新的事实和证据的,参照《民事诉讼法》及其司法解释关于合议庭径行裁判的适用条件,独任制审理同样可以不开庭审理。同时,为了加大试点探索力度,更好发挥二审独任制功能,《实施办法》明确,独任法官在一定条件下可以采取书面审理方式。对于上诉中当事人没有提出新的事实、证据的,独任法官阅卷后即可做出判断的案件,可以不经开庭径行做出裁判。需要注意的是,综合当前的司法现实,二审独任制案件可以尝试推行"以开庭审为原则,以书面审为例外"的处理方法,但应当充分发挥庭前准备程序的作用,对庭审程序进行适当简化。书面审理方式一般适用于裁定类案件或者案情十分简单的案件,并且为有效保障当事人诉讼权利,采取书面审理方式的应当征询双方当事人意见①。

第四,规范独任制与合议制的转换规则。转换情形方面,案件审理过程中,情势变更,出现应当适用合议制审理情形的,独任法官应当将案件转为合议制审理。审限计算方面,案件审理期限不应当因审判组织转换而变更,审判组织转换后的审理期限仍然自立案之日起连续计算。诉讼效果方面,为维护程序安定,应当维持已经发生的先行诉讼行为和诉讼效果的效力,合议庭在承接案件后存在疑虑的,可以重新组织开庭。

三、民事诉讼独任制适用的若干问题

《民事诉讼程序繁简分流改革试点实施办法》第十六条至第二十条集中介绍了扩大独任制的适用范围与程序,上述条文突破传统审判组织配置模式,牵一发而动全身,但由于解释篇幅所限,在实践操作中难免挂一漏万,仍有不少问题需要明确与细化。

(一)独任制改革的改革目标与原则

司法是有限而稀缺的公共资源,在当前中国的现实语境下,民商事案件逐年激增,司法资源难以完全满足群众的司法需求。这决定了要在司法资源的分

---

① 《民事诉讼程序繁简分流改革试点实施办法》第二十条:"由法官一人独任审理的上诉案件,应当开庭审理。没有提出新的事实、证据的案件,具备下列情形之一的,独任法官经过阅卷、调查或者询问当事人,认为不需要开庭的,可以不开庭审理:(一)不服民事裁定的;(二)上诉请求明显不能成立的;(三)原判决认定事实清楚,但适用法律明显错误的;(四)原判决严重违反法定程序,需要发回重审的。"

配上下功夫，不能平均用力。对由一名独任法官就可以妥善审理的案件，安排多名法官参审不仅是对司法资源的浪费，深层次上还可能导致司法资源配置错位、快慢分道失序。

长期以来，民事诉讼法的规定无形中将独任制和一审程序、二审程序与合议制严格绑定，不能够适应一审、二审程序中诉讼案件繁简分布的实际状况。审判组织形式缺乏弹性，无法随案件难易程度灵活运用，不利于发挥独任制与合议制的不同特点，无助于提升司法效能。本轮繁简分流改革中扩大独任制的适用，改革目标恰恰在于通过将审判组织形式与特定程序、审级"松绑"，充分发挥独任制灵活高效、合议制民主议决的制度优势，优化司法资源配置，推动诉讼程序与不同类型案件的精准匹配，从而实现"简案快审，繁案精审"的制度设计目标，最大化发挥既有司法资源的作用。

根据成都中院的调研报告，法院内部人员对在一、二审中扩大适用独任制大部分都持支持态度。基层法院法官和审辅人员更支持在一审中进行改革，占比分别为65.43%和64.16%；中级及以上法院法官和审辅人员更支持在二审中改革，占比分别为78.64%和75%。法院外部人员对该项改革的态度则存在差异，相对而言，更支持在一审普通程序中扩大适用独任制，对一审改革的支持率为47.65%，对二审改革的支持率为30.19%。①

由于人案矛盾尖锐，实践中一直存在一种"形合实独"的不良现象，具言之，对形式上采用合议制审理的案件，合议庭徒有其表、案件合议形式化，实质上仍是由主审法官独自审判。这种现象在我国法院合议制的运行中普遍存在，在基层法院一审案件中尤为普遍。扩大独任制的适用范围，并不是对这种不良现象的变相肯定，也不是纯粹为了减轻法院工作负担，更不能因为独任就减损当事人的诉讼权利和程序的功能价值。易言之，改革后，对属于合议制适用范围的案件应该严格实质性合议、全程留痕，通过建立健全考核制度，确保非主审的合议庭成员深度参审，并在此基础上最终集体负责地合议。

普通程序与简易程序、小额诉讼程序，在新的民事诉讼体制下，各有其独特的制度价值和程序功能，各有不同的举证答辩期限、庭审程序和裁判文书，不能简单化地将三者的区别局限在不同长度的审限之上。

换句话说，如果选择适用普通程序，就应当采用普通程序的一整套制度规

---

① 四川省成都市中级人民法院课题组. 扩大独任制适用范围改革试点的主观认知分析——以1631份问卷调查为样本 [J]. 人民司法，2021（16）：4-11.

定和程序保障，即便是独任审理，也不能因此而采用简易程序的举证答辩期限、庭审程序和裁判文书，否则就属于程序违法。在任何情况下，程序的简化都不能弱化当事人的权利保障，甚至以牺牲司法公正为代价。效率的前提是公正，如果将追求效率作为简化程序的唯一目标，改革就会迷失方向。牺牲公正与不当侵害当事人合法诉讼权利而获取的效率毫无意义。

另一方面，审判组织形式不属于当事人可以自由约定的范畴，独任制或合议制属于审判组织形式，适用哪一种形式，最终只能由人民法院判断并决定。人民法院应当综合考虑案件特点、资源配置、争议大小等因素做出选择，确保审慎裁判，但应通知当事人。

另外，独任制也并不影响诉讼费的收取，也不能仅因适用独任制，就减免普通程序、二审程序的诉讼费用，因为程序的性质未变、提供的配套保障也并没有改变。

需要注意的是，扩大独任制适用范围的改革授权来自《全国人民代表大会常务委员会关于授权最高人民法院在部分地区开展民事诉讼程序繁简分流改革试点工作的决定》，该决定仅授权调整适用《中华人民共和国民事诉讼法》（以下简称《民事诉讼法》）第三十九条第一款、第二款[1]和第一百六十九条第一款，仅限于民事诉讼，不包括行政诉讼，在改革结束民诉法正式修改之前，也不适用于试点地区之外的法院。

（二）普通程序适用独任制的规则

根据《民事诉讼程序繁简分流改革试点实施办法》，如果以审判组织形式和审判程序的组合而论，改革后基层法院的第一审程序中有独任小额、独任简易、独任普通和合议普通四种组织模式。四者中，独任小额、独任普通属于新增的组合形态。由于在普通程序案件中适用独任制并无先例，需要进一步明确第十六条第二款的适用标准。

总体而言，独任普通程序的适用条件是"事实不易查明，但法律适用明确"，对这一标准的理解应当整体考虑。所谓"事实不易查明"，是相对于"事实清楚"而言的。依照《最高人民法院关于适用〈中华人民共和国民事诉讼法〉的解释》第二百五十六条的规定，"简单民事案件中的事实清楚，是指当事

---

[1] 《民事诉讼法》第三十九条第一款："人民法院审理第一审民事案件，由审判员、陪审员共同组成合议庭或者由审判员组成合议庭。合议庭的成员人数，必须是单数。"第二款："适用简易程序审理的民事案件，由审判员一人独任审理。"

人对争议的事实陈述基本一致，并能提供相应的证据，无须人民法院调查收集证据即可查明事实。"而"不易查明"，并不是案情事实"疑难复杂"，而是意味着查明事实方法和过程比较复杂，需要经过评估、鉴定、审计、调查取证等耗时长、环节多的程序，但一旦查明，法官一人即可认定事实与法律关系，并做出裁判。实践中，基层法院审理的案件类型众多，查明事实的方法多样，很难——列举穷尽。相对而言，在常见的案由中，医疗纠纷、建设工程纠纷往往需要鉴定，婚姻家庭继承纠纷因涉及财产分割，往往需要调查、评估。此外，金融借款合同纠纷、人身保险合同、财产保险合同、侵权纠纷、人身与财产损害纠纷中，也都可能存在上述情形，一旦事实查清，法律关系其实往往并不复杂，无须采用合议制。

实务中还有一个程序转换后审判组织形式是否随之改变的问题，比如对于简易程序转为普通程序（以下简称"简转普"）后，能否继续采用独任制，存在争议。笔者认为，《民事诉讼法》第一百六十三条①、《民事诉讼法司法解释》第二百六十九条②都规定了"简转普"的情形，《民事诉讼程序繁简分流改革试点实施办法》并未禁止"简转普"后继续适用独任制审理，原则上应当允许，但不能一概而论，需要区分不同情况分别处理。实践中，"简转普"主要有五种情形：一是当事人改变或增加诉讼请求、追加当事人，导致案情复杂化的；二是案件简单，但具有首案示范意义，可能引发大量类案诉讼的；三是案件审理过程中暴露出一些问题，可能引发舆情或群体性事件的；四是当事人就适用简易程序提出异议，经法院审查后成立的；五是因当事人申请法院调取证据、申请证人出庭等致使案件在三个月内难以审结的。前三类情形，程序转换后均应当组成合议庭审理。对于第四、五类情形，若不存在《民事诉讼程序繁简分流改革试点实施办法》第十七条所列"应当依法组成合议庭，适用普通程序审理"情况，可以继续适用独任制审理，但应当完善配套程序保障。

实务中，可能存在独任法官因审限即将届满，通过"简转普"的程序转换，变相延长审限的情况，这种现象值得警惕。根据成都中院的调研报告，有

---

① 《民事诉讼法》第一百六十三条："人民法院在审理过程中，发现案件不宜适用简易程序的，裁定转为普通程序。"

② 《民事诉讼法司法解释》第二百六十九条第一款："当事人就案件适用简易程序提出异议，人民法院经审查，异议成立的，裁定转为普通程序；异议不成立的，口头告知当事人，并记入笔录。"第二款："转为普通程序的，人民法院应当将合议庭组成人员及相关事项以书面形式通知双方当事人。"

11.56%的法官选择在独任制改革后,将部分现行适用简易程序的简单一审案件纳入普通程序独任审的范畴①。究其原因,普通程序较简易程序的审限更长,法官的审限压力更小,从而选择将本应适用简易程序审理的案件改为普通程序审理以延长审限,这显然与独任制改革节约审判资源的制度设计初衷相违背。为防止这种侵害当事人诉讼权益的不良现象发生,应当加强法院内部审批程序,实践中可以由庭领导或审判团队负责人审批,以平衡遏制不良倾向与司法成本间的矛盾。需要强调的是,"简转普"程序转换后仍由原独任法官继续审理,且须按《民事诉讼法》第一百六十三条做出程序转换裁定,并及时通知当事人。

值得注意的是,普通程序独任审理与简易程序、小额诉讼程序虽然均为一名法官独任审理,但三者属于不同的诉讼程序,存在本质的区别。普通程序独任制的庭审程序和裁判文书不可以套用最高院《实施办法》中关于简化简易程序的规定简化处理,普通程序与简易程序独有的程序功能不容克扣、弱化,效率仅仅是改革的价值取向之一。

(三)"独任制"与"合议制"的转换机制问题

根据《民事诉讼程序繁简分流改革试点实施办法》第十九条第一款,由法官一人独任审理的第一审或者第二审案件,审理过程中出现该办法第十七条②第(一)至(五)项或者第(九)项所列情形之一的,人民法院应当裁定组成合议庭审理,并将合议庭组成人员及相关事项书面通知双方当事人。这一规定建立起独任制转合议制的工作机制。相关列举的情形,可以参照《中华人民共和

---

① 四川省成都市中级人民法院课题组. 扩大独任制适用范围改革试点的主观认知分析——以1631份问卷调查为样本[J]. 人民司法,2021(16):4-11.
② 《民事诉讼程序繁简分流改革试点实施办法》第十七条:"基层人民法院审理的案件,具备下列情形之一的,应当依法组成合议庭,适用普通程序审理:(一)涉及国家利益、公共利益的;(二)涉及群体性纠纷,可能影响社会稳定的;(三)产生较大社会影响,人民群众广泛关注的;(四)新类型或者疑难复杂的;(五)与本院或者上级人民法院已经生效的类案判决可能发生冲突的;……(九)其他不宜采用独任制的案件。"

国人民陪审员法》第十五条①、第十六条②规定的需要人民陪审员参审案件类型，以及《最高人民法院关于完善人民法院司法责任制的若干意见》第二十四条③、《最高人民法院关于完善人民法院审判权力和责任清单的指导意见》第八条规定的应当纳入院庭长个案监督范围的"四类案件"类型的范围④，属于"四类案件"的，原则上都应当由合议庭审理。在立案阶段未发现，但在审理过程中发现不宜独任审理的情形的，人民法院应当裁定从独任制转换为合议制审理。一审采用简易程序的，原则上应当转换为普通程序。为保证审判的稳定，防止因反复转换增加当事人负担，审判组织转换后，即使导致"独转合"的情形消失，也不得再次回转。

人民法院裁定组成合议庭审理的，应当由独任法官报请合议庭审查，合议

---

① 《人民陪审员法》第十五条："人民法院审判第一审刑事、民事、行政案件，有下列情形之一的，由人民陪审员和法官组成合议庭进行：（一）涉及群体利益、公共利益的；（二）人民群众广泛关注或者其他社会影响较大的；（三）案情复杂或者有其他情形，需要由人民陪审员参加审判的。人民法院审判前款规定的案件，法律规定由法官独任审理或者由法官组成合议庭审理的，从其规定。"

② 《人民陪审员法》第十六条："人民法院审判下列第一审案件，由人民陪审员和法官组成七人合议庭进行：（一）可能判处十年以上有期徒刑、无期徒刑、死刑，社会影响重大的刑事案件；（二）根据民事诉讼法、行政诉讼法提起的公益诉讼案件；（三）涉及征地拆迁、生态环境保护、食品药品安全，社会影响重大的案件；（四）其他社会影响重大的案件。"

③ 《最高人民法院关于完善人民法院司法责任制的若干意见》第二十四条规定的案件类型：（一）涉及群体性纠纷，可能影响社会稳定的；（二）疑难、复杂且在社会上有重大影响的；（三）与本院或者上级法院的类案判决可能发生冲突的；（四）有关单位或者个人反映法官有违法审判行为的。

④ 审判权力和责任清单既包括正面清单，也包括负面清单。其中，正面清单是"可以为"清单，明确规定了审判人员在案件办理和审判管理、监督等工作中的具体职责；负面清单是"不能为"清单，明确指出了哪些行为属于违规办案、违法审判、违法监督管理、违反职业道德准则的行为。根据"两个清单"，只要院庭长在清单规定范围内，依法履行审判监督管理职责，就不属于违反规定过问和干预案件；相反，如果院庭长应当履行监督管理职责，却不履行或者怠于履行，还要追究监督管理不到位的责任。《最高人民法院关于完善人民法院审判权力和责任清单的指导意见》第八条规定的案件类型：（一）一方当事人人数众多，可能引发集团诉讼、连锁诉讼的；（二）审理结果可能对相关区域发展、行业经营、群体利益等造成重大影响，可能引发重大群体性事件的；（三）涉及政治安全、国家利益、民族宗教、社会稳定等因素的；（四）重大职务犯罪；（五）可能对被告人判处死刑、拟判决无罪或者免予刑事处罚、拟在法定刑以下判处刑罚的；（六）重大集团诉讼或者系列诉讼；（七）有重大影响的涉外、涉港澳台纠纷；（八）检察机关抗诉或者提出检察建议的；（九）法律适用规则不明确，疑难复杂的新类型纠纷；（十）拟作出的裁判与本院或上级法院类案判决可能发生冲突，或者拟形成新的裁判规则或尺度的。

庭决定承接后，再以合议庭名义做出裁定，当然，还有一种可能是院庭长依个案监督职权提出，并指定合议庭审查。这既遵循了"简转普"的操作管理，也符合域外法的立法惯例①。考虑到内部审判管理需要，笔者认为"独转合"前还可以报院庭长批准并入卷备查。

（四）扩大独任制改革的配套机制

扩大独任制适用范围是繁简分流改革的一项重大制度突破，必须统筹谋划、深化"分调裁审"机制改革，做好精准识别适宜独任审理的一审普通程序案件和二审案件，及时标注四类案件等应当适用合议制的案件，加强独任审判制度监督等配套机制，确保扩大独任制适用范围改革稳步进行，遏制权力滥用、法律适用不统一等现象。

在审判人员配备上，应当充分重视诉前分流作用，比如可以在法院立案庭甚至各庭室设立程序分流员，负责调裁分流和繁简分流，逐步探索完善利用智能系统进行案件识别分流。适应基层法院、中级法院、专门法院适用独任制的案件特点，加强民事速裁、快审团队建设，配足配齐审判辅助人员。为完善"独转合"机制，应预先明确独任法官归属的合议庭，或者完善配套调配机制，方便及时组成合议庭审查转换申请。同时，应加强培训缺乏独任审判经验的二审法官，完善示范庭审和"以老带新"机制。

在制度设计上，还应当谨慎处理当事人的异议问题。当事人对独任制提出异议，实质上是对审判组织形式的异议，而审判组织形式只是影响资源配置，不影响程序性质。采取何种审判形式，应当由人民法院判断并决定。当事人对审判组织形式的异议申请，法院可以考虑，但不应影响司法效率，应当严格限缩当事人提出的时间，确定在法院告知适用独任制后3日内提出，并配套设计对滥用异议权的不诚信诉讼行为的制裁措施。

在审判监督管理机制上，应当针对独任审理特点和潜在廉政风险点，健全完善相应的审判监督管理机制，将"简转普""独转合"案件纳入常态化监督范围，细化二审独任不开庭的标准，加强对二审独任需要改判或发回重审案件的监督机制。科学规范法官独任审理普通程序案件或第二审案件的考核权重和考核标准。

在统一司法尺度上，应当健全法律适用分歧解决机制，进一步完善专业法

---

① 德国民事诉讼法关于二审"独转合"的规定，也明确由独任法官报请合议庭审查，合议庭决定承接后，再做出裁定。

官会议制度，当存在法律适用不一致或不明确等问题时，应当及时建议提请专业法官会议讨论，并通过多种方式及时公开具有规则意义或示范效应的讨论结果。比如对于特别程序案件的审判组织形式问题，《民事诉讼程序繁简分流改革试点实施办法》第四条第三款允许中级法院、专门法院受理符合级别管辖、专门管辖标准的司法确认案件。而根据《民事诉讼法》第一百七十八条，"选民资格案件或者重大、疑难的案件，由审判员组成合议庭审理；其他案件由审判员一人独任审理。"无论是中级法院、专门法院，还是基层法院，司法确认案件原则上采用独任制审理，"重大、疑难"案件采用合议制为例外，比如待确认调解协议的标的额特别巨大，并存在虚假调解可能的，应由合议庭审查。同时，独任制案件审理应当注意采取措施切实防范恶意串通调解、虚假诉讼等行为。

第九章

健全电子诉讼规则研究

一、关于电子诉讼

电子诉讼,指以现代网络技术为支撑,通过建立链接法官与当事人、法院的平台,使诉讼过程和法官工作程序实现电子化、网络化的一种诉讼方式。随着电子信息技术的普及,诉讼方式发生了深刻变化。电子数据的真实性、标准化,让电子诉讼更有利于为当事人提供便捷高效和智能精准的司法服务,也为案件繁简分流提供了技术支撑。

电子诉讼、司法信息化,对于推进司法改革、提升司法效率、保障司法公平都具有较明显的作用。日本著名诉讼法学家谷口安平就认为,"充实和促进程序保障也有使已经相当僵硬的民事诉讼变得更加笨重而难以运行的可能。其实,日新月异的电脑及通信技术应该有可能实现民事诉讼实务的简便和省时省力。"[①]

而法律虽然天然具有保守性,却并不一定意味着其能够拒绝电子化、信息化。从基本的知识模态来看,司法的运行具有一定的亲电子化、亲信息化的特性。这也为电子诉讼、司法信息化奠定了一定的基础。弗里德曼用信息论的观点分析了法律制度运行的一般过程,并将这个过程分为原材料的输入、加工、判决输出和信息反馈等阶段。从步骤上看,第一,"要有输入,从制度一端进来的原料。例如,法院要等某人提出控告,开始起诉,才开始工作。"第二,"法院工作人员和当事人开始对输入的材料进行加工。法官和官员们行动起来,他们有秩序地加工原料。他们考虑、争辩、下命令、提交文件,进行审理。当事人和律师也各自起作用。"第三,"然后,法院交付输出:裁决或判决,有时还传下一般规则。"第四,"输出有时可能被置之不理,影响可大可小。有些影响

---

① 谷口安平. 程序的正义与诉讼 [M]. 王亚新,刘荣军,译. 北京:中国政法大学出版社,1996:58.

的信息流回体系,这个过程被称为反馈。"① 根据整个系统,制度就像是一个计算机程序,"制度的中心问题是如何把输入变为输出。法律制度的结构像某种巨大的计算机程序,按代码处理每天输入机器中的几百万个问题。组织、管辖权和程序的规则是代码的一部分。同样重要的是法律的实质性规则。它们是一种输出,但决定着今后输出的形状"。②

英国法学家理查德·萨斯坎德在其著名的《法律人的明天会怎样?——法律职业的未来》③ 一书中,细致描绘了法律科技的不断进步,导致了司法、法律服务业信息化的大幅推进。特别是在"法官、信息技术、虚拟法院、在线纠纷解决"这一部分中,特别描绘了司法信息化、电子诉讼模式的场景。而相关场景已经在当下中国的相当一部分法院中基本实现了,尤其是在 2020 年这一年中有了较大的推进。人类社会经历了数百万年的演化,进入了工业化时代、信息化时代,现在又开始要迈入智能化时代。智能化从这几年开始飞速发展,并迅速在我们的日常生活中应用推广,同时也开始产生影响。

虽然说司法智能化还仅仅是处于起步阶段,但是司法信息化在我国已经较为普及,而我们有必要厘清两者的差别。信息化是较为初步的阶段,其范围也较广。信息化是指使用信息系统进行司法工作。其包括智能化,而且范围也包括司法裁判、立案、执行、管理等各项工作。司法信息化对于繁简分流具有重要的助推作用,以电子诉讼为核心的司法信息化能够利用科技的手段提高效率。当然,另一方面,如果相关的硬件、软件系统不符合司法工作规律,不符合一线法官的工作流程模式,则使用相关系统也可能造成其他的障碍。

依照部分学者的观点和归纳,电子民事诉讼具有以下八个特征:①电子民事诉讼行为是民事诉讼行为的一种;②电子民事诉讼行为是打上网络科技烙印的传统民事诉讼行为;③效率追求性;④无法确认是否完成民事诉讼任务;⑤主体身份难以确定;⑥法律规范的缺乏性;⑦电子民事诉讼行为需要网络信息技术作为良性运行的保障;⑧与传统民事诉讼间的裂痕性。④

---

① 参见[美]弗里德曼.法律制度[M].李琼英,林欣,译.北京:中国政法大学出版社,1994:13-14.
② 参见[美]弗里德曼.法律制度[M].李琼英,林欣,译.北京:中国政法大学出版社,1994:14.
③ [英]理查德·萨斯坎德.法律人的明天会怎样?——法律职业的未来[M].何广越,译.北京:北京大学出版社,2015.
④ 郑世保.电子民事诉讼行为研究[M].北京:法律出版社,2016:18-22.

电子民事诉讼与传统民事诉讼具有一些相同点，但是也存在若干差异。①

（1）技术手段上的差异性。这方面的特征比较明显，在此不做赘述。

（2）诉讼剧场化、广场化上的差异性。由于电子诉讼系统、司法信息化的建设，使得庭审更有可能在网络上进行直播，甚至可以被反复观看。这就使得诉讼更能够具有公开性、透明性，使其具有更强的剧场效应，也使司法的公信力的效应更为显著。同时，也使其普法效应更为明显，也更便利于普通民众参与司法评判、评论。

（3）诉讼外观等诉讼文化上的差异性。电子诉讼会使得诉讼更便捷、更高效、更透明。这也使得传统的庭审严肃性下降，并由此也更亲民，让更多人更愿意进行诉讼。

从总体而言，电子诉讼模式具有信息时代的若干优势，对于提升司法效率、客观科学性等具有以下优势。

第一，电子诉讼能够提供信息的高效联通。对于传统诉讼而言，诉讼活动需要各类司法文书的填写、上交、送达等工作，而电子诉讼能够提高相关信息的传送。对于普通大众而言，信息化能够让司法更加便民，当事人及其代理人在进行部分诉讼行为时，可以在信息终端进行处理、办理，减少或者免除到司法机关进行现场办理的次数，节约时间和成本，提高效率。对于法官及司法辅助人员而言，信息化也能够提升庭前、审理和裁判效率，节约已经较为紧张的司法资源。

第二，司法信息化能够为司法提供数据库，为法官审理、裁判提供相关法条、司法解释，提供相类似的判例，提供各类学术观点和论文等。这样也有利于法官进行更为正确、符合法律精神、法条内容和人民群众观点的裁判，也有利于法官进行裁判文书的说理和论证。

第三，电子诉讼部分使用了司法智能化系统和应用，能够提升司法裁判的效率。司法智能化有助于法官更好、更快地进行裁判。在当下司法信息化大面积推广之时，司法智能化也在不断推进；全国各地陆陆续续研发了一系列的司法智能化产品。特别是裁判文书的智能生成系统，已经在厦门等地研发成功，适用于部分标准化程度较高、较为简单的民事审判领域。相关的智能裁判系统/裁判文书自动生成系统，能够为法院的审判效率提升提供较好的智力支持，法官对于此类案件通常只需要对自动生成的文书进行核校、删改等工作，省却了

---

① 郑世保. 电子民事诉讼行为研究［M］. 北京：法律出版社，2016：57-60.

以往需要耗费较多精力的文书书写时间。此外，司法智能化在立案、执行等领域，也能够为立案法官、执行法官提供更多的便利。

第四，电子诉讼能够提供科学的司法管理模式。以往使用的千年来传统的诉讼庭审、纸面文书等模式，虽然有其传统的优点；但是就数字化管理而言，存在较大的劣势，也不利于深挖审判资源的潜力，提升审判效率。而繁简分流一个重要的目标就是更好地提升司法效率，扩大司法提供服务的能力。这样就不仅需要直接提升司法裁判的效率，同时也需要更好地进行司法管理，提供司法管理的科学化。而电子诉讼、司法信息化就能够为司法管理的科学化提供新的系统、平台和标准。在新模式下，对于审判的数据化、可视化统计、分析和管理成为可能，甚至可以建设智能化管理模式。同时，电子诉讼、司法信息化的管理模式，能够通过后台的比对、分析、监督，也有利于针对个案判决的偏差问题，提升司法公正。

二、正确认识繁简分流背景下的电子诉讼改革

最高人民法院印发的《民事诉讼程序繁简分流改革试点实施办法》将推进电子诉讼作为本轮改革的五大组成部分之一，是基于对互联网时代大背景深刻认识所做出的重大决策，对新形势下提升司法效能、便民利民诉讼有着深远的影响。然而，司法实践中各地法院对电子诉讼的认识不一，有的法院对一线司法工作人员发动不够，推进电子诉讼态度保守消极，诉讼活动仍然严重依赖传统的线下模式；有的法院则走向另一个极端，"大干快上"，强推硬干、脱离实践，忽视当事人的权利保障，配套程序不到位；还有不少法院对在线诉讼规则不熟悉，程序缺乏规范性，随意性大，这些问题亟待规范。

（一）电子诉讼的内涵与意义

互联网时代对社会治理模式和治理体系产生了重大的影响，一方面，公众的需求日益多样化，互联网已经成为人们生活的一部分，90后更是被称为互联网的原住民。互联网就像水和空气一样，和人民的生活密不可分。根据中国互联网络信息中心（CNNIC）发布的《中国互联网络发展状况统计报告》，截至2020年12月，我国网民规模为9.89亿，已占全球网民总数的五分之一，互联网普及率达70.4%，特别是随着智能手机这一移动上网终端的全面普及，城乡

之间以及东西部之间的数字鸿沟急剧缩小①，互联网已经成为覆盖全国的普遍性的生活方式。人民群众对在线司法解决纠纷的需求日益迫切，客观上要求司法机关提供高效便捷的基于互联网的纠纷解决渠道。另一方面，传统线下审判模式面临网络、大数据、人工智能、云计算等新兴技术的全方位渗透，带来的既有破解人案矛盾的机遇，也有如何通过技术创新引领制度创新的重大挑战，需要人民法院更新司法理念，推动机制与工具创新予以回应，提供一整套的在线纠纷解决方案。

狭义上，电子诉讼主要指自立案到庭审、宣判、执行的整个在线诉讼流程，推进电子诉讼，应当首先明确其制度定位和价值取向。本质上，电子诉讼只是技术层面的改变，并非独立的诉讼程序，也并非独特的审判组织形式，因此，电子诉讼仍应遵循既有的简易程序、普通程序、小额诉讼程序以及合议制、独任制的相关程序要求。公正司法，是电子诉讼必须始终追求和保障的底线，当事人的程序利益不容牺牲。信息技术具有灵活、便捷、快速的特点，通过信息技术开展诉讼活动，高效是题中应有之义，但应当更侧重和追求程序的严谨、规范，做到一板一眼、于法有据，这就需要做好统筹平衡。电子诉讼应当坚持法院和当事人"两便原则"，提升审判效率不能减损当事人合法诉讼权利，既要有利于法院依法独立公正行使审判权，也要为当事人诉讼提供充分便利。

其次，为了让"人民群众在每一个司法案件中感受到公平正义"，司法作为基础性的公共服务，电子诉讼应当满足新时期人民群众多元化、个性化、精准化的司法需求。这一方面要求推进电子诉讼改革应当以"普惠司法"作为改革的价值追求目标；另一方面，应当尊重群众的不同需求，固然要尊重大多数人对在线诉讼的需求，但也不能忽视少数人继续线下诉讼的合理诉求。作为一种诉讼方式，应当坚持"当上则上"的原则，努力契合、精准匹配与平衡不同当事人的司法需求，而非"应上尽上"，一旦追求更高的电子诉讼指标，就有可能在实践中扭曲，甚至异化。比如，对于诉讼参与人众多、案件重大、案情复杂、审理耗时长的案件，一般不宜在线审理。易言之，既要给多数人提供高速公路、高铁等高效率的高端服务，也要给少数人，尤其是社会弱势群体走国道，甚至县道、村道的权利，尊重一小部分对效率要求不高、对时间不敏感群众坐绿皮

---

① 国家互联网信息办公室. CNNIC 发布第 47 次《中国互联网络发展状况统计报告》［EB/OL］. 国家互联网信息办公室网，http://www.cac.gov.cn/2021－02/03/c_ 1613923422728645. htm. 2021－02－03.

车的权利，推动不同的社会群体在诉讼中自由选择是否采用电子诉讼，各行其道，并行不悖。

最后，互联网无远弗届的特点以及天然具有的开放、透明的属性，也决定了推行电子诉讼能够增加司法透明度和亲和力，推行电子诉讼应当以此为契机，梳理甚至再造诉讼流程，优化审理方式，倒逼司法行为更加规范有序，推动司法公信力有效提升。

当然，推进电子诉讼，还能够优化盘活长期以来沉淀在纸质卷宗中的大数据资源，深度挖掘与应用，加强审判智能化辅助，促进法律适用统一，更好实现司法公正。

（二）电子诉讼的推进原则

电子诉讼的优势很突出，但也存在一定局限性，在中国这样广袤的土地上全面推行，必须要审慎谦抑、协调推进，严格适用条件，严守必要限度，把握好基本原则。

一是严守法律底线原则。电子诉讼属于诉讼活动，凡是诉讼活动，就必须严守正当程序原则，遵循民事诉讼法及民事诉讼基本原理分别处理：对现行法规有明确规定的，应当严格遵守规定，按照既定的程序规则规范化开展，在未获授权情况下不得任意突破；对现行法规没有明确规定，但通过扩张解释符合立法原意的，可以拓展适用。比如，法律法规中关于"书面""签名"等形式要求的，在电子诉讼中可以放宽到电子形式和电子签名；当然，如果是电子诉讼中出现的新问题，探索完善新规则应当在民事诉讼法及民事诉讼基本原理的范畴内进行，不得违反法律、法理，不得有悖程序正义。

二是尊重当事人选择权原则。电子诉讼实质上是一种审理方式，推行电子诉讼其实是为当事人诉讼多提供一种选择，其权利来源是当事人的授权，如果当事人不同意，绝不能强推电子诉讼方式。实务中，征求同意的方式可以通过互联网方式灵活做出，但不能以技术手段诱导或者变相强制，要在充分保障当事人知情权、充分告知其参与电子诉讼的权利义务和同意参与法律后果的基础上，自由做出决定。当事人的同意，既可以是一次性的，也可以是概括性的；既可以是全流程的，也可以是针对特定阶段的。为维护程序的严肃性，原则上当事人同意适用电子诉讼方式后，没有正当事由不能反悔。

三是结合实际原则。在今后较长的一段时间里，线上线下相融合的审理模式应该是主流和常态。电子诉讼的方式丰富多样，应当针对不同案件的性质、特点，引导当事人根据自身情况与不同需求灵活选择，不宜强求整齐划一。比如，在建筑工程施工合同案件、人寿保险合同纠纷案件等案件类型中，证据繁杂，在线质证比较困难。又比如一些争议较大的案件，庭审耗时长，甚至需要多次开庭，这些情况一般不宜采用电子诉讼的方式在线审理，应当坚持"当上则上"原则，切忌刻意追求在线诉讼适用率等指标，强推硬上，欲速则不达。此外，无论是诉讼活动的部分环节在线进行，还是全流程在线，都属于电子诉讼，虽然后者难度更大，流畅实施全流程在线诉讼也能够反映出一个法院的技术水平，但在本质上只有更适合没有更好，二者在不同案件中并没有高下之别。对于互联网法院之外的普通法院，硬件条件参差不齐，推进电子诉讼必须拥有相应的技术条件，对于技术条件尚不成熟的法院，不宜大规模适用电子诉讼，但可以选择少量简单案件在部分诉讼环节适用。对于技术条件突出的法院，也要注意把握推进节奏，充分发挥技术辅助审判的作用，但不能滥用所谓"机器审判"，以法官为主体的司法机关工作人员是司法权的法定行使主体，不能随意让渡，绝不能以技术判断代替司法判断。

（三）电子诉讼的实施规则

电子诉讼的规范开展，需要一整套完整的规则。理论应当服务于实践需求，制定电子诉讼规则不能闭门造车，应当坚持问题导向，基于司法实务经验，解决实务问题。因此，制定规则是影响推行电子诉讼的关键环节。基于诉讼流程，本书梳理如下：

1. 在线身份识别与认证问题

电子诉讼数字化、网络化、非亲见等特点，相比线下诉讼更容易引发诉讼主体身份真实性的争议，在线身份认证程序是开展电子诉讼的前提，应当高度重视。

电子诉讼的认证有多种方式，包括但不限于国家统一认证平台、第三方认证平台、证件证照在线比对、生物特征识别等方式。鉴于公安机关人口信息系统的官方性与权威性，绝大部分在线身份识别系统都需要调用公安部的数据库。人民法院在识别电子诉讼当事人身份的时候，应当着重审核相关数据服务提供商的资质问题，对具备资质机构开立的审核报告或电子数据反馈方式确认的当事人身份可以径行认可。第三方认证平台如果使用自有数据库的，特别是使用生物特征等个人信息的，应当注意其相关信息收集行为的合规性审查。实践中，除实名的手机号码外，还可以采用微信、微博、淘宝账号等在注册阶段曾经完成可信身份认证，足以确认身份真实性的网络实名认证方式，但应当注意电子诉讼平台的开放性原则，不能局限于某一特定商业平台账户。证件证照在线比对的方式对图像清晰度要求较高，实践中受到制约较大，如果当事人提出异议较难核实。此外，证件的种类也比较多样化，对公司而言，主要是工商企业信息，相对比较单纯；对自然人而言，除了身份证外，还有护照、驾驶证、社保卡、军官证、学生证等众多种类，不同证件颁发机关不同，查询渠道各异。比如护照是由公安部出入境管理局管理，而身份证则主要是在户政及人口信息系统，需要区分不同情况做出处理。

身份认证应当在诉讼活动正式开展前完成，未经身份认证，不宜正式开展诉讼活动，以避免浪费司法资源。为了提升效率、节约成本，电子诉讼平台完全可以在身份认证环节通过弹窗确认等方式同步合并开展诉讼权利义务告知、审判组织形式告知、电子诉讼后果告知及诉讼程序选择、电子笔录替代、地址确认等重大事项，充分保障当事人的知情权与选择权。对经过上述环节概况确认的，只要后续通过该电子诉讼平台账户登录，原则上在本次诉讼中不必再次确认。实践中，有观点认为对于达成调解的，鉴于这是影响当事人重大权利义务的重要环节，需要再次确认身份，确保参与人身份准确无误。

在法律后果上，经过身份认证的电子诉讼平台账号，后续在平台上实施的诉讼行为，均应视为被认证人员所做的诉讼行为，由其承担法律后果。鉴于电子诉讼平台使用并不仅限于个案，上述效力的时间范围也不应仅包括初次身份认证的案件的诉讼各环节，还应当及于此后的其他诉讼案件。参酌电子银行相关规则，被认证人员有妥善保管电子诉讼平台账号密码的义务，否则，相关账号的诉讼行为具有推定效力。除非被认证人员举证证明账号被盗用或系统平台出错等以外，诉讼行为效力不容推翻。

2. 电子送达的条件与实施

长期以来，"送达难"问题始终困扰着人民法院，人员流动大以及由此导致的人户不符问题是主要原因之一。然而，随着互联网对人们生活的渗透，习惯了"网络化生存"的当事人已经无法离开即时通信工具等互联网工具，网络已成为联系人员的不变量。由此，电子送达完全有可能成为破解送达难题的突破口，但也存在诸多问题亟待明确与规范。

同电子诉讼一样，电子送达以受送达人同意为前提条件，同意包括明示和默示两种。明示同意亦即当事人明确表示同意，一般没有争议，《人民法院在线诉讼规则》创新性确立了"默示同意"规则，拓展了"同意"的情形，具体包括：①受送达人在诉讼前对适用电子送达已作出过约定或者承诺的。这在本质上是当事人在诉讼前的合意约定，实践中一般体现为在合同中拟定的电子送达条款。如果该合同系由一方当事人事前拟制而未经商议的，应当注意审查提供格式条款一方是否依据《民法典》第四百九十六条履行了提示说明义务，否则，对方可以以其没有注意或者理解与其有重大利害关系的条款为由主张该条款不成为合同的内容，从而无法对其电子送达。②受送达人在提交的起诉状、答辩状中主动提供用于接收送达的电子地址的。这种情形可以说是当事人在诉讼中的行为表示。原则上，如果在当事人提供的诉讼材料中没有明确表示接受对该地址电子送达的，人民法院应当视不同情况综合判断，比如提供电子邮件的，一般可以推定其愿意接受电子邮件送达，但如果只是提供手机号码，鉴于手机主要的功能系用于通话，不应径直认定其愿意通过手机短信接受电子送达，应向当事人做进一步确认。③受送达人通过回复收悉、参加诉讼等方式接受已经完成的电子送达，并且未明确表示不同意电子送达。这种情形本质是当事人事后的接受认可。如果受送达人明确表示不同意电子送达，仍不影响该次电子送达的效力，只不过此后不能再通过电子方式进行送达。根据最高院《民事诉讼程序繁简分流改革试点实施办法》，人民法院可以电子送达判决书、裁定书、调解书等裁判文书，但前提是必须经受送达人明确表示同意，从而排除了"默示同意"的适用空间。而且如果当事人提出需要纸质裁判文书的，人民法院还应当提供。

电子送达可以通过中国审判流程信息公开网、全国各省统一送达平台、微信、QQ等即时通信工具、传真、电子邮件等多样化方式进行。考虑到确定送达生效时间，以及便于受送达人事后反馈等民事诉讼行权行为等因素，原则上一个诉讼中最好只采用一种送达方式，由一个统一送达主体在统一规范的电子诉讼平台上进行，避免多头送达。具言之，使用微信送达，最好通过送达法院的官方微信账号发出，而不宜以法院工作人员的个人账号发出，送达还需留存电子送达凭证，确保送达过程可查询、可验证、可追溯。条件成熟的地区，人民法院还可以基于电子诉讼平台建设专门的电子送达平台作为统一的电子证据发出端，鼓励当事人注册诉讼平台专用账号作为接收电子送达的载体，未来还可以由最高法院参照电子诉讼平台的方式，采取统一的入口和发出外观的方式，对接各地法院自建平台，保证数据安全和资源汇聚。

《民事诉讼程序繁简分流改革试点实施办法》明确了"到达主义"和"收悉主义"两种不同的送达生效标准和情形，前者主要适用于当事人主动提供或确认的电子地址，后者主要用于人民法院向主动获取的受送达人电子地址进行送达的情形。"到达主义"只要送达材料进入电子地址所在系统时，即为送达。

而"收悉主义"则要求被送达人实际收到材料，并且知悉送达内容。知悉是一种主观状态，需要通过客观的行为表达出来，具体包括明确回复收悉、据此做出相应诉讼行为等。相较而言，收悉主义送达标准明显要求更高。二者的共同点是当事人已同意适用电子送达，这也是开展电子送达的前提。之所以对两种不同来源的电子地址适用不同的标准，主要是因为前者的电子地址来自当事人，经过当事人的确认。实践中对到达主义笔误的处理问题存在争议，有观点认为笔误不应视为送达，笔者认为，参照地址确认书的相关制度，诉讼是一件非常严肃的事情，当事人理应对自己确认过的地址的真实性和准确性负责。即便地址错误，无论是无意中的笔误还是故意书写错误地址，只要发送材料进入特定电子系统，均应视为送达。而对法院获取的受送达人电子地址进行送达，司法实践中主要包括法院曾经在其他案件中完成过有效送达且在近期内活跃使用的电子地址，以及向实名制手机号码发送等情形。

对存在多个电子地址的，法院应当审查判断再实施送达行为，如果多头送达或者多个渠道反馈已送达阅知的，应当以最先发生的时间作为送达生效时间，这种标准既符合受送达人接收信息的客观状况，也有利于及时确定送达效力，开展后续审判工作。

3. 电子证据的查明规则

电子证据是电子诉讼的重要特征之一，主要表现为电子数据，包括文档、图片、音频、视频、数字证书、计算机程序等电子文件以及其他以数字化形式存储、处理、传输的能够证明案件事实的信息[①]。有别于传统纸质证据，电子化材料存在一些特殊的法律适用难题。比如，电子数据判断的一个难点就是原件难以界定，根据《最高人民法院关于民事诉讼证据的若干规定》，电子数据的制作者制作的与原件一致的副本，或者直接来源于电子数据的打印件或其他可以显示、识别的输出介质，均可以视为电子数据的原件。这一电子数据"视为原件"的规则，是首次从司法解释的高度做出的明确，具有突破性意义。简言之，新规拓展了原件的种类，只要电子数据在"功能上等同或者基本等同"于原件

[①]《最高人民法院关于民事诉讼证据的若干规定》（法释〔2019〕19号）第十四条：电子数据包括下列信息、电子文件：（一）网页、博客、微博等网络平台发布的信息；（二）手机短信、电子邮件、即时通信、通信群组等网络应用服务的通信信息；（三）用户注册信息、身份认证信息、电子交易记录、通信记录、登录日志等信息；（四）文档、图片、音频、视频、数字证书、计算机程序等电子文件；（五）其他以数字化形式存储、处理、传输的能够证明案件事实的信息。

的效果，便可视为合法有效的原件。但其"视同原件"的效力来源是法院审核，未经法院审核的电子化材料不得在诉讼中直接使用。而且，这一"视同原件"是一种法律的拟制，其达到的效果仅仅是确认了电子数据的形式真实性，并非实质真实性，仍然允许对方当事人推翻，如果对方当事人对材料真实性提出异议并有合理理由，或者人民法院在审理中认为材料有瑕疵的，均可以要求提供原件予以核对。即便确认其真实性，如果在质证中被认定不具备关联性与合法性，仍然不具备证据效力。

4. 在线庭审的相关规则

基于以审判为中心的改革理念，在线庭审是电子诉讼的核心环节，其规则应当严格适用并做细化完善。首先，关于在线庭审的适用案件范围，《民事诉讼程序繁简分流改革试点实施办法》并未做出限制，该办法第二十三条[①]仅仅从负面规定了不适用在线庭审的几种情形：当事人不同意的，当事人不具备相应技术条件和能力的，需要现场查明身份、核对原件、查验实物的。[②] 当然，认定是否适用在线庭审是人民法院的权限，只要人民法院认为存在其他不宜适用在线庭审情形的，都不能适用在线庭审。上述情形消除后，如果案件仍需再次开庭的，经法院审查具备条件的，仍然可以适用在线庭审。

其次，在线庭审总体上应以当事人同意为前提，改革是一个过程，社会公众的接受也不能一蹴而就。对因为不了解或者是存在错误认识和顾虑的，法院在推进在线庭审时，应当积极主动，尽量引导当事人选择电子诉讼。但如果一方当事人不同意的，并非就无法适用在线庭审，仍需区分其是否不反对对方在线庭审的情况做出不同的处理。如果一方当事人仅不同意自己一方在线庭审，但不反对对方在线庭审的，可以根据案件情况，采取对方在线、其自身线下的

[①] 《民事诉讼程序繁简分流改革试点实施办法》第二十三条：人民法院开庭审理案件，可以采取在线视频方式，但符合下列情形之一的，不适用在线庭审：（一）双方当事人明确表示不同意，或者一方当事人表示不同意且有正当理由的；（二）双方当事人均不具备参与在线庭审的技术条件和能力的；（三）需要现场查明身份、核对原件、查验实物的；（四）人民法院认为存在其他不宜适用在线庭审情形。仅一方当事人选择在线庭审的，人民法院可以根据案件情况，采用一方当事人在线、另一方当事人线下的方式开庭。采用在线庭审方式审理的案件，审理过程中出现上述情形之一的，人民法院应当将案件转为线下开庭方式审理。已完成的在线庭审活动具有法律效力。

[②] 根据《最高人民法院关于适用〈中华人民共和国民事诉讼法〉的解释》第二百五十九条，在线庭审限于简易程序案件。当然，《民事诉讼程序繁简分流改革试点实施办法》系对上述规定的改革，在试点期不适用于非试点法院。

方式完成庭审。否则，如果各方当事人均线下开庭的，人民法院应要求其说明理由，并审查其理由的正当性。如果属于恶意拖延诉讼，或者试图增加对方当事人诉讼成本等其他情绪性非正当理由的，应当驳回申请。

在线庭审仍然属于庭审，应当严格遵循司法亲历性原则。采取在线视频庭审的方式，其实与线下庭审的效果是一致的，法官不仅能够实时看到当事人的反应，而且还能够选择在庭后回放庭审录音录像，细致观察当事人的表情等细节。而且在疫情防控期间，在线庭审不仅能够节约差旅费用，还能够避免疫情传播的风险，是一种刚需。所以，在线庭审不仅没有破坏司法亲历性原则，反而是新形势下对司法亲历性原则的发展和补充。

在线庭审还应当高度注意法庭纪律和司法礼仪，和线下庭审一样，在线庭审也应当遵守《中华人民共和国民事诉讼法》及其司法解释、《中华人民共和国人民法院法庭规则》等规定的纪律要求、禁止性规定和行为规范，确保庭审活动的庄重严肃性。鉴于在线庭审的特点，电子诉讼也出现了一些传统线下庭审所不具有的新问题。比如为了方便当事人使用，一些法院为当事人提供手机App或者微信小程序等移动互联的庭审接入渠道。然而，这一本意良善的举措，却遭遇现实生活中的种种问题的困扰。比如，有的当事人拿着手机在床上躺着参加庭审；有的当事人在嘈杂的环境中参与庭审，庭审中时不时还能听到孩子的哭闹声；还有的当事人甚至一边骑摩托车一边在线庭审。这些情况原本不可能在线下庭审中出现，但因为当事人不在法庭，受到的制约非常小，也就纷纷涌现。还有一些当事人违规录制、截取、传播在线庭审过程，恶意对外传播。当事人在庭审中擅自退出的问题，由于原因多样，既可能是当事人恶意，也可能是网络不佳而掉线，难以准确识别。一言以蔽之，在线庭审中，当事人的着装、行为、环境等问题均需要规范，人民法院应当结合实践变化发展庭审规则，打击妨害民事诉讼行为，促进规范发展。

证人出庭也是在线庭审司法实务的一大难题，根据相关规定，证人不得旁听庭审，否则将丧失证人资格，然而，前期司法实践中发现，证人躲在申请其出庭的当事人附近，或者共用一个网络，甚至接受他人指挥回答等干扰作证的情况并不鲜见。在线庭审中应当采取措施防止证人旁听案件庭审，一方面可以采用限定证人作证区域的方法，要求证人到法院可控的区域参与在线庭审，并接受可信赖人员的监督，比如证人可以就近到具备在线庭审硬件条件的人民法庭、法院、司法所等便民场所；另一方面，也可以通过相应技术手段解决，比如为防止证人在线旁听，可以探索以"直播间"方式控制加入人员，在非作证环节屏蔽证人进入。为防止证人线下旁听，可以通过查询监测 IP 地址或位置定位等方式，防止证人与当事人处于同一场所。实践中，上述方式一般应同时应用。

（四）做好推行电子诉讼的配套机制

推进电子诉讼是一项系统工程，必须加强统筹规划，强化技术支撑，理顺工作机制，着力形成常态化、长效性的运转机制，打造线上线下并行不悖、互联互通、融合发展的开放式的司法体系。

一要加强技术支撑，统一系统入口。电子诉讼平台是开展电子诉讼的前提和基础，过去，一些地区零星开展的电子诉讼，往往是法官通过微信、QQ、阿里旺旺等商业即时通信工具开展的。这些电脑软件和手机 App 虽然具备远程音视频同步功能，但其本身并非为诉讼而开发，缺乏身份核实等基本功能，也欠缺严肃性。司法是一项仪式感很强的活动，人民法院应当开发建设专用的电子诉讼平台作为公共基础设施。近年来，各级法院先后开发了众多的电子诉讼平台，其中最高人民法院牵头开发的基于腾讯公司微信小程序技术建设的中国移动微法院平台已经接入 3500 多家法院。基于司法的严肃性和数据安全性保障的需要，统一全国法院在线诉讼的入口是大势所趋。当然，考虑到个性化、专业化的诉讼需求，各地开发的一些高品质电子诉讼平台可以保留，但应当从一个公共平台接入，再通过转链接到具体平台。同时，数据格式应当统一，安全标准应当统一，以确保审判数据的安全。加快推进各地电子诉讼平台与"中国移动微法院"有效对接，着力打通内外网数据，在确保系统和数据安全的基础上，实现数据实时交互、同步生成、自动汇聚。推动形成系统融通、数据整合、功能丰富的统一电子诉讼平台，并为后续审判大数据与司法信息的深度应用奠定基础。

二要理顺工作机制，确保规范有序。电子诉讼的效力问题，是开展电子诉讼的基础。《人民法院在线诉讼规则》[1] 以司法解释的形式，首次明确采用在线庭审方式审理的案件，已完成的在线庭审活动与线下诉讼活动具有同等效力。即便在审理过程中不宜继续适用电子诉讼的情形之一的，法院在将案件转为线下开庭方式审理的同时，仍然应当确认已完成的在线庭审活动具有法律效力。电子诉讼，终归还是要通过人来开展的，法院是一个相对保守的国家机关，法

---

[1]《人民法院在线诉讼规则》（法释〔2021〕12 号）于 2021 年 5 月 18 日由最高人民法院审判委员会第 1838 次会议通过，自 2021 年 8 月 1 日起施行。

院工作人员的技术素养,在很大程度上制约了电子诉讼的健康发展,应当加强电子诉讼相关培训,全面提升以法官为重点的司法人员包括规则适用能力、技术应用能力和司法创新能力在内的司法能力;应当加强对电子诉讼规律的研究总结,在鼓励各地法院积极尝试的基础上,结合审判工作实际,及时总结提炼经验智慧,制定出台相关审理规程、实施细则和工作指南,加强对当事人和司法人员的诉讼指引,推动解决新情况新问题,形成体系完备、科学规范的电子诉讼规则体系。

三要完善数据统计,优化考核管理。考核是推动工作的重要抓手,针对电子诉讼的特点,应设置统计指标口径,完善信息录入机制,优化数据统计方式,全面准确及时反映电子诉讼推进情况。科学确定电子诉讼相应考核评价指标,形成有效激励约束,注重避免形成"重数不重质"的不当导向,促进电子诉讼应用规模、质量和效率的全面提升。

三、电子诉讼的发展前景:智能裁判辅助

繁简分流的工作除了能够进行繁案精审之外,主要是能够提升简案快审的效率。电子诉讼不仅仅能够在网络化、信息化等层面上满足简案快审的效率要素,还有可能在实践中逐渐地探索部分案件智能化裁判的可能。根据简案快审的要求,可以考虑推动智能化的审理(辅助)探索工作。

(一)智能化与司法裁判(辅助)智能化发展

最近几年,人工智能研究有了较大的发展,主要是在计算机"大数据深度学习"的技术上获得较大突破。因此,人工智能也开始运用于司法工作中,例如将其运用于司法辅助裁判工作、律师辅助工作以及公司法务的工作中。而早在若干年前,西方就进行了相关的尝试。例如,2014 年加拿大多伦多大学研发了著名的法律人工智能机器人 ROSS 平台,其先是进行 10 个月的破产法学习后,开始在 Baker & Hostetler 律师事务所进行工作,IBM 继续教授 ROSS 不同领域的法律,以便其在多个法律领域进行工作。①

当前,国内的法律人工智能项目大多以中国裁判文书网的裁判文书数据库为素材进行人工智能(AI)的深度学习训练。而中国裁判文书网上的海量裁判

---

① lx. IBM 人工智能进入法律行业:推世界首位 AI 律师 ROSS[EB/OL]. 中国机器人网,https://www.robot-china.com/news/201605/17/32941.html, 2016-05-17.

文书①，也能够为法律人工智能的研发提供大数据的基础。在繁简分流改革追求简案快审的大背景下，进行智能化审理模式的尝试也已成为一种必然。早在 2016 年，深圳盈科律师事务所就展开了"法律谷"法律人工智能项目的研发，由梅林担任相关团队的负责人。随后，厦门法院的一名辞职法官也展开了"能见易判"法律人工智能创业项目策划、研发。此外，云南八谦律师事务所也研发了"法律人工智能办案辅助系统"；深圳"法狗狗"法律人工智能创业项目也于 2017 年进行召开产品发布会和产品演示。而上海市政法系统在近年组织一大批法律业务骨干进行了"206"工程——刑事裁判智能系统——的研发工作，为智能办案辅助补上了刑事的拼图。此外，这一两年来，还有其他公司也进行了法律人工智能的研发工作。相关系统的研发，为我国法律人工智能进一步发展进行了有益的探索。

1. 智能裁判（辅助）系统

这些法律人工智能项目，有的是针对律师业务、法律咨询业务，也有的是针对司法裁判的业务。而针对司法裁判的智能系统（以及智能辅助系统），对于简案快审就具有较强的意义。在这些智能裁判（辅助）系统中，通过对于部分标准化程度高的简单民事案件类型进行要素梳理和知识图谱的建构，然后进行文书抓取审判要素系统算法的研发，能够实现简案快审。司法实践中，诸如信用卡、民间借贷、金融借款、保险人代位求偿，以及图片、文章、歌曲等知识产权侵权等某些类型案件，由于案件数量大而又能够提炼标准化的审判要素，都可以进行标准化分析，以标准化为基础建设智能化裁判软件。通过建设部分类型案件的智能化模块，还能够拓展智能裁判系统的应用范围。

基于各地研发智能裁判（辅助）系统的经验，智能裁判（辅助）系统能够对此类案件的所有案件要素自动抓取、自动计算、自动分析。系统建立裁判元规则数据库，自动抓取案件要素，自动智能分析，得出初步的结果预判参考，法官们只需要选择、核实、判断，从而将"填空题"变为"选择题"，文书撰写明显提速。在各地撰写每份判决书的时间从 2~4 小时缩减到 10 分钟以内，大大节约了办案时间、精力，提高了办案的效率。此外，由于是依照同一个算法软件，所以能够统一裁判规则，破解不同法官间裁判尺度不统一的问题，更

---

① 截至 2021 年 8 月 30 日早上 9 点，中国裁判文书网上文书总量已达 122606134 篇，访问总量 69324053068 次。中国裁判文书网已成为全世界最大的裁判文书数据库与司法公开平台。

好地实现"同案同判"。

典型如相当一部分的信用卡类、小额借贷类的格式合同案件,其金额小、当事人往往又不应诉,但是案件数量又较为巨大,这就导致金融业发达城区的部分基层法院苦不堪言。而相当一部分借贷却已经在金融企业会计账目中计提坏账,甚至打包打折出售,往往又是金融企业进行小额简案的批量诉讼。但是一旦基层法院完全放开相关的诉讼,又会挤占司法资源,导致其他民事案件无法及时受理和审理。另一方面,相关的仲裁机构又会因为此类案件标的太小而不愿意受理。这样就可能导致相关纠纷无法获得司法的裁判,使得相当一部分当事人的权益无法保障,同时也可能使他们将此类纠纷转向其他解决方式(如民间的非正规的讨债公司等),从而给社会稳定埋下不良的隐患。因此,引入相关智能裁判(辅助)系统,就能在一定程度上为这种"爹不亲娘不爱"的"鸡肋"式纠纷提供一定程度的较为经济的司法解决,为社会稳定和经济效益提供一定的保障。

此外,信用卡以及小额消费贷款的消费者往往都是对互联网运用较为熟练的年轻人、中年人,其相当一部分的财产也往往在线上,相关智能裁判(辅助)系统的裁判结果,也便利于联结执行智能化的系统,从而加速相关纠纷的解决。

2. 智能执行(辅助)系统

司法智能化不仅仅体现在司法裁判(辅助)的智能化,还可以体现在执行的智能化。如果大量的简单案件经过裁判,却无法执行,那么简案快审就无法完全实现司法目的和社会效果。所以,大量的简案进入执行环节,也需要智能化的执行系统提供一定的支持。

在智能执行方面,我国多地较早展开了探索。早在2014年,最高人民法院研发了总对总的网络查控系统,通过与16个有关单位和金融机构等合作,通过信息化、网络化、自动化手段,在全国范围内查控被执行人及其财产。近年来,该系统覆盖范围和功能不断拓展完善。截至2018年底,该系统可以查询被执行人全国范围内的不动产、存款、金融理财产品、船舶、车辆、证券、网络资金等16类25项信息,推进了人民法院财产调查方式的变革。在最高人民法院推进建设"总对总"网络查控系统的同时,多数高级人民法院也在辖区内建设三级联网的"点对点"网络查控系统,实现对本省辖区身份和财产信息的有效查控,形成对"总对总"网络查控系统的有力补充。

典型如厦门法院的"点对点"执行查控系统,具备对被执行人存款、房产、车辆的网络查询、查封、冻结、扣划等主要功能;可实现网络实时查询被执行人身份、住宿、航空、出入境信息；通过案件管理模块，可实现对终结本次执行案件、刑事财产执行案件、诉讼费执行案件、执行保全案件的规范管理；通过智能管家模块，可实现自动查询、自动复查、批量处理、短信通知。

其他法院也进行了诸多尝试，比如无锡法院在这方面进行了大数据分析系统算法模块的设计，建设了较为完善的执行智能化系统，具备多方面的功能。

(1) 关联案件分析功能。系统自动收集涉被执行人在审或审结的审理案件、在执或执结的执行案件、作为原告或申请执行人的在办案件明细及案件详细情况，并可以调取相关法律文书；可以根据案件状态、涉案法院、案号等各类情况单独查询个案的详细情况①。这项功能主要在于统计被执行人在江苏全省总的涉执行案件总金额；了解其作为原告或申请执行人的债权金额，综合分析被执行人的欠债情况。相关的关联作用能够有利于智能化系统的拓展、联结。

(2) 资产分析功能。将执行办案管理系统中通过"总对总"和"点对点"查控系统查询到的资产进行价值分析。除了银行存款分析外，例如车辆分析功能根据系统内置的二手车辆交易市场信息及车辆销售部门的同类型车辆价格初步预估查询到的被执行人车辆价值。房产分析功能则根据同地段相近户型、面积的二手房交易记录，对被执行人房产进行对比分析，初步预估房产价值。同时执行法官另行调查了解到的被执行人的相关财产，可以及时将相关数据信息上传至系统中，保证被执行人相关信息的完整性。形成对被执行人主要资产情况的综合分析。这种资产分析功能较为强大，既能够确保执行的效率，还能够确保公平。

(3) 资金流分析功能。通过对被执行人账户以及可疑账户往来明细记录的分析，系统对相关账户之间形成的资金回路信息进行警示提醒，执行法官对相关资金回路信息进行重点研判，确定被执行人是否存在通过他人账户故意转移资产、隐瞒财产的行为，有力打击被执行人抽逃注册资金等规避执行行为。②

无锡法院还开展了轨迹分析功能、综合研判报告功能、告警管理功能、监督管理功能、数据采集功能、数据筛选功能等其他模块的执行智能化建设。技术水平发展较快，很多新的工作思路已经能够通过模块设计进行数据的互联互

---

① 包括涉案法院、案件状态、案号、案由、承办法官、立案时间、结案时间、结案方式等执行案件信息。
② 无锡中院. 无锡法院建立"大数据分析系统"破解执行难 [EB/OL]. 全国法院切实解决执行难信息网，https://jszx.court.gov.cn/main/ExecuteResearch/100055.jhtml, 2018–09–07.

通、综合设计。

此外,还有将执行系统整合进入社会综治系统的新智能模式。例如广东省佛山市禅城区政府以云计算、大数据等新技术建成了三网合一、五级联动的社会综合治理指挥中心,形成了一套完整的社会综合治理网格管理体系。2018年初,禅城区将协助法院执行纳入综治网格事项范围,禅城法院联合区社会综合治理指挥中心建成被执行人网格管理云图。云图通过被执行人的住所信息与禅城区综治云图的地址名库进行匹配,将尚未履行义务的被执行人在云图上标示,关联综治大数据库,联通网格员移动终端,建成可视化、多功能的执行综治平台。被执行人网格管理云图实现三大功能,即信息共享、实时对接和远程监控。①

(1) 信息共享。执行人信息叠加到区综合治理网格地图,关联区综治人口信息库、法人信息数据库等。登录被执行人网格管理云图,点击被执行人图标,与被执行人身份证号码匹配的综治信息即显示在云图上,如被执行人的配偶和子女信息、联系电话等,实现了被执行人信息的实时共享,方便执行人员查找被执行人。

(2) 实现执行指挥中心与网格员的实时对接。禅城区共划分为307个主要网格,每个网格员配有"4G移动终端",网格员在日常巡查中使用"4G移动终端"采集各种综治信息。网格员在日常巡查中发现被执行人居住场所、财产线索等情况时,可通过移动终端直接反馈到执行指挥中心。根据执行办案需要,执行指挥中心还可根据网格员反馈信息及视频截图等制作成调查笔录。

相关的司法智能辅助系统均为司法的效率提升做出了有益的探索,对于繁简分流、简案快审、司法公平透明提供了技术的支撑,也为社会的发展进步、为更好地实现纠纷解决以及社会繁荣稳定提供了新的参考模式。当然,除了采用司法智能化模式之外,也可以采用多元化纠纷解决的方式,还可以采用社会信用(征信)等其他模式。

(二) 司法智能化的理论思考

司法智能化的实践还在不断探索、进步之中,我们也有必要对司法智能化进行一定的理论思考。

如果说人工智能可以分为强弱的话,则现有的人工智能往往是属于弱人工

---

① 林晔晗. 佛心禅城一张"云图"开启"云"执行 [N]. 人民法院报, 2019 – 01 – 23 (6).

智能，而已经在探索中的法律人工智能也属于弱人工智能，其具有强工具性，但是系统性较弱。这些法律人工智能系统，极个别的法院、软件公司已经能够大致实现较高的精确性，随着智能化水平的不断提升，除了现有的交通事故、民间借贷、婚姻、劳动争议等领域外，今后在越来越多的司法审判领域能够实现更高的精确率。

总体而言，司法人工智能具有以下四个特点。

其一，司法智能系统能够实现部分案件类型的裁判文书自动生成，但这仅仅是针对简单的文书，而且仍然需要法官的审核、校对。其二，其在其他司法程序的功能也能够实现，例如部分的执行、立案等。其三，其在短期内较难解决事实认定方面的问题。其四，其不能解决所有类型案件，尤其是疑难案件、复杂案件。

现有的人工智能技术以大数据深度学习为主，在这样的模式下，法律人工智能可否提供较好的纠纷解决方案呢？其受到以下四个方面的限制。[①]

（1）能否发现较佳的纠纷解决方案？当下法律人工智能简单的"大数据深度学习"以及大数据分析模式，只是总结和推送了某一类案件的多数判决意见。此类意见应该是比较普遍的判决意见，因而可能是较为成熟的纠纷解决方案/制度，但也可能是保守的判决。当然了，相比传统的概念法学和法教义学，这种对司法裁判的总结和归纳模式已经非常重视司法实务。但这仅仅是大数据归纳分析而已，最多是较为初级的人工智能，其仅仅是培养一个初步的法律人（法律机器人）。其不能有创新，不能探索更好的纠纷解决方案。

不可否认，法律人工智能的强项在于逻辑推理方面。法律实证主义所强调的"法律的逻辑性"，即"一个法律制度是一个'封闭的逻辑体系'；在这个体系中，正确的判决可以仅用逻辑方法从预先规定的法律规则中推断出来"。[②] 此类观点具有比较强的解释力，并在多数案件中能够起到基础性的作用。此外，如若不能做到多数案件统一进行逻辑性的推理，则各案各判就会导致效益下降及其他各种问题。但是，法律的逻辑性并非是一切问题或者唯一的问题，"尽管其中有些可能通过逻辑、科学或实践理性来解决，却还留下相当一些案件无法使用逻辑和科学解决。并且，实践理性的常常并不非常强有力的锋刃也会崩口。

[①] 吴旭阳. 从纠纷解决看法律大数据人工智能［N］. 中国社会科学报，2019-01-08（A05）.

[②] ［英］哈特. 法律的概念［M］. 张文显，郑成良，杜景义，等译. 北京：中国大百科全书出版社，1996：269.

更甚的是,解决疑难案件所必需的实践理性方法也许不是严格意义上的法律的推理方法。"① 则法律人工智能运用所赖以为标准的演绎推理的法律规则,也依旧可能存在问题。

人类一方面需要深刻的思维能力和思维模型,但是另一方面也需要感知能力和实践能力。与人类相比,AI 的计算能力远不具有深刻的思维能力和思维模型,虽然其有较为高速的计算能力,并有一定数量的"大"数据。但是这种"大"数据尚不具有较强的实践能力,依然是以思维计算能力为主。

另一方面,与人类相比,AI 虽然在某些方面的感知和实践能力较强,但是在许多领域依然存在较大局限。如果以当下的大数据深度学习的模式来看,其学习信息库的来源是人类依照人类的认知标准进行,相当一部分还是人类加工之后的信息产物。总体来看,AI 的信息加工模式为人类所设计是人类思维的结果;其信息加工的部分内容为人类信息加工的产物,或者是依靠人类的认知标准进行加工;而其信息加工所依赖的设备为人类所设计生产。则其在现有条件下较难摆脱人类,尤其是在司法决策等领域短期内较难超越人类。

同时,思维能力关键在于"信息处理模式"和"信息处理的速度"问题。而核心的核心在于"信息处理模式"。因为一旦信息处理模式低下,即便是速度快,也意义较小。在当下,AI 的主要优势在于计算速度或者能力,其计算模型还是基于人类设计的计算模型(卷积神经网络等)。人类与 AI 之间,人类的创造性是主要的,AI 在当下更多的仅是计算机或者系统。

(2) 纠纷解决方案与正当性。法律是公平正义的事业,普通民众对于司法判决/活动的接受程度,还事关他们的公平正义、利益及其他感觉;相关要素构成了法律的正当性基础。人类认知具有个体的主体性,都是基于自身的公平正义、利益及其他感觉,相关的认知与决策具有"具身心智"的生理/心理基础。人类的这些生理感知、道德感和理性分析,现有的法律人工智能不能通过大数据深度学习获得这种能力。

(3) 目的性问题。正当性问题还涉及法律的目的,目的性其实也是正当性的广义构成内容。人类社会的目的,及对目的的思考能力(以及自由意志能力)首先是基于当下庞大人口互动博弈的神经计算;但其并非仅基于此,还涉及人类社会更远古的互动计算的沉淀。而法律人工智能在现有的大数据深度学习的

---

① [美]波斯纳. 法理学问题[M]. 苏力,译. 北京:中国政法大学出版社,1994:100 - 101.

基础上仍然不能具有这种目的能力。

（4）司法人工智能即使是在司法逻辑、推理方面的能力较强，但是其在事实认定方面的能力较弱。现有的法律人工智能运行主要是从"要素性事实"到"要件"再得出"裁判结果"。而"要素性事实"则是以"证据性事实"和"推断性事实"为前提。而现阶段的法律人工智能很难实现由"证据性事实"向"推断性事实"的推论，再实现由"推断性事实"到"要素性事实"的推论转化。在事实认定方面存在较大的缺失。因此，部分法律人工智能项目在事实认定方面以当事人的陈述为主。在一些标准化程度比较强的案件类型中，如交通事故、劳动争议、医疗伤害类型案件方面，系统对某些事实进行选项设计，当事人线上对各类事实认定问题进行选择，以进行"事实认定"。然后，法律人工智能在事实认定的基础上进行法律规则的推理，最后得出"结论"。但是，这种事实认定的准确性相对较低（当然，法官或者陪审员进行人工的事实认定，也会存在意见不一致）。[①]

当前法律人工智能的发展水平有限，基于现有大数据深度学习基础上的法律人工智能，还处于初步阶段。其在案件的事实认定、定性等关键环节上不能完全准确运行，案件判断和分析的精确性不高。如果说人工智能有"低、中、高"或"强、弱"之分，则现有技术多为"弱人工智能"。现有的人工智能最多仅能作为法律人初级助手；若要成为高级助手甚至取代人类法律人，则需要解决许多复杂、高级的问题。这既需要技术水平的提升，还要求数据资源的收集和整合，而不是一二十年能够简单解决的。

当然，在当下审判业务繁重、法官和律师工作压力巨大的情况下，即使是"弱法律人工智能"也能为司法工作提供部分辅助。经过知识图谱特别梳理以及人工协助之后的司法智能系统，对于几个标准化程度较高领域的案件，其裁判"正确率"的水平有较大提升，能够为司法裁判、简案快审提供较好的协助。但是，这依然也是要在法官的主持、审核之下，因为依照宪法和法律规定，司法权是属于法院而不是属于人工智能的。

四、厦门金融司法协同中心健全电子诉讼规则的经验与对策

2019年4月以来，由厦门市中级人民法院、厦门市思明区人民法院以及中

[①] 吴旭阳. 法律与人工智能的法哲学思考——以大数据深度学习为考察重点 [J]. 东方法学, 2018 (3): 18-26.

国人民银行厦门中心支行、中国银保监会厦门监管局、中国证监会厦门监管局、厦门市地方金融监管局等六家单位共同成立的全国首个金融司法协同创新平台——厦门金融司法协同中心,也在其司法审判、执行工作中大力展开司法智能化探索,运用人工智能、物联网和司法大数据提升司法科技服务能力。"金融司法立审执的全流程平台"打造了包含"要素式批量立案""平台化批量送达""互联网举证质证""互联网远程庭审"以及"裁判文书批量生成"等功能模块,实现了全流程在线审理。为了提升诉源治理能力,厦门金融司法协同中心还开发了基于督促程序的小额金融纠纷一体化处理平台(以下简称"小金平台"),通过电子支付令快处纠纷。相关的智能化探索大大地打开了简案快审的新空间和可能性,为其他司法机构进行后续工作打下了坚实的基础。

(一) 健全电子诉讼规则的举措与亮点

厦门金融司法协同中心已经基本建成金融案件全在线审判系统和"小金平台",在线系统全面支持当事人远程提交电子诉讼材料。金融中心还基于统一数据标准独立开发全金融案件全在线多元纠纷解决与司法确认系统,依托庞大的金融调解员资源,鼓励当事人采用远程调解的方式息纷止争。值得一提的是小金平台通过发送电子邮件、手机短信及其他即时通信账号等发送电子支付令,同时对送达流程进行电子存证。平台实现了所有诉讼材料直接电子化归档,真正做到了立案、审判、送达、归档的一站式处理,实现了全流程无纸化在线审理。这些信息化系统在疫情期间经受住了大体量运行的考验,整体而言运行稳定、流畅功能可靠,实现了审判工作的轻重分离、快慢分道,互不干扰。

当前,在充分尊重当事人意愿、充分保障合法诉讼权益的前提下,90%以上的案件采用了网上立案的形式,庭审工作以网上开庭为原则,以线下审理为补充。原则上所有案件均采用网上开庭的形式审理,而对于部分当事人因能力有限、设备不足等要求线下立案、庭审的也尊重其要求。2020年疫情期间,金融中心网上庭审数在福建省占比一度高达四成,多月份在线庭审数占福建省总数的25%,有效保障了疫情期间的审判工作秩序。"小金平台"累计处理电子支付令37件,目前还有281件正在办理中。

厦门金融司法协同中心对于信用卡纠纷、金融借款合同纠纷、保证保险合同纠纷等案由的系列案件,在充分保障当事人诉讼权利的基础上采用批量、集中的合并审理方式线上开庭审理。最多的一次性开庭上百件,真正实现让当事人"最多跑一趟",在确保审理公正的基础上,提高了审判效率,让人民群众和法院干警都有"获得感"。

(二) 电子诉讼运行过程中的问题与困难

1. 系统之间的数据壁垒需进一步打通

一方面，当前厦门金融司法协同中心主要使用的信息化系统有3个，经过长时间的沟通，一定程度上实现了数据的共享和同步更新。但是系统之间的大部分功能仍然存在壁垒，需要进一步优化整合，减少重复劳动，增强系统协作。另一方面，很多金融类案件证据存储于金融机构的数据库之中，作为电子证据提交时无法直接提取，只能截图打印加盖银行印章，难以核对原件。司法机关需要探索与协同部门及其他金融机构的数据互通互联，实现电子证据的实时提取，真正实现智能化、信息化的审理革新。

2. 新法标系统对调用系统数据的端口、外挂限制过于严苛

金融案件数量大、数据多、相似度高，因此电子化、批量化、集约化处理是大势所趋。金融中心曾经开发出批量操作机器人调取新法标系统的数据辅助信息化诉讼系统的运行。但随着上级法院对系统管理收紧，调用系统数据的端口和外挂被禁，较大地影响了审理工作效率，也在一定程度上挫伤了基层法院工作创新的积极性。

3. 电子卷宗工作需要进一步推广完善

卷宗管理是审判工作的收尾和归纳，是重要的工作内容。但是归档工作材料众多，存在大量琐碎的重复劳动，一直是书记员工作的痛点。而如此劳心费力实际上收效甚微，受纸质化档案本身功能有限加之调阅程序复杂等制约，档案的利用和对工作的指导意义较为有限。而金融中心案件同质化程度较高，信息化水平较为完善，推广完善电子卷宗工作有较好基础，但当前档案管理法规仍然对这一改革的推进形成制约。

4. 无纸化工作仍然任重道远

在线诉讼客观上要求数据的电子化流转，然而改变纸质化审理的习惯需要时间，考核要求也仍需完成纸质卷宗的收集、扫描、移交。符合立案条件的案件只做线上收件处理，需当事人邮寄起诉材料，并经核对是否与网上材料一致才可登记立案、通知缴费，如材料不一致，仍需通知当事人补正。网上立案案件仍需重新扫描卷宗，当事人提交的电子材料并未起到任何作用，卷宗流转手续烦琐且浪费审查人员时间，效率低下。

5. 电子送达的可靠性、有效性需要进一步提高

电子送达作为全在线审判系统的最后一环，既是重点也是难点。送达问题本身就是审判工作的老大难之一，完善电子送达一方面摆脱了传统送达时间、

空间成本上的一些困境，但也引进了很多新问题。要增强电子送达的可靠性与有效性，不可避免地要进一步解决电子送达的这些邮件地址、通信账号与当事人的实名对应关系和送达信息到达受送达人特定系统的确认和存证工作。

6. 线上诉讼平台太多相互之间无法形成协同效应

审查、审批、开具缴费通知书、推送调解员等功能未能聚合在一个端口，数据之间不能互通互联。仅立案一项功能，网上数据来源就有自助立案端（二维码）、律师服务平台、福建移动微法院、网上诉讼服务中心、微法院跨域立案、金融办案平台、全在线服务平台等若干个平台。每个平台均有立案审查考核时效，且部分平台需要多网址界面操作才能算办理完毕。其中线上开具缴费通知一项，当前推行的诉讼费与执行费一案一码系统反馈时间长，需多步骤操作才能完成票据生成、签章、送达等流程。更为严重的是，多个平台都有强制性的数据考核指标，考核指标之间还存在冲突。

7. 线上诉讼平台功能不完善

部分平台，特别是上级法院开发的平台，重管理轻使用，缺乏用户视角和服务意识，许多功能未结合法院工作实际情况设置。例如，无法批量审查审批、批量生成缴费通知、批量推送至人民法院调解平台；网上申请立案的案件退回时，当事人接收不到法院的退回释明，需电话告知当事人，该退回情况填写并未起到作用；推送人民调解平台时只推送当事人信息，未推送卷宗等。从节约社会成本的角度看，由上级法院甚至最高人民法院统一开发信息平台无疑最具有经济性。然而，实务中上级开发的系统，一线司法人员用户体验差基本已成为法院信息化工作的痼疾，这一难题难以破解。

8. 上级考核设置不合理反而成为负担

考核制度僵化，上级法院为了强推一些系统或者某一指标而在一个时期将特定系统的使用率列为考核指标，但考核指标缺乏合理性论证，彼此互相冲突，导致工作人员为完成考核指标完成无意义劳动。如人民调解平台考核指标要求诉前调解率达到立案案件数的40%才能得分，每一个推送案件都必须经过补录被告电话号码等步骤才能逐案推送至外网，外网返回内网正式立案时又必须逐一填写结案情况，缺乏批量实现的可能性。

(三) 完善电子诉讼工作的对策与建议

1. 持续优化信息化诉讼平台，打造稳定可靠的电子诉讼基础

信息化诉讼平台的建设是开展电子诉讼的基础，人民法院推进电子诉讼工作应当以持续优化目前已有的信息化诉讼平台为抓手。首先，排查系统漏洞和

瑕疵，删繁就简，完善操作界面和引导，降低上手门槛，不断提升信息化系统的使用体验，做到真正的司法便民。其次，拓展系统功能，增强系统之间的融合协作。尽可能开展一站式服务，避免重复劳动，提高工作效率。最后，着力改进不同终端的信息化诉讼平台使用体验，尤其是拓展到手机、平板电脑，进一步为当事人参与庭审降低阻碍和门槛。

2. 建议优化考核指标与考核方法，解除基层束缚，释放基层创新热情

当前上级法院的考核方式较为僵硬，往往是生硬地规定各项网上诉讼的指标和比例，没有考虑到不同案件的特点和现实操作的可能。基层法院为了达到这些考核指标，往往会强行推行信息化诉讼平台，可能忽略了部分确实没有能力从事网上诉讼的当事人的需求。而这些强行推广的信息化诉讼平台也往往不尽如人意，缺乏长期维护和更新，无论是对干警职工还是当事人都吃力不讨好。

3. 建议上级部门牵头各金融机构及协同单位，打破数据壁垒，促进数据互联互通和信息共享共建

当前电子诉讼的瓶颈之一就是数据的共享问题。由于早期法院对外委托开发信息化系统的合同约定不够规范，缺乏知识产权及端口开放条款。首先，信息化诉讼平台之间亟须打破数据壁垒，完善数据交换，尤其是与新法标系统的数据交换共享。其次，建议搭建桥梁直通各金融机构和协同单位的数据库，调用诉讼所需数据作为电子证据供法庭审查，既保证了数据的实时同步和真实可靠，也扫清了各种截图打印扫描等烦琐工作。最后，电子送达亦需要进一步与电子邮件服务提供商、通信公司和即时通信软件运营商加强信息共享，确保送达对象的准确性和送达电子存证的可靠性。

4. 建议上级法院放宽基础信息系统的数据调用限制，激活基层创新活力

繁简分流需要快慢分道，金融案件这类数量大、同质化高、法律关系简单的案件需要步入流水线和快车道，因此能够大批量地调用系统数据进行操作修改是提高审理效率的重要途径。当前，上级法院出于数据安全等诸多考虑，对数据调取限制较多，如福建高院基于原有审判系统升级的新法标系统，就对调取数据控制过严。审判大数据的挖掘、分析与深度应用的前提是既有数据的获取与使用，建议上级法院在系统开发中提供工具或功能满足需求，或者通过认证的形式特许一些改革试点的信息化诉讼平台能够使用固定的端口进行批量操作，从而激活基层创新活力，提高审判效率。

5. 建议推进无纸化电子卷宗的开发和深度应用

电子卷宗一直以来是推进电子诉讼的障碍之一。当前推行的电子卷宗只不

过是将纸质化卷宗扫描成图片或者 PDF 格式的电子文档放入信息化诉讼平台，不仅没有得到效率的提升，还增加了很多工作量。而只有无纸化的电子卷宗才能满足电子诉讼发展的需要，实现效率提升和绿色办公。同时，无纸化的电子卷宗不应是文档和图片的集合而应是信息化的电子卷宗，即对于案件的各项数据都可以检索、筛选、整理，唯有如此才能在此基础上开展电子卷宗的数据分析、案例索引等深度应用。

第十章

民事诉讼繁简分流之再思考

党的十九大报告明确提出:"贯彻新发展理念,建设现代化经济体系,推动形成全面开放新格局,首先要有……一个好的营商环境。"营商环境是一项涉及经济社会改革和对外开放等多个领域的系统工程。是一个区域竞争力的集中体现,也是衡量区域整体实力的重要标准。公平公正的市场秩序是法治化营商环境的重要组成部分,也是城市竞争的必备条件。目前,国内大多城市营商环境评估体系来自世界银行集团一年一度的营商环境评估报告 *Doing Business*,主要通过 10 个大指标来衡量营商便利度排名。民事诉讼繁简分流主要属于"执行合同"这一指标。繁简分流的司法实践,是呼应社会纠纷解决需求的必由之路,也是经济社会发展到一定阶段的自然需求。

一、厦门法院繁简分流改革试点推进情况

第十三届全国人大常委会第十五次会议做出《全国人民代表大会常务委员会关于授权最高人民法院在部分地区开展民事诉讼程序繁简分流改革试点工作的决定》,授权最高人民法院在包括厦门在内的全国 20 个城市的普通法院和专业法院开展为期两年的民事诉讼程序繁简分流改革试点。最高法院于 2020 年 1 月 15 日全面启动民事诉讼程序繁简分流改革试点以来,厦门市两级法院作为改革试点单位,根据上级法院的统筹部署,积极推进,主动作为,持续加大探索创新力度,建立健全相关工作机制,有序推进改革试点工作举措,改革试点取得阶段性的良好成效。截至 2020 年 10 月 30 日,全市法院运用司法确认、小额程序、独任制及简易程序审结公告案件等试点方式审结 14496 件,占民商事案件总结案的 30.34%。

改革应当立足于当地的资源禀赋与实际条件,厦门法院结合辖区实际,积极探索改革试点的具体落实举措,形成了一些特色做法、亮点举措,部分可复制、可推广的有益做法和经验相继被省法院、市改革办工作动态专刊刊发。其中,思明法院在线调解、司法确认两起涉防疫工作金融纠纷,相关经验做法在最高院《司法改革动态》刊登,并得到周强院长批示肯定。思明法院《创新"四类案件"监管模式,助力审判质量效率双跃升》、湖里法院《深化电子诉讼应用广度与深度,探索线上线下融合电子诉讼新模式》分别入选《人民法院司法改革案例选编》第八期、第九期,各项数据显著优化。

(1) 优化司法确认推进情况:纳入名册的特邀调解组织93个,特邀调解员282名;诉前委派调解化解纠纷9397件;委派调解成功后又通过人民法院出具调解书化解纠纷2269件。司法确认案件申请1870件,受理1870件,正在审查23件,撤回申请9件,裁定驳回2件,确认有效1836件。其中,中级法院司法确认案件申请21件,受理21件,正在审查2件,撤回申请8件,裁定驳回1件,确认有效10件。

(2) 小额诉讼案件办理情况:适用小额诉讼程序受理案件9281件,结案6845件,小额诉讼程序适用率15.78%,小额诉讼程序转化率11.70%;小额诉讼程序结案率83.53%,平均审理期限25.22天。

(3) 简易程序案件办理情况:适用简易程序受理案件51320件,结案33801件,简易程序适用率77.91%,结案率71.65%,平均审理期限51.42天。适用简易程序审理公告送达案件1735件,占36.46%。简易程序案件上诉3365件,上诉率9.96%,二审改发262件,二审改发率0.78%;简易程序案件提请再审2件,再审改发0件。

(4) 裁判文书简化情况:小额诉讼案件适用简式裁判文书2783件,适用率40.66%;适用简易程序审结案件采取简式裁判文书9430件,适用率27.90%。

(5) 独任制适用情况:基层法院独任制审理一审案件53985件,结案35519件,一审独任制适用率81.87%,一审审判组织转换率7.02%,上诉3084件,上诉率8.68%,案件平均审理期限55.64天;独任制适用普通程序审结案件1777件,案件平均审理期限125.83天,上诉149件,上诉率8.38%;独任制二审案件受理2776件,结案2301件,二审独任制适用率47.23%,二审审判组织转化率0.58%,案件平均审理期限39.47天,二审独任制案件提请再审0件。

(6) 电子诉讼规则适用情况:在线立案28263件,在线立案率30.14%;在线庭审3860件,在线庭审适用率10.33%;电子送达总次数36948次,电子送达适用率14.86%,电子送达成功率98.83%,电子送达裁判文书7250份。

二、繁简分流可借鉴的理论模型分析

（一）多元化纠纷化解机制（ADR）理论

调解在民事案件繁简分流机制中多种简易纠纷解决方式里的地位不言而喻，推动调解解决纠纷已成为世界范围内运用最广泛的纠纷解决方式。① 为了使大量纠纷在进入诉讼程序前解决，调解成了最有效的办法。

在民事诉讼程序繁简分流机制的推进过程中需要进一步拓宽社会力量参与纠纷解决的渠道，充分利用社会力量，加强行政机关、居（村）委会、人民调解组织、行业调解组织、仲裁机构、公证机构等各类主体的协调合作。形成多层次、多手段、多主体的多元化调解体系，使得大量纠纷在诉讼前利用社会力量得到解决，促进社会和谐。目前繁简分流中更加强调诉讼调解，其原因是多方面的：纠纷成本相对低廉，缺乏专业的人民调解员等，此外，根据我国法律，诉讼外调解协议效力等同于民事合同，效力缺乏保障。要消解这些困境，要赋予诉讼外调解协议更多的法律效力。司法确认是一种有效的解决方案。首先，法院对此并不收费，零成本。其次，调解员有一定的官方背景，业务素质高，具有公信力。最为重要的，是其内容由法院强制执行力保障，有效解决反悔问题。

完善多元调解机制需要正确处理诉调对接问题，人民法院整合调解资源，实现诉讼与调解优势互补，及时有效地化解社会矛盾。② 在繁简分流中，人民调解机构可以充当前置调解组织，其次在法院内部设立人民调解室，法官在立案前对于适宜调解的纠纷，可以引导当事人委托调解。在当事人合意选择调解的情况下，将纠纷分流人民调解室处理，对于专业性较强的纠纷，在立案时委托专业性较强的调解委员会处理，这样可以减轻当事人诉讼成本，提高司法效率。在调解协议达成后，调解员要及时提醒和引导当事人若有疑虑可以申请对调解协议进行司法确认。在诉调对接中，两者要有机结合，法院的参与不应仅仅局限在法院内部，必要时需要法院监督指导院外调解。③ 通过对非诉调解、法院调解的衔接与整合，对非诉调解予以必要的指导和监督，促使多个纠纷解决主体

---

① 郑善和. 矛盾纠纷多元化解机制下人民调解的创新与发展［J］. 中国司法，2017（5）：10－14.
② 《最高人民法院关于民商事案件繁简分流和调解速裁操作规程（试行）》（法发〔2017〕14号）第十八条.
③ 苏建伟. 我国民事案件繁简分流机制研究［D］. 南昌：南昌大学，2018.

共同调解纠纷。

（二）二八定律与市场资源调配理论

人民法院提供司法服务，满足人民群众的司法需求，某种意义上二者是供求关系。从供给方来讲，人民法院的根本宗旨是司法为民，工作目标是让人民群众在每一个司法案件中感受到公平正义。从需求方来讲，人民群众的司法需求是多维度的，最根本的需求是公平正义，同时也要求高效便利。迟来的正义为非正义，司法不仅要公正，还要有效率。群众获得司法服务希望能够方便、快捷，如果花费的时间、精力和经济成本很高，同样有悖公正。事实上，对于简单案件，群众往往希望快速审判，提高效率；对于复杂案件，则更希望严格司法，确保公正。这就为引入二八定律、抓住主要矛盾推进民事诉讼繁简分流工作提供了空间。

要在保障司法公正的前提下重视司法效率，就需要以投入尽可能少的司法资源取得尽可能多的诉讼成果，在更高层次上实现司法公正与司法效率的平衡。事物的发展是内因外因共同作用的结果，内因是事物发展的根据，是第一位的；外因是事物发展的外部条件，是第二位的，外因通过内因起作用。在"案多人少"矛盾中，"案多"是外因，"人少"是内因。"案多人少"主要矛盾根源在于资源配置不合理，合理配置人力资源，更加明晰法官、法官助理、书记员的职能定位和相互关系，灵活调整其配备比例，提升人员分类管理的科学化水平。具体而言，在繁简分流改革中，可以借鉴"二八定律"。要利用20%的审判资源办理80%的简易案件，在保证审判质量的前提下提升审判效率；利用80%的审判资源办理20%的疑难复杂案件，在保证效率的前提下提升审判质量。使用少数审判力量快速处理简单案件，能够为法官留出更多的时间和精力办好复杂案件。

纠纷解决机制的理想状态应是实现调解的社会自治化改革，构建一个强大的自我驱动的民间调解系统，使法官们能够将有限的精力全部投入审判工作中。在当前国家社会向公民社会转型的背景下，我们应当更加深入调解自治化的改革，把调解逐步推向市场，让其在市场化运作中不断自我生长。

国家通过与民间解纷机构签订契约，允许民间组织在提供服务的同时获得符合市场标准的"对价"，这就是"政府购买服务"的方式，只不过在这一情境下，政府所购买的服务是纠纷解决服务。此是目前推行的主要的市场化运作方式①,甚至在地方立法中得到确认②。然而,政府购买服务方式需要靠政府的财政支持。财政资金属于公共资金,相对有限,无法满足庞大的民间调解组织系统的需求。实践中调解的供给不足非常明显,严重影响其持续性动力。专职人民调解员的工资通常低于当地平均工资,难以吸引优秀人才,调解人员的流动性大,无法形成且难以持续维系职业化群体。

调解是社会为其成员提供的一种区别于"打官司"的法律服务,应当成为与仲裁、公证、律师服务等一样可以选购的法律产品。然而,受制于我国司法行政部门主管调解的现状,调解具有无偿特征,当事人无须支付费用,由政府向调解员支付补贴。这种无偿特征一度也被作为调解优势;然而,调解的有偿特征预示着"调解新时代的开端"。一则,调解员通过提供专业化调解服务合理收取费用,合情合理。又则,调解组织为在纠纷解决市场中获得竞争优势,也会自发组织系统的调解培训,提高调解员的业务能力,促使民间调解员的职业化和调解工作的规范化发展,推动新时代调解发展。③

(三)"共同缔造"理论的启示

随着经济的快速发展与社会转型期的外在压力,法院案件数量连续多年持续高位运行,人民群众对法院解决纠纷的能力和水平提出更高要求。然而,司法资源终归是有限的,法院作为一个单一的体系,能力也是有限的。坚持唯物主义思想,承认法院能力的有限性,这应是改革的思想和逻辑起点。

厦门金融司法协同中心从规划之始,就认识到了法院能力的局限性,并由此展开,引入了各大金融行政监管部门,进而拓展延伸到了四大金融行业协会。这其中,就借鉴了"美丽厦门 共同缔造"的政策理念。具言之,金融中心并非法院一家,或者一个系统的,而是六家协同单位以及相关行业协会共有的,在厦门金融司法协同中心近两年的发展过程中,各方始终秉持"共谋、共建、共管、共评、共享"的共同缔造理念,最大限度地激发了各大协同单位的积极性、主动性、创造性,各方精诚团结,充分发挥各自资源优势,为厦门金融司

---

① 《财政部、民政部关于支持和规范社会组织承接政府购买服务的通知》(财综〔2014〕87号)提到"在社会治理领域,重点购买社区服务、社会工作、法律援助、特殊群体服务、矛盾调解等服务项目"。
② 《厦门经济特区多元化纠纷解决机制促进条例》(2015年4月1日厦门市第十四届人民代表大会常务委员会第二十五次会议通过)第六十三条规定:"行政机关、人民法院、群团组织可以通过购买服务方式,交由调解组织以及其他具备条件的社会组织、机构等社会力量承接纠纷调解。"
③ 周建华. 论调解的市场化运作 [J]. 兰州学刊, 2016 (4): 132-138.

法协同中心建设添砖加瓦，共同改善厦门司法环境，努力创造国际一流营商环境，以法治保障厦门建成面向全球的区域性金融中心为目标，高格局打造职能协同、运行贯通的一体化工作平台。

结合"共同缔造"的理念，在持续推进金融司法协同机制创新、着力建设品质一流的金融司法协同平台进程中，厦门金融司法协同中心一直坚持共同缔造的理念。

1. 共谋

厦门市中级人民法院、厦门市思明区人民法院、中国人民银行厦门中心支行、中国银保监会厦门监管局、中国证监会厦门监管局、厦门市地方金融监管局等六家单位作为厦门金融司法协同中心的共同发起单位，共同组成管理委员会作为综合管理机构，由厦门中院分管副院长担任中心主任，思明法院院长担任中心常务副主任，"一行三局"[①] 的分管领导担任中心副主任，共同参与中心筹建与谋划工作。

2. 共建

厦门金融司法协同中心建设过程中，充分发挥各协同单位的"主人翁"意识，六家单位各尽所能，充分挖掘自身潜力和优势资源，为中心建设添砖加瓦。配合厦门市的发展战略和长期规划，各协同单位分别向上级汇报中心的建设目标和最新进展，争取上级单位的政策、人力、物力、智力和财力支持，确保中心在决策提出后短短两个多月就顺利落地。共同建设的经历也增进了感情，各方珍惜共建的劳动成果，持续保持辖区良好司法环境。

3. 共管

厦门金融司法协同中心在管理委员会下设立协同综合部、协同研控部、协同联调部三个专门工作部门，负责日常协同推进工作，搭建良好的沟通平台。定期召开主任办公会、专题工作会，拓宽法院与"一行三局"以及四大行业协会[②]等社会专门调解组织的交流的渠道。除了领导层面外，金融中心还充分利用现代信息技术，建立多个微信群等联络工具，开展多种形式的基层协商，共同确定金融中心运行过程中需要解决的问题，共同研究解决方案，激发各方参与繁简分流改革等各项工作的热情。

[①] 指中国人民银行厦门中心支行、中国银保监会厦门监管局、中国证监会厦门监管局、厦门市地方金融监管局。
[②] 指厦门市银行业协会、厦门市保险业协会、厦门市证券期货基金业协会、厦门市地方金融协会。

4. 共评

瞄准防范化解重大风险这一中央部署的三大攻坚战之首作为主要目标，不定期针对敏感案件召开联席会议，通报共享风险信息，加强研控协调。建立金融机构诉求未受支持情况台账、创新《金融司法协同态势分析报告》这一工作载体，剖析金融机构业务风险点；就审判中发现的银行保险混业经营等重大风险点向相关行政监管机关与行业协会发出司法建议21份，建立健全繁简分流改革建设项目评价标准和评价机制，组织社会组织、服务机构对活动实效进行评价和反馈。持续推动各项工作改进。组织"优秀挂职干部""优秀信息调研宣传工作人员"等先进组织和先进个人的评选，激发各方参与积极性，推动相关改革不断向纵深发展。

5. 共享

通过发动各方，乃至社会各界共谋共建共管共评，厦门金融司法协同中心的发展走上了快车道，发展进程日新月异，各项荣誉接踵而至。中心经验在全国金融多元化纠纷解决机制推进会和全国法院民商事审判工作会议上做典型交流。2020年12月10日，在国家发改委体制改革综合司和中国经济体制改革杂志社共同发起的"中国改革2020年度典型案例"征集评选活动中，"金融司法协同平台助推高质量发展"改革创新项目从全国各地推选报送的近千个案例中脱颖而出，入选"中国改革2020年度典型案例"，获得福建省第二届"推进机制活、建设新福建"全省机关体制机制创新优秀案例二等奖，福建省厦门市2020年度"十佳"营商环境创新举措与最佳案例等诸多荣誉。中央电视台、人民法院报等媒体先后在重要时段（版面）大幅报道，社会反响良好。实现了改革创新人人参与、人人尽力、人人享有的良好格局。

三、笔者民事诉讼繁简分流改革畅想

公正与效率，是司法永恒的追求。满足社会公众对审判质量和效率的期待，是本轮民事诉讼繁简分流改革的出发点，也是历次司法改革共同的初心。

当前改革面临的形势，如何推进改革，解决哪些问题，本书已经花了许多笔墨，但我们改革究竟要实现什么样的目标，聚沙成塔、集腋成裘，当各项子目标实现之后会是一个什么样的状态？即便是一线司法人员，也始终缺乏一个感性的认识。

当2022年1月，民事诉讼繁简分流改革试点期结束，在总结试点法院经验

的基础上，全国人民代表大会高票通过新《中华人民共和国民事诉讼法》，拓宽司法确认程序适用范围、建立健全独立于简易程序的小额诉讼程序、完善简易程序与独任审判以及电子诉讼规则的改革成果写入这一民事诉讼的基本大法，并在全国开花结果。让我们走入一家理想中的基层人民法院，实地感受她的日常工作场景。

场景一：上午8：30，诉讼服务大厅

不再是门庭若市的拥挤景象，大厅里只有十来个人，一切井然有序。

一位老人独自走进大厅，穿着红色马甲的法庭义工赶紧上前，为老人送上一杯热茶，帮助老人在自助立案机上录入信息，为老人的侨房继承纠纷选择并预约专业对口的特邀调解员。很快，老人走入调解室，特邀调解员已经在屏幕上线了，倾听老人的诉求。

立案庭的值日法官打开电脑，开始处理昨晚外地律师在线提交的立案材料，由于线上立案平台提供了详尽的参考模板，立案材料基本完整，法官勾选了缺漏的材料，通过系统推送一次性告知申请人。

大厅的大屏幕上，实时滚动显示着立案数据，可以看到，当事人的立案时间集中在上午9点至傍晚5点，但是在凌晨1点也依旧有人在网上平台立案，真正实现了司法服务24小时不"打烊"。这也正是现场不再拥挤的原因。

场景二：上午9：00，诉讼与公证协同创新中心

值班公证员审核立案庭推送来的电子立案材料，核对无误后点击推送给送达组。

送达工作人员看到材料上显示当事人接受电子送达，直接从电子送达平台提取被告的手机号码，点击发送包括起诉状、证据材料以及系统根据案件信息自动生成的诉讼权利义务告知书、应诉通知书、举证通知书等材料。

被告收到"电子送达"系统发送的短信后，点击短信链接就直接跳转到法院的微信小程序诉讼服务平台，无须下载相关软件，就进入了人脸识别的身份验证环节，确认是本人之后，按照提示操作，三步完成注册手续就登录系统提取了送达材料。

电子送达系统自动生成了送达证明，反馈给排庭人员。

场景三：上午9：30，5号法庭

一场信用卡纠纷庭审已经接近了尾声。原告银行的委托代理律师刚发言完毕，被告台上坐着三个当事人。法庭上的人都没有开口，声音从哪里来呢？

大屏幕揭晓了谜底,屏幕上的九宫格里,一位被告正在发言。

原来这场庭审是一起合并审理的信用卡系列案件,原告建设银行向76名不同的被告人发放的信用卡均发生了逾期,所以起诉到法院。由于双方事先约定了电子送达条款,起诉后只有13天就安排了庭审。3名被告岁数较大,不会使用网络,所以选择到庭参加诉讼,8名被告选择在线参加庭审,剩下的被告无正当理由缺席了庭审。

这些案件标的金额都不到5万元,法院采用小额诉讼程序进行审理。

由于原告相同、案情相似,经双方同意,法院对76个案件合并进行了举证、质证。由于银行在当事人办卡之时就通过区块链技术将合同文本上链,诉讼中提交的证据均附有区块链服务机构出具的电子证据未经篡改数字验证报告。

被告们在庭审前已经"异步"在线核对过证据,法庭采用了5G+4K超高清传输技术,仅用20分钟就完成举、质证等全部庭审活动。现在正在合并进行辩论与最终陈述环节。

场景四:中午11:00,7号法庭

一场庭审正在紧张地进行中。在门外可以听到当事人双方激烈的争执声。

可是法庭里只坐着一位法官。当事人去哪儿了?

原来,当事人正通过法院的电子诉讼平台在线参加一起融资租赁案件庭审。

法庭里挂着三块大屏幕,左边屏幕里的是原告方融资租赁公司参加庭审的特别授权代理律师,正在深圳律所办公室里通过笔记本电脑连线,右边屏幕里的是被告医院方参加庭审的法定代表人——医院院长。正对着审判台的中间屏幕里出现的,是被告方申请出庭的本案证人——医疗设备采购员,他正在上海出差,根据法院指示就近找了黄浦区的一个司法所,在司法所工作人员的监督下,通过5G手机的微信小程序连线。

庭审已经进行了2个小时,在双方"足不出户"对证人交叉询问之后,法官正在"隔空"发问,进一步厘清案件争议事实。

这个案件由于标的金额较大,采用普通程序,但因法律关系明晰,仍由一名法官独任审理。原被告的代理人都不需要来法院,只要登录法院智慧审理平台,就可以在家或办公室参加庭审了。

场景五:中午11:30,审判管理办公室

一场专业法官会议正在进行中,审管办从上半年的审判大数据发现,今年的车险案件异常增长,于是召集金融审判团队的法官们研判审判态势。

在听取了审管办的大数据分析报告后,一名员额法官侃侃而谈,从自己庭审发现的问题中，分析交警、保险公司以及车主等诉讼参与方的新情况。

员额法官们一起展开了热烈的讨论，决定就此向交警支队和保险行业协会分别发出司法建议书和风险警示书，建议职能部门改进行政管理，警惕金融风险集聚。

针对新情况、新问题，专业法官会议还将根据后续调研结果，提炼电动车、网约车和共享汽车等交通行业的行为规范、交易规则，统一法官们的裁判尺度。

讨论还在进行中……

附 件

附件（一）民事诉讼程序繁简分流改革相关指导性文件

附件（二）最高院关于民事诉讼程序繁简分流改革试点情况的中期报告

附件（三）民事诉讼繁简分流改革调查问卷及其分析

附件（一）民事诉讼程序繁简分流改革相关指导性文件

1. 最高人民法院民事诉讼程序繁简分流改革试点方案

为深入贯彻党的十九大和十九届二中、三中、四中全会及中央政法工作会议精神，现就推进民事诉讼程序繁简分流改革试点工作提出方案如下：

一、改革目标和基本原则

以全面提升司法质量、效率和公信力，努力让人民群众在每一个司法案件中感受到公平正义为根本目标，推动完善民事诉讼程序规则，优化司法资源配置模式，不断激发制度活力，全面提升司法效能，推动优化法治化营商环境，促进审判体系和审判能力现代化，服务国家治理体系和治理能力现代化。

（一）坚持正确政治方向。以习近平新时代中国特色社会主义思想为指导，始终坚持党对政法工作的绝对领导，坚定不移走中国特色社会主义法治道路，切实提升人民法院化解矛盾纠纷的能力水平，为国家长治久安、社会安定有序、人民安居乐业提供坚强有力的司法服务和保障。

（二）坚持以人民为中心。始终将不断满足人民群众司法需求作为出发点，积极拓宽纠纷解决渠道，完善纠纷解决方式，以为民谋利、为民尽责的实际成效取信于民。充分尊重当事人程序选择权，根据案件类型和复杂程度，适用不同的审理程序，配置相应的司法资源，优质、高效、低成本地解决矛盾纠纷，努力让司法更加亲民、诉讼更加便民、改革更加惠民，全面提升人民群众的获得感。

（三）坚持依法有序推进。严格按照法律要求和法定程序推进试点工作。涉及调整适用现行法律规定的，由立法机关作出授权决定后组织实施。对于实践证明可行的经验做法，及时总结提炼并推动上升为普遍适用的法律制度。推动顶层设计和基层探索良性互动、有机结合，实现改革系统集成、协同高效。

（四）坚持强化科技驱动。充分运用大数据、云计算、人工智能等现代科技手段破解改革难题、提升司法能力，促进语音识别、远程视频、智能辅助、电子卷宗等科技手段的深度应用，适度扩大在线诉讼的覆盖范围，推动实现审判方式、诉讼制度与互联网技术深度融合。

二、主要内容

（一）优化司法确认程序。健全特邀调解制度，加强特邀调解名册管理，完善诉前委派调解与司法确认程序的衔接机制。合理拓宽司法确认程序适用范围，经律师调解工作室（中心）等特邀调解组织、特邀调解员，或者人民调解委员会依法调解达成民事调解协议的，当事人可以按照程序要求，向人民法院申请司法确认。完善司法确认案件管辖规则，符合级别管辖和专门管辖标准的，由对应的中级人民法院和专门人民法院受理。

（二）完善小额诉讼程序。加强小额诉讼程序适用，适当提高小额诉讼案件标的额基准，明确适用小额诉讼程序的案件范围。进一步简化小额诉讼案件的审理方式和裁判文书，合理确定小额诉讼案件审理期限。完善小额诉讼程序与简易程序、普通程序的转换适用机制。

（三）完善简易程序规则。对需要进行公告送达的简单民事案件，可以适用简易程序审理。明确简易程序案件庭审和裁判文书的简化规则，完善简易程序审限规定。

（四）扩大独任制适用范围。探索基层人民法院可以由法官一人适用普通程序独任审理部分民事案件，明确适用独任制审理第一审普通程序案件的具体情形。探索中级人民法院和专门人民法院可以由法官一人独任审理部分简单民事上诉案件，明确适用独任制审理第二审民事案件的具体情形和审理方式。建立独任制与合议制的转换适用机制。

（五）健全电子诉讼规则。明确诉讼参与人通过人民法院信息化平台在线完成诉讼行为的法律效力。当事人选择以在线方式诉讼的，可以以电子化方式提交诉讼材料和证据材料,经人民法院审核通过后,可以不再提交纸质原件。经当事人同意,适用简易程序或者普通程序审理的案件,均可以采取在线视频方式开庭。明确电子送达的适用条件、适用范围和生效标准,经受送达人同意,可以采用电子方式送达判决书、裁定书、调解书。

三、试点范围和期限

(一)试点范围:北京、上海市辖区内中级人民法院、基层人民法院,南京、苏州、杭州、宁波、合肥、福州、厦门、济南、郑州、洛阳、武汉、广州、深圳、成都、贵阳、昆明、西安、银川市中级人民法院及其辖区内基层人民法院,北京、上海、广州知识产权法院,上海金融法院,北京、杭州、广州互联网法院。

(二)试点期限:试点期限为二年,自试点实施办法印发之日起算。

四、方案实施

(一)制定印发试点办法。最高人民法院制定印发民事诉讼程序繁简分流改革试点实施办法,并报全国人大常委会备案,作为推进试点工作的具体依据。

(二)积极开展试点工作。各试点法院根据全国人大常委会授权决定、试点方案和试点实施办法开展试点工作。各试点地区高级人民法院结合工作实际,制定具体实施方案和相关制度规定。最高人民法院做好试点指导工作,并适时向党中央和全国人大常委会做专题报告。

(三)推动法律修改完善。最高人民法院在全面总结试点经验和实效评估的基础上,配合全国人大常委会推动修改民事诉讼法等相关条文,配套完善相关司法解释。

五、组织保障

根据中共中央办公厅印发的《关于政法领域全面深化改革的实施意见》及其分工方案,试点工作由最高人民法院牵头推进,中央政法委、全国人大监察和司法委员会、全国人大常委会法制工作委员会、司法部等作为参加单位。最高人民法院加强对试点工作的跟踪指导、实效评估和总结验收,定期与各成员单位沟通协商,确保试点工作稳妥有序推进。

最高人民法院
2020年1月15日

2. 最高人民法院民事诉讼程序繁简分流改革试点实施办法

为深化民事诉讼制度改革，推进案件繁简分流、轻重分离、快慢分道，进一步优化司法资源配置，全面促进司法公正，提升司法效能，满足人民群众多元、高效、便捷的纠纷解决需求，维护当事人合法诉讼权益，根据第十三届全国人民代表大会常务委员会第十五次会议作出的《全国人民代表大会常务委员会关于授权最高人民法院在部分地区开展民事诉讼程序繁简分流改革试点工作的决定》，结合审判工作实际，制定本办法。

一、一般规定

第一条 试点法院应当根据本办法，积极优化司法确认程序、小额诉讼程序和简易程序，健全审判组织适用模式，探索推行电子诉讼和在线审理机制，有效降低当事人诉讼成本，充分保障人民群众合法诉讼权益，促进司法资源与司法需求合理有效配置，全面提升司法质量、效率和公信力，努力让人民群众在每一个司法案件中感受到公平正义。

二、优化司法确认程序

第二条 人民法院应当建立特邀调解名册，按照规定的程序和条件，确定特邀调解组织和特邀调解员，并对名册进行管理。

第三条 经人民调解委员会、特邀调解组织或者特邀调解员调解达成民事调解协议的，双方当事人可以自调解协议生效之日起三十日内共同向人民法院申请司法确认。

第四条 司法确认案件按照以下规定依次确定管辖：

（一）委派调解的，由作出委派的人民法院管辖；

（二）当事人选择由人民调解委员会或者特邀调解组织调解的，由调解组织所在地基层人民法院管辖；当事人选择由特邀调解员调解的，由调解协议签订地基层人民法院管辖。

案件符合级别管辖或者专门管辖标准的，由对应的中级人民法院或者专门人民法院管辖。

三、完善小额诉讼程序

第五条 基层人民法院审理的事实清楚、权利义务关系明确、争议不大的简单金钱给付类案件，标的额为人民币五万元以下的，适用小额诉讼程序，实行一审终审。

标的额超出前款规定，但在人民币五万元以上、十万元以下的简单金钱给付类案件，当事人双方约定适用小额诉讼程序的，可以适用小额诉讼程序审理。

适用小额诉讼程序审理的案件，人民法院应当向当事人告知审判组织、审理期限、审理方式、一审终审等相关事项。

第六条　下列案件，不适用小额诉讼程序审理：

（一）人身关系、财产确权纠纷；

（二）涉外民事纠纷；

（三）需要评估、鉴定或者对诉前评估、鉴定结果有异议的纠纷；

（四）一方当事人下落不明的纠纷；

（五）其他不宜适用小额诉讼程序审理的纠纷。

第七条　适用小额诉讼程序审理的案件，经人民法院告知放弃答辩期间、举证期限的法律后果后，当事人明确表示放弃的，人民法院可以直接开庭审理。

当事人明确表示不放弃答辩期间的，人民法院可以在征得其同意的基础上，合理确定答辩期间，但一般不超过七日。

当事人明确表示不放弃举证期限的，可以由当事人自行约定举证期限或者由人民法院指定举证期限，但一般不超过七日。

第八条　适用小额诉讼程序审理的案件，可以比照简易程序进一步简化传唤、送达、证据交换的方式，但不得减损当事人答辩、举证、质证、陈述、辩论等诉讼权利。

适用小额诉讼程序审理的案件，庭审可以不受法庭调查、法庭辩论等庭审程序限制，直接围绕诉讼请求或者案件要素进行，原则上应当一次开庭审结，但人民法院认为确有必要再次开庭的除外。

第九条　适用小额诉讼程序审理的案件，可以比照简易程序进一步简化裁判文书，主要记载当事人基本信息、诉讼请求、答辩意见、主要事实、简要裁判理由、裁判依据、裁判主文和一审终审的告知等内容。

对于案情简单、法律适用明确的案件，法官可以当庭做出裁判并说明裁判理由。对于当庭裁判的案件，裁判过程经庭审录音录像或者庭审笔录完整记录的，人民法院在制作裁判文书时可以不再载明裁判理由。

第十条　适用小额诉讼程序审理的案件，应当在立案之日起两个月内审结，有特殊情况需要延长的，经本院院长批准，可以延长一个月。

第十一条　适用小额诉讼程序审理的案件，出现下列情形之一，符合适用简易程序审理条件的，裁定转为简易程序审理：

（一）当事人认为案件不符合本办法第五条、第六条关于小额诉讼程序适用条件的规定，向人民法院提出异议，经审查认为异议成立的；

（二）当事人申请增加或者变更诉讼请求、追加当事人，致使案件标的额在人民币五万元以上、十万元以下，且一方当事人不同意继续适用小额诉讼程序的；

（三）当事人申请增加或者变更诉讼请求、追加当事人，致使案件标的额在人民币十万元以上或者不符合小额诉讼程序适用条件的；

（四）当事人提出反诉的；

（五）需要鉴定、评估、审计的；

（六）其他不宜继续适用小额诉讼程序的情形。

适用小额诉讼程序审理的案件，审理中发现案情疑难复杂，并且不适宜适用简易程序审理的，裁定转为普通程序审理。由小额诉讼程序转为简易程序审理的案件，一般不得再转为普通程序审理，但确有必要的除外。

适用小额诉讼程序审理的案件，转为简易程序或者普通程序审理前，双方当事人已确认的事实，可以不再举证、质证。

四、完善简易程序规则

第十二条　事实清楚、权利义务关系明确的简单案件，需要公告送达的，可以适用简易程序审理。

第十三条　适用简易程序审理的案件，人民法院可以根据案件情况，采取下列方式简化庭审程序，但应当保障当事人答辩、举证、质证、陈述、辩论等诉讼权利：

（一）开庭前已经通过庭前会议或者其他方式完成当事人身份核实、权利义务告知、庭审纪律宣示的，开庭时可以不再重复；

（二）经庭前会议笔录记载的无争议事实和证据，可以不再举证、质证；

（三）庭审可以直接围绕诉讼请求或者案件要素进行。

第十四条　适用简易程序审理的案件，人民法院可以采取下列方式简化裁判文书：

（一）对于能够概括出案件固定要素的，可以根据案件要素载明原告、被告意见、证据和法院认定理由、依据及裁判结果；

（二）对于一方当事人明确表示承认对方全部或者主要诉讼请求的、当事人对案件事实没有争议或者争议不大的，裁判文书可以只包含当事人基本信息、诉讼请求、答辩意见、主要事实、简要裁判理由、裁判依据和裁判主文。

简化后的裁判文书应当包含诉讼费用负担、告知当事人上诉权利等必要内容。

第十五条 人民法院适用简易程序审理的案件，应当在立案之日起三个月内审结。有特殊情况需要延长的，经本院院长批准，可以延长一个月。

五、扩大独任制适用范围

第十六条 基层人民法院适用小额诉讼程序、简易程序审理的案件，由法官一人独任审理。

基层人民法院审理的事实不易查明，但法律适用明确的案件，可以由法官一人适用普通程序独任审理。

第十七条 基层人民法院审理的案件，具备下列情形之一的，应当依法组成合议庭，适用普通程序审理：

（一）涉及国家利益、公共利益的；

（二）涉及群体性纠纷，可能影响社会稳定的；

（三）产生较大社会影响，人民群众广泛关注的；

（四）新类型或者疑难复杂的；

（五）与本院或者上级人民法院已经生效的类案判决可能发生冲突的；

（六）发回重审的；

（七）适用审判监督程序的；

（八）第三人起诉请求改变或者撤销生效判决、裁定、调解书的；

（九）其他不宜采用独任制的案件。

第十八条 第二审人民法院审理上诉案件应当组成合议庭审理。但事实清楚、法律适用明确的下列案件，可以由法官一人独任审理：

（一）第一审适用简易程序审理结案的；

（二）不服民事裁定的。

第十九条 由法官一人独任审理的第一审或者第二审案件，审理过程中出现本办法第十七条第（一）至（五）项或者第（九）项所列情形之一的，人民法院应当裁定组成合议庭审理，并将合议庭组成人员及相关事项书面通知双方当事人。

由独任审理转为合议庭审理的案件，审理期限自人民法院立案之日起计算，已经作出的诉讼行为继续有效。双方当事人已确认的事实，可以不再举证、质证。

第二十条 由法官一人独任审理的上诉案件，应当开庭审理。

没有提出新的事实、证据的案件，具备下列情形之一的，独任法官经过阅卷、调查或者询问当事人，认为不需要开庭的，可以不开庭审理：

（一）不服民事裁定的；

（二）上诉请求明显不能成立的；

（三）原判决认定事实清楚，但适用法律明显错误的；

（四）原判决严重违反法定程序，需要发回重审的。

六、健全电子诉讼规则

第二十一条　人民法院、当事人及其他诉讼参与人可以通过信息化诉讼平台在线开展诉讼活动。诉讼主体的在线诉讼活动，与线下诉讼活动具有同等效力。

人民法院根据技术条件、案件情况和当事人意愿等因素，决定是否采取在线方式完成相关诉讼环节。

第二十二条　当事人及其他诉讼参与人以电子化方式提交的诉讼材料和证据材料，经人民法院审核通过后，可以直接在诉讼中使用，不再提交纸质原件。人民法院根据对方当事人申请或者案件审理需要，要求提供原件的，当事人应当提供。

第二十三条　人民法院开庭审理案件，可以采取在线视频方式，但符合下列情形之一的，不适用在线庭审：

（一）双方当事人明确表示不同意，或者一方当事人表示不同意且有正当理由的；

（二）双方当事人均不具备参与在线庭审的技术条件和能力的；

（三）需要现场查明身份、核对原件、查验实物的；

（四）人民法院认为存在其他不宜适用在线庭审情形的。

仅一方当事人选择在线庭审的，人民法院可以根据案件情况，采用一方当事人在线、另一方当事人线下的方式开庭。

采用在线庭审方式审理的案件，审理过程中出现上述情形之一的，人民法院应当将案件转为线下开庭方式审理。已完成的在线庭审活动具有法律效力。

第二十四条　经受送达人同意，人民法院可以通过中国审判流程信息公开网、全国统一送达平台、传真、电子邮件、即时通信账号等电子方式送达诉讼文书和当事人提交的证据材料。

具备下列情形之一的，人民法院可以确定受送达人同意电子送达：

（一）受送达人明确表示同意的；

（二）受送达人对在诉讼中适用电子送达已作出过约定的；

（三）受送达人在提交的起诉状、答辩状中主动提供用于接收送达的电子地址的；

（四）受送达人通过回复收悉、参加诉讼等方式接受已经完成的电子送达，并且未明确表示不同意电子送达的。

第二十五条　经受送达人明确表示同意，人民法院可以电子送达判决书、裁定书、调解书等裁判文书。当事人提出需要纸质裁判文书的，人民法院应当提供。

第二十六条　人民法院向受送达人主动提供或者确认的电子地址进行送达的，送达信息到达电子地址所在系统时，即为送达。

受送达人同意电子送达但未主动提供或者确认电子地址，人民法院向能够获取的受送达人电子地址进行送达的，根据下列情形确定是否完成送达：

（一）受送达人回复已收到送达材料，或者根据送达内容作出相应诉讼行为的，视为完成有效送达；

（二）受送达人的电子地址所在系统反馈受送达人已阅知，或者有其他证据可以证明受送达人已经收悉的，推定完成有效送达，但受送达人能够证明存在系统错误、送达地址非本人使用或者非本人阅知等未收悉送达内容的情形除外。

完成有效送达的，人民法院应当制作电子送达凭证。电子送达凭证具有送达回证效力。

七、附则

第二十七条　本办法仅适用于北京、上海市辖区内中级人民法院、基层人民法院，南京、苏州、杭州、宁波、合肥、福州、厦门、济南、郑州、洛阳、武汉、广州、深圳、成都、贵阳、昆明、西安、银川市中级人民法院及其辖区内基层人民法院，北京、上海、广州知识产权法院，上海金融法院，北京、杭州、广州互联网法院。

本办法所称的人民法院，是指纳入试点的人民法院；所称的第二审人民法院，包括纳入试点的中级人民法院、知识产权法院和金融法院；所称的中级人民法院、基层人民法院包括试点地区内的铁路运输中级法院和基层法院。

第二十八条　试点地区高级人民法院根据本办法，结合工作实际，制定具体实施方案和相关制度规定，并于2020年2月10日前报最高人民法院备案。

试点地区高级人民法院在制定实施方案、修订现有规范、做好机制衔接的前提下，组织试点法院自本法印发之日起全面启动试点工作，试点时间二年。

2021年1月1日前，试点地区高级人民法院应当形成试点工作中期报告报最高人民法院。

第二十九条　本办法由最高人民法院负责解释。

第三十条　本办法报全国人民代表大会常务委员会备案，自发布之日起实施；之前有关民事诉讼制度规定与本办法不一致的，按照本办法执行。

最高人民法院

2020年1月15日

3. 最高人民法院关于人民法院深化"分调裁审"机制改革的意见

法发〔2020〕8号

为贯彻落实党的十九届四中全会关于坚持和完善中国特色社会主义制度、推进国家治理体系和治理能力现代化总体要求，落实党中央关于深化司法体制综合配套改革等部署，进一步优化司法资源配置，满足人民群众司法需求，推动建设分层递进、繁简结合、衔接配套的一站式多元解纷机制，提高矛盾纠纷化解质效，结合人民法院工作实际，就深化"分流、调解、速裁、快审"机制改革工作，制定本意见。

一、完善诉非分流对接机制

1. 完善诉讼与非诉讼解纷方式分流机制。加强诉讼与非诉讼调解、仲裁、行政复议、行政裁决等解纷方式分流。为本省（区、市）设立的综合性或者家事、医疗、物业、房屋、土地、金融、保险、证券、环境、知识产权、劳动争议、消费者权益、道路交通事故损害赔偿等专业性矛盾纠纷调处化解中心提供法律指引和示范裁判案例，或者派员入驻，保障非诉解纷中心先行开展调处化解工作。探索建立行政争议审前和解（调解）中心，促进行政争议实质性化解。建立健全诉讼与行政复议、行政裁决、仲裁分流机制。在立案前做好起诉材料中纠纷解决方式的核查询问工作。对依法应当或者可以进行行政复议、行政裁决或者先行仲裁的纠纷，告知或指引当事人提起行政复议、选择行政裁决或者向仲裁机构申请仲裁。

2. 加快建设一体化纠纷解决机制。进一步扩大道路交通事故损害赔偿纠纷"网上数据一体化处理"改革成果。针对银行保险、证券期货、劳动争议、消费等多发易发纠纷，在党委领导下，与工会、公安、金融、市场监管、人力资源社会保障等部门建立一体化争议解决机制，统一执法司法标准和证据规则，实现信息资源共建共享，促进在诉讼前高效解决纠纷。

3. 加强线上诉非分流。加快人民法院调解平台与仲裁、公证、人民调解、商事调解、行业调解、律师调解等其他非诉解纷平台对接，形成诉讼与非诉讼解纷方式线上联动工作体系。当事人在人民法院调解平台录入纠纷信息后，自动推荐可以选择的解纷方式和最适宜的争议解决方案。对选择人工咨询的，通过12368诉讼服务热线提供解纷指引。对当事人直接通过网上立案平台申请立案的，根据案件情况智能推送是否同意诉前调解确认书。当事人同意诉前调解的，转入人民法院调解平台。

4. 促进非诉讼调解自动履行。非诉讼调解要注重调解内容的真实、合法和可执行性，做到权利义务主体明确、给付内容明确。建立非诉讼调解自动履行正向激励机制，通过将自动履行情况纳入诚信评价体系等，引导当事人主动履行、当场执行调解协议，及时就地化解矛盾纠纷。

5. 增强司法确认质效。推动基层人民法院和人民法庭，以及纳入民事诉讼程序繁简分流改革试点工作的中级人民法院、专门人民法院依托人民法院调解平台开展指导培训、司法确认等工作。经人民法院委派调解达成调解协议的，当事人可以向作出委派调解的人民法院申请司法确认。制作调解协议、司法确认申请等统一样式，提升工作规范化水平。加强对民间借贷等案件司法确认审查甄别工作，防范恶意串通调解、虚假诉讼等行为。

6. 建立健全诉前辅导机制。在诉讼服务中心设立诉讼咨询辅导评估区，配备诉讼辅导员和相应智能设备，提供诉讼结果评估等自助服务。登记立案前，由法院工作人员或者驻点律师、心理咨询师、特邀调解员、人民陪审员、退休法官、志愿者等作为诉讼辅导员，开展诉非分流，引导当事人选择最适宜的方式解决纠纷。

二、完善调裁分流对接机制

7. 全面开展调解分流工作。对起诉到人民法院的民事纠纷，除根据案件性质不适宜调解、已经调解但无法达成调解协议的外，应当在立案前向当事人发放是否同意调解确认书。当事人同意诉前调解的，进行委派调解。当事人不同意的，依法登记立案。当事人同意立案后调解的，开展委托调解或由法院专职调解员进行庭前调解。当事人不同意诉前或者庭前调解的，即时转入审理程序。双方当事人均委托律师代理诉讼的，鼓励在审理前自行和解。对行政赔偿、补偿等适宜调解的行政争议，探索建立委派和委托调解制度。对刑事自诉案件，在自愿合法基础上，鼓励自行和解或者开展第三方调解。对申请强制执行的，鼓励通过调解促使义务人主动履行生效法律文书确定的义务。

8. 运用人民法院调解平台开展调解。充分运用人民法院调解平台集成工会、共青团、妇联、法学会、行政机关、仲裁机构、公证机构、行业协会、行业组织、人民调解委员会、商会、律师等解纷力量，并将符合特邀调解组织和特邀调解员选任资格的组织和人员全部纳入特邀调解名册并在平台进行录入。上级法院建立的名册，下级法院可以使用。逐步将人民法院调解平台调解事项从民事纠纷扩展到行政纠纷、刑事自诉和执行案件，实现委派调解或者立案后委托调解工作均在人民法院调解平台上开展。

9. 强化在线音视频调解。提高在线调解水平，广泛应用视频、电话、微信等音视频方式开展线上调解工作。当事人可以在人民法院调解平台直接提交在线调解申请书，填写电子送达地址，上传相关证据材料等，由调解员开展线上调解。在线调解的案件，可以通过电子签名等在线方式对调解协议、笔录等予以确认。人民法院调解平台与立案系统互联互通。对申请出具法律文书的，调解材料直接导入立案系统。立案后，原则上以线上方式联通各方当事人核实调解情况。经审查，法官认为确有必要的，可以通知双方当事人共同到场核实。经当事人同意，依法可以电子送达诉讼文书。

10. 完善调裁一体登记流转机制。经人民法院分流开展委派、委托调解或者庭前调解的，应当将起诉状等相关材料扫描录入调解平台，由调解员负责联系对方当事人，指导填写《送达地址确认书》，组织调解等。调解信息录入、工作流转、协议生成、调裁对接等均在调解平台上进行。调解应当在三十日内完成，双方当事人同意的，可以适当延长。经调解达成调解协议，即时履行完毕的，调解员在系统中记录处理结果。需要出具法律文书的，转由速裁、快审团队办理。在规定期限内调解不成的，进行繁简分流。简单案件由速裁、快审团队继续审理。

11. 强化调解案号编立工作。在人民法院调解平台上开展诉前调解的民事、行政、执行、刑事自诉案件，以"收案年度+法院代字+案件类型+诉前调+案件编号"编立案号，当事人申请鉴定评估的，人民法院以上述案号出具相关手续。委托调解的，以"收案年度+法院代字+案件类型+委调+案件编号"编立案号。调解平台案号与审判流程管理系统案号自动关联，实现调解案件全流程可追溯、可查询、可统计。

12. 明确诉前调解先诉管辖原则。当事人申请诉前调解的，诉讼时效从当事人向人民法院提起诉讼之日中断。因双方达不成调解协议转立案的，在发生管辖权争议时，以编立"诉前调"字号时间作为确定先诉管辖的依据。

三、完善案件繁简分流标准

13. 民事案件繁简分流标准。除下列不适宜速裁快审的案件外，基层人民法院和人民法庭对于其他事实清楚、权利义务关系明确、争议不大的一审民事案件作为简单案件分流：

（一）新类型案件；

（二）与破产有关案件；

（三）当事人一方或双方人数众多的案件；

（四）上级人民法院发回重审案件；

（五）适用审判监督程序的案件；

（六）第三人撤销之诉；

（七）执行异议之诉；

（八）涉及国家利益、社会公共利益的案件；

（九）社会关注度高、裁判结果具有示范意义的案件。

中级人民法院一审民事案件繁简分流标准在参照上述标准确定的同时，应当考虑诉讼标的额等情况。

第二审人民法院对于第一审人民法院采用速裁快审方式审结的上诉案件，以及当事人撤回上诉、起诉、按自动撤回上诉处理案件，针对不予受理、驳回起诉、管辖权异议提起上诉的案件等，原则上作为简单案件分流。高级人民法院可以探索开展民事申请再审案件繁简分流工作。

各地人民法院可以结合实际制定民事案件具体分流标准。

14. 刑事案件繁简分流标准。基层人民法院对于符合《中华人民共和国刑事诉讼法》第二百一十四条和第二百二十二条规定的刑事简易程序和速裁程序适用条件的一审刑事案件，一般应当作为简单案件分流。

15. 行政案件繁简分流标准。中级、基层人民法院对于下列行政案件作为简单案件分流：

（一）属于《中华人民共和国行政诉讼法》第八十二条第一款、第二款规定情形的；

（二）事实清楚、权利义务关系明确、争议不大的商标授权确权类行政案件；

（三）起诉行政机关履行职责类案件；

（四）对投诉举报不服，要求履行层级监督，以及其他非诉审查案件。

行政二审案件繁简分流标准可以参照民事案件确定。

16. 执行案件繁简分流标准。人民法院对于下列执行案件作为简单案件分流：

（一）被执行人提供存款、非银行支付机构的资金等可直接划拨以足额清偿债务的案件；

（二）被执行人财产可及时变价以足额清偿债务的案件；

（三）被执行人在同一时期其他案件中已被认定无财产可供执行的案件；

（四）保全执行案件。

四、建立健全速裁快审快执机制

17. 完善专门团队集中办理制度。设立程序分流员负责调裁分流和繁简分流。加强民事速裁、快审团队建设，推动建立行政速裁、快审团队，推广调解员与团队对接，在诉讼服务中心或者其他多元解纷场所开展调解速裁快审工作。推动建立刑事速裁、快审团队，在看守所、诉讼服务中心等地设立刑事速裁区或者速裁法庭，开展刑事速裁、简案快审工作。探索建立快执团队，促进简案快执。

18. 完善民事和行政案件简转繁机制。民事和行政速裁、快审团队收到案件后，应当在三个工作日内审查是否存在当事人下落不明，需要调查取证、勘验、审计、鉴定、评估，案件疑难复杂不适宜速裁快审等情形。对具有上述情形的，即时提出异议，由程序分流员收回作为复杂案件分流。对在速裁快审期间，出现致使案情复杂情形的，承办法官应当在该情形出现两个工作日内提出简转繁申请，经审核同意后由程序分流员转其他专门团队法官办理，并告知当事人。

19. 推动速裁快审快执案件诉讼程序简捷化。对符合小额诉讼程序、刑事速裁程序适用条件的案件，一律自动适用小额诉讼或者刑事速裁程序。对其他简单案件，适用简易程序、督促程序、普通程序等从简从快办理。推行集中时间审理简单案件做法。对简单案件可以集中立案、开庭、宣判，由同一审判团队在同一时间段对多个案件连续审理。在依法保障当事人诉讼权利情况下，进一步简化审理程序。采取诉讼平台、电话、手机短信、传真、电子邮件、即时通信账号等简便方式通知当事人。当事人双方表示不需要举证期限、答辩期间的，人民法院可以径行开庭。当事人已经行使答辩权的，开庭时间不受举证期限、答辩期间限制。探索采取远程视频开庭或作证等在线方式进行审理，并推广使用电子签名和电子送达方式。进一步简化裁判文书，简要填写当事人情况、裁判理由和裁判结果。探索简化执行案件财产调查。对被执行人在同一时期其他案件中已被认定无财产可供执行的案件，申请执行人对被执行人财产状况无异议的，可以不再进行财产调查。

20. 推行要素式审判和示范裁判。对金融借款合同纠纷、民间借贷纠纷、买卖合同纠纷、机动车交通事故责任纠纷、劳动争议、离婚纠纷、物业服务合同纠纷、信用卡纠纷、政府信息公开、商标授权确权行政纠纷等逐步推行要素式审判。由当事人填写案件要素表，并围绕案件要素简化庭审程序，使用要素式裁判文书。对多个当事人分别提起的同类型或者系列民事、行政简单案件，先行选取一个案件开展示范裁判，树立裁判标准，其他案件参照示范案例批量办理。

21. 建立符合速裁快审特点的流程管理。速裁快审案件一般当日分案、一次开庭、当庭宣判、当场送达。对采用速裁方式审理的案件，一般应当十日内审结，最长不超过十五日；采用快审快执方式办理的案件，一般应当三十日内审结执结，最长不超过六十日，但速裁快审期间因当事人增加、变更诉讼请求、提出反诉、管辖权异议等经过的期间不计入上述期限。法律和司法解释规定审理期限短于上述规定期间的，按照法律和司法解释执行。

五、强化配套保障

22. 加强统筹协调。将"分调裁审"工作纳入党委领导、政府负责、民主协商、社会协同、公众参与、法治保障、科技支撑的社会治理体系谋划部署。成立院领导牵头、各有关部门参与的协调小组，统筹推动工作。加大与政府等有关部门在诉非分流对接、多元解纷方面的衔接联动。协调有关部门加强经费保障，将多元调解工作纳入矛盾纠纷多元化解整体经费统筹安排，合理保障调解人员开展工作所需经费。

23. 选优配强调解速裁快审团队。加强与司法行政部门对接，进一步做好调解员选拔培训等工作，建立健全调解员业绩考评、激励机制，对调解员调解案件的数量、调解率、自动履行率等定期评估。各级人民法院要根据本地区案件量配备相应数量的速裁、快审团队，选优主审法官，配齐法官助理和辅助人员，明确权责清单，形成适应"分调裁审"机制改革的审判管理机制。

24. 建立分类考核机制。加大"分调裁审"工作在业绩考核评价体系中的权重，形成有效激励机制。将诉前纠纷导出、委派调解、指导司法确认等纳入考核范围，提高引导非诉方式解决纠纷的积极性。科学评估本地区简单案件和复杂案件考核权重，按照案件数量、难易程度、适用程序等进行综合评估，不简单以案件数量作为考核评价指标。

25. 强化信息技术开发应用水平。各地法院根据实际情况开发繁简分流系统算法，并嵌入立案系统，形成智能识别和系统分流为主、人工分流为辅的繁简分流模式。深化对电子卷宗随案同步生成的应用，推行速裁快审案件电子卷宗立案和无纸化办案，推进以电子档案为主、纸质档案为辅的案件归档方式。对庭审活动全程录音录像，探索经当事人同意以庭审录音录像代替庭审笔录。在办案系统嵌入速裁快审模块，增加文书自动生成功能，针对机动车交通事故责任、物业服务合同、信用卡、金融借款合同、政府信息公开、危险驾驶、盗窃等常见类型案件研发裁判文书库，逐步实现速裁快审案件裁判文书自动生成。

26. 加强宣传推广。进一步加强对非诉讼纠纷解决机制、人民法院调解平台宣传力度。加大对优秀调解员、优秀速裁、快审团队宣传表彰工作。鼓励各地法院积极探索，及时总结推广有益经验做法。采用喜闻乐见的宣传方式，增强人民群众对"分调裁审"工作的认同感，营造良好改革氛围。

最高人民法院

2020 年 2 月 10 日

4. 常见民事诉讼繁简分流参考格式文本

附一：小额诉讼程序选择确认书

附二：令状式判决书参考样式

附三：表格式判决书参考样式

附四：要素表及一审要素式判决书参考样式

附五：简式文书二审判决书参考样式

附一：小额诉讼程序选择确认书

小额诉讼程序选择确认书

（　　）闽 02 ____ 民初　　号：

_____ 诉你 _____ 纠纷一案依法可以选择适用小额诉讼程序。

人民法院适用小额诉讼程序审理民事案件，当事人不得提起上诉。当事人在答辩期内提出管辖异议的，人民法院应以口头裁定处分，裁定一经作出即生效。当事人对已经发生法律效力的小额诉讼判决、裁定、调解书，认为有错误的，可以按照《中华人民共和国民事诉讼法》审判监督程序的有关规定提出再审申请。

人民法院适用小额诉讼程序审理民事案件，诉讼费用按《诉讼费用交纳办法》确定的标准的四分之一收取。当事人申请撤诉或者经调解结案的，可在上述标准基础上再次减半。

其他小额诉讼权利义务已经通过《小额诉讼须知》书面向我告知。我知悉相应内容，清楚我的权利义务。

我选择小额诉讼程序。

签名：

年 月 日

附二：令状式判决书参考样式（以信用卡纠纷为例）

××省 ××市 ××区 人 民 法 院
民 事 判 决 书

（××××）闽02××民初×××号

原告：×××银行，……。
法定代表人：×××，……。
委托诉讼代理人：×××，……。
被告：×××，……。
委托诉讼代理人：×××，……。

原告×××与被告×××信用卡纠纷一案，本院于××××年××月××日受理后，依法适用（简易/普通）程序公开开庭进行了审理。原告×××及其委托诉讼代理人×××到庭参加诉讼，被告×××及其委托诉讼代理人×××到庭参加诉讼（经本院合法传唤无正当理由未到庭参加诉讼），本案现已审理终结并作当庭宣判。

原告请求法院判令：……。
本院认为，……高度概括裁判观点……，依照《中华人民共和国……法》

241

第×条、……（写明法律文件名称及其条款项序号）规定，判决如下：

……（判决主文）。

如未按本判决指定的期间履行给付金钱义务，应当按照《中华人民共和国民事诉讼法》第二百五十三条规定，加倍支付迟延履行期间的债务利息。

……（写明诉讼费用的负担）。

如不服本判决，可在判决书送达之日起十五日内，向本院递交上诉状，并按照对方当事人的人数提出副本，上诉于××省××市中级人民法院。

审　判　员（或合议庭成员）×××

××××年××月××日

书　记　员×××

样式说明

一、本样式供一审法院对当庭宣判案件出具判决书时使用。

二、一审法院使用令状式判决书的前提条件是当庭宣判、当庭认定案件事实、当庭阐述判决理由和依据。本格式无须引用原被告的诉辩意见，该部分内容及一审认定事实、裁判理由（"本院查明"和"本院认为"部分）应当在庭审笔录中予以列明。二审判决时可以从一审庭审笔录中直接摘录、引用一审认定事实和裁判理由。

附三：表格式判决书参考样式（以物业服务合同纠纷为例）

××省　××市　××区　人　民　法　院
民　事　判　决　书

案号	（××）闽02×民初×号	适用程序	简易诉讼
案由	物业服务合同纠纷	立案时间	××××年××月××日
原告	原告：×××公司，……。 法定代表人：×××，……。 委托诉讼代理人：×××，……。		

续表

被告	被告：×××，……。 委托诉讼代理人：×××，……。
判决主文	……
诉讼请求	×××公司请求判令：……
案件基本事实	原告×××公司自××××年××月××日至××××年××月××日为×××小区提供物业管理服务。 被告×××是×××小区×××栋×××号的业主（房屋建筑面积×××平方米），至今欠缴××××年××月××日至××××年××月××日物业管理费××元、公摊水电费××元。
裁判理由	本院认为：原告×××公司为被告×××居住的小区实行了物业管理服务，有权向被告×××收取物业管理费和垫付的公摊水电费。被告×××以……为由拒绝缴纳物业管理费，没有事实与法律依据。
适用法律	《中华人民共和国合同法》第三十六条、第六十条、第一百一十四条，《中华人民共和国民事诉讼法》第六十四条第一款规定。
诉讼费用	本案案件受理费×××元，由被告×××负担。
上诉权利	如不服本判决，可在判决书送达之日起十五日内，向本院递交上诉状，并按照对方当事人的人数提出副本，上诉于××省××市中级人民法院。（小额诉讼案件无该项）

审　判　员　×××
××××年××月××日
书　记　员　×××

样式说明

一、本样式供一审法院适用简易程序审理当事人对案件事实没有争议，或者争议不大的案件使用。

二、本样式无须引用原被告的诉辩意见。

三、一审适用简易程序审理的案件如果案情复杂，不适用本样式。

四、文书上网系统升级前，先把表格去掉，可以上网。

附四：要素表及一审要素式判决书参考样式（以商品房预售合同逾期交房纠纷为例）

××省××市××区人民法院
商品房预售合同逾期交房纠纷诉讼要素表（原告）

重要声明 ①为了帮助您更好地参加诉讼，保护您的合法权利，特发本表。 ②本表所列各项内容都是法官查明案件事实所需要了解的，请您务必认真阅读，如实填写。 ③由于本表的设计是针对普通逾期交房案件，其中有些项目可能与您的案件无关，对于您认为与您案件无关的项目可以填"无"或不填。对于本表中有遗漏的项目，您可以在本表中另行填写。 ④您在本表中所填写内容属于您依法向法院陈述的重要内容，您填写的要素表副本，本院将会依法送达给其他诉讼参与人。

请填写与案件相关的以下内容：

一、商品房预售合同签订时间：＿＿＿＿年＿＿月＿＿日

二、商品房地址：＿＿＿＿

三、购房总价款：＿＿＿＿

四、已付购房款：＿＿＿＿

五、约定交房时间：＿＿＿＿

六、通知交房手续办理时间：＿＿＿＿

七、实际交房时间：＿＿＿＿

八、计付逾期交房违约金的起始日期：＿＿＿＿

九、计付逾期交房违约金的截止日期：＿＿＿＿

十、开发商可顺延交房期的天数：＿＿＿＿

十一、计付逾期交房违约金的天数（被告尚未履行交房义务的，计至起诉之日止）：＿＿＿＿

十二、约定逾期交房违约金标准：＿＿＿＿

十三、逾期交房违约金的数额：＿＿＿＿

十四、需要说明的其他事项：＿＿＿＿

请对上述内容重新核对，确认后签名。
原告：
年　月　日

××省××市××区人民法院
商品房预售合同逾期交房纠纷诉讼要素表（被告）

> 重要声明
> ①为了帮助您更好地参加诉讼，保护您的合法权利，特发本表。
> ②本表所列各项内容都是法官查明案件事实所需要了解的，请您务必认真阅读，如实填写。
> ③由于本表的设计是针对普通逾期交房案件，其中有些项目可能与您的案件无关，对于您认为与您案件无关的项目可以填"无"或不填。对于本表中有遗漏的项目，您可以在本表中另行填写。
> ④您在本表中所填写内容属于您依法向法院陈述的重要内容，您填写的要素表副本，本院将会依法送达给其他诉讼参与人。

请填写与案件相关的以下内容：

一、五方验收合格时间：_____

二、消防验收合格时间：_____

三、竣工验收备案时间：_____

四、计付逾期交房违约金的起始日期：_____

五、计付逾期交房违约金的截止日期：_____

六、可顺延交房期的天数总计：_____，所涉事由及相应天数：

1.

2.

……

七、计付逾期交房违约金的天数（被告尚未履行交房义务的，计至起诉之日止）：_____

八、逾期交房违约金的数额：_____

九、需要说明的其他事项：_____

请对上述内容重新核对，确认后签名。

被告：
年　月　日

××省　××市　××区　人民法院
民　事　判　决　书

（××××）闽02××民初××××号

原告：×××，……。
委托诉讼代理人：×××，……。
被告：×××，……。
法定代表人：×××，……。
委托诉讼代理人：×××，……。

原告×××与被告×××商品房预售合同纠纷一案，本院于××××年××月××日立案后，依法适用简易程序/普通程序，公开/因涉及……（写明不公开开庭的理由）不公开开庭进行了审理。原告×××、被告×××（写明当事人和其他诉讼参加人的诉讼地位和姓名或者名称）到庭参加诉讼。本案现已审理终结。

案件事实
本院查明的事实如下：
一、商品房预售合同签订时间：＿＿＿＿年＿＿月＿＿日
二、商品房地址：＿＿＿＿
三、购房总价款：＿＿＿＿
四、已付购房款：＿＿＿＿
五、约定交房时间：＿＿＿＿
六、通知交房手续办理时间：＿＿＿＿
七、实际交房时间：＿＿＿＿

八、五方验收合格时间：_____

九、消防验收合格时间：_____

十、竣工验收备案时间：_____

十一、计付逾期交房违约金的起始日期：_____

十二、计付逾期交房违约金的截止日期：_____

十三、约定逾期交房违约金标准：_____

十四、需要说明的其他事项：_____（包括先予执行、诉讼保全、鉴定等需要说明的问题）

十五、原告的诉讼请求：_____

争点分析

一、交房条件的争议（适用于计付逾期交房违约金截止日期有争议的情形）：

原告主张及证据：

被告抗辩意见及证据：

法院认定及理由：

二、开发商可顺延交房期的争议

被告主张及证据：

原告反驳意见及证据：

法院认定及理由：

综上所述，计付逾期交房违约金的截止日期：_____；计付逾期交房违约金的天数：_____；逾期交房违约金的数额：_____。

裁判结果

依照《中华人民共和国……法》第×条、……（写明法律文件名称及其条款项序号）规定，判决如下：

……（写明判决结果）

如果未按指定的期间履行给付金钱义务，应当依照《中华人民共和国民事诉讼法》第二百五十三条之规定，加倍支付迟延履行期间的债务利息。

案件受理费×××元，由×××负担（写明当事人姓名或者名称、负担金额）。

如不服本判决，可在本判决书送达之日起十五日内，向本院递交上诉状，并按对方当事人的人数提出副本，上诉于××省××市中级人民法院。

审判员（或合议庭成员）×××

××××年××月××日

书 记 员 ×××

样式说明

一、本格式供一审法院采用要素式审理方式时使用。

二、本格式无须引用原被告的诉辩意见。在"案件事实"部分，直接归纳双方当事人无争议的要素事实。对双方争议焦点，在"争点分析"部分采用夹叙夹议的方式，边叙述案件事实，边阐明法律意见。如双方争议焦点较为复杂，可结合诉辩意见，双方举证、质证情况对认定事实和裁判理由进行详细阐述。

三、当事人是否填写要素表并非适用该格式的前提条件。一审法官认为案件适合采用要素式方式审理的，即使双方或一方当事人没有填写要素表，也可以根据要素表组织庭审和作出判决。

附五：简式文书二审判决书参考样式（通用）

××省 ××市 中 级 人 民 法 院
民事判决书

（××××）×× 民终 ××× 号

上诉人（原审×告）：×××，……。
委托诉讼代理人：×××，……。
被上诉人（原审×告）：×××，……。
委托诉讼代理人：×××，……。

上诉人×××因与被上诉人×××纠纷一案，不服福建省厦门市×××区（××××）闽02××民初×××号民事判决，向本院提起上诉。本院于××××年××月××日立案后，依法组成合议庭审理了本案（如二审为开庭审理，应写明当事人和其他诉讼参加人到庭情况）。本案现已审理终结。

×××向一审法院起诉请求：……（写明一审原告的诉讼请求）。

一审法院认定事实：……（如一审为要素式文书，此处应援引一审对案件事实和争点分析的全文）。

一审法院认为：……（如一审为要素式文书，此处应援引一审裁判结果）。

×××上诉请求：……（写明上诉请求）。

<二审的叙事和说理部分，根据一审文书样式采用不同写法>

1. 如一审为令状式文书、表格式文书的，接下来直接写明二审查明的事实和二审裁判理由，具体格式为：

本院查明，……

本院认为，……依照《中华人民共和国……法》第××条、……（写明法律文件名称及其条款项序号）规定，判决如下：

……（写明判决结果）

2. 如一审为要素式文书的，二审和一审文书样式对应，进行要素式的审查和分析，格式为：

本院二审期间，双方争议焦点为一审争点分析第×项××事项、第×项××事项。对于其他双方没有争议的事项，本院予以确认。

关于双方争议的××事项，上诉人认为，……。被上诉人认为，……。对此，本院认为，……。

关于双方争议的××事项，上诉人认为，……。被上诉人认为，……。对此，本院认为，……。

（注：如当事人二审有提交证据证明自己的主张，则应在"上诉人认为……""被上诉人认为……"之后分别写明"并提供证据……"，同时写明对方质证意见）。

综上所述，本院认为，……（针对上诉人的上诉请求，在前述分析论证的基础上进行简要归纳，明确上诉请求能否成立，一审判决结果是否正确）。依照《中华人民共和国……法》第×条、……（写明法律文件名称及其条款项序号）规定，判决如下：

……（写明判决结果）

二审案件受理费×××元，由×××负担（写明当事人姓名或者名称、负担金额，如改判案件，应重新决定一审案件受理费负担金额）。

本判决为终审判决。

    审　判　长　　×××
    审　判　员　　×××

审　判　员　×××

××××年××月××日

书　记　员　×××

样式说明

一、本样式供二审法院对不服一审法院使用令状式、表格式、要素式判决的上诉案件进行判决时使用，可用于采用普通程序合议制审理的案件，也可用于采用普通程序独任制审理的案件。

二、本通用样式无须原文引用上诉人、被上诉人的诉辩意见，但对一审判决的内容要根据一审文书样式进行引述。

三、如一审文书为令状式、表格式判决书，二审查明事实和说理部分的写法和普通文书相同。如一审文书为要素式判决书，二审不再将事实问题和法律问题分开陈述，而是围绕上诉争议要素写作。对双方无争议事项直接予以确认，对双方争议焦点，可先引述上诉人和被上诉人的意见，再采用夹叙夹议的方式，边叙述案件事实和双方举证、质证情况，边阐明法律意见，着重论述本院意见。

附件（二）最高院关于民事诉讼程序繁简分流改革试点情况的中期报告

深化民事诉讼制度改革，是深入贯彻习近平法治思想的必然要求，是推进全面依法治国、促进国家治理体系和治理能力现代化的重要举措，是满足新时代人民群众日益增长司法需求的重要方式。2019年1月，习近平总书记在中央政法工作会议上指出，"要深化诉讼制度改革，推进案件繁简分流、轻重分离、快慢分道"，为民事诉讼制度改革指明了目标和方向。2019年5月，中央办公厅印发《关于政法领域全面深化改革的实施意见》，将"推进民事诉讼制度改革"确定为重大改革任务。2019年12月28日，第十三届全国人大常委会第十五次会议作出《全国人民代表大会常务委大会关于授权最高人民法院在部分地区开展民事诉讼程序繁简分流改革试点工作的决定》，授权在全国15个省（区、市）的20个城市开展试点工作。2020年1月15日，最高人民法院印发《民事诉讼程序繁简分流改革试点方案》和《民事诉讼程序繁简分流改革试点实施办法》，试点工作正式启动。一年来，在以习近平同志为核心的党中央坚强领导下，在全国人大及其常委会有力监督下，最高人民法院指导各试点法院积极探索优化司法确认程序、完善小额诉讼程序、完善简易程序规则、扩大独任制适用范围、健全电子诉讼规则，扎实有序推进各项试点工作。全国人大常委会高度重视试点工作，全国人大监察司法委、全国人大常委会法工委专程赴试点法院调研，现场听取汇报，开展监督指导，促进试点工作有序开展。

在推进试点工作过程中，最高人民法院始终坚持以习近平新时代中国特色社会主义思想为指导，认真学习贯彻习近平法治思想，准确把握试点工作目标定位，确保试点工作沿着正确方向前进。一是切实提升政治站位。全面贯彻落实党的十九届四中、五中全会精神，将试点工作纳入国家治理体系和治理能力现代化大局中谋划和推进，坚持把非诉讼纠纷解决机制挺在前面，健全诉调对接和多元解纷机制，推动完善社会治理体系。二是坚持以人民为中心。从新时代人民群众解纷需求出发，通过创新程序规则、优化流程机制、强化权利保障，着力解决一些地方纠纷化解渠道不足、司法效率不高、诉讼方式不便捷、权利保障不充分等问题，根本目标是提升人民群众的获得感和满意度，绝不以减损人民群众诉讼权益来换取审判提速增效。三是适应形势任务变化。近年来，人民法院受理案件数量处于高位运行状态，2020 年全国法院受理案件超过 3000 万件，其中民事案件占比达 55%，法官年人均办案数量达到 225 件，部分法院审判工作压力大，一些法院存在案件积压、审理周期长、人员紧缺等问题。试点工作以诉讼制度改革为突破口，从程序规则、司法模式、资源配置等层面发力，探索构建分层递进、繁简结合、供需适配的多层次解决纠纷体系，有效提升司法质量、效率和公信力，确保司法公正。

一、试点工作开展情况

最高人民法院高度重视改革试点工作，建立贯通四级法院的统筹推进机制，确保各项试点任务精准落地。定期召开司法改革领导小组会议和试点工作联席会议，研究讨论试点重大问题，加强对下指导。印发试点问答口径、文书样式、数据指标体系等 5 个配套性文件，细化试点程序规则，统一文书体例，规范试点运行。建立试点工作月报、季报制度，定期汇总各地试点情况，总结试点进展，分析存在问题，研究提出改进对策。加强试点政策解读宣传，编发典型案例，印发工作专刊，编辑出版读本，组织刊发系列解读文章，讲清讲透试点政策，形成全社会理解支持试点工作的良好氛围。深入北京、上海、深圳、郑州、成都、苏州等地开展实地调研，会同全国人大监察司法委、全国人大常委会法工委开展试点督察评估，现场指导四川、贵州、云南、宁夏等地试点工作，客观评估试点成效，研究解决存在问题，督促各地整改优化。各试点地区高级人民法院积极落实主体责任，成立试点工作领导小组，由一把手主抓，强化统筹协调、对下指导和督促检查。及时制定试点工作实施方案和配套实施细则，明确主要举措，细化任务分工。定期总结辖区试点情况，分析工作态势，针对试点中出现的问题提出对策建议，充分发挥推进试点工作"枢纽"作用。各试点法院严格落实试点要求，大胆探索、主动作为，结合工作实际，细化程序操作规程，健全完善配套举措，增强系统集成效应。积极争取地方党委、政府政策支持，主动向地方人大常委会报告试点工作，推动将试点工作融入地方改革发展大局，确保试点工作因地制宜、精准落地。

二、试点工作的阶段性成效

经过一年试点探索，民事诉讼程序繁简分流改革效果逐步显现，司法质量、效率进一步提升，司法资源配置更加合理优化，人民群众对公平正义的获得感不断增强，试点工作取得阶段性成效。深化民事诉讼制度改革符合我国国情，符合司法规律，有利于在更高层次上实现公正与效率的统一，有利于推进全面依法治国、促进国家治理体系和治理能力现代化。实践充分证明，党中央决策部署和全国人大常委会授权决定是完全正确的。

一是合理拓宽司法确认程序适用范围，群众化解纠纷更加多元便捷高效。严格落实调解自愿原则，在充分尊重当事人自主选择权基础上，积极推进诉前调解。探索拓宽司法确认程序适用范围，完善案件管辖规则，加强特邀调解与司法确认制度衔接，有效解决纠纷渠道单一、多元调解质量不高、非诉讼解纷机制司法保障力度不足等问题。一年来，各试点法院诉前委派调解纠纷169.66万件，成功化解54.34万件，纠纷诉前化解率达32%，既有效减少了诉讼增量，又保障纠纷得到及时高效化解，大大降低了群众解决纠纷的时间、精力和费用成本。受理司法确认申请13.31万件，裁定确认调解协议有效12.91万件，确认有效率达97%，诉前调解质量显著提升，也未出现司法确认案件数量激增情况。试点法院全部建立特邀调解名册，2020年纳入名册的特邀调解组织4062家，特邀调解员26433名，同比分别增长了44%、58%，通过严把入册标准，加强业务培训，强化规范运行，培育和促进多元解纷力量的发展壮大，助力构建多层次、立体化的纠纷化解体系。北京、杭州、贵阳等地试点法院利用在线平台，整合汇聚多元解纷资源，实现"在线调解＋司法确认"无缝衔接。深圳前海法院设立在线司法确认工作室，建设大湾区商事纠纷解决平台，与香港、澳门等多家仲裁、调解机构合作，探索由港澳籍特邀调解员调解跨境商事纠纷，促进提升大湾区社会治理水平。

二是加大小额诉讼程序适用力度，快速便捷终局解纷优势逐步显现。健全完善独立于简易程序的小额诉讼程序规则，通过降低适用门槛、探索合意适用模式、有序简化审理方式和裁判文书，充分发挥小额诉讼程序高效、便捷、低成本、一次性解纷的制度优势，避免人民群众"赢了官司、亏了时间"现象发生。一年来，各试点法院适用小额诉讼程序审结案件61.11万件，小额诉讼程序适用率从试点前的5.7%，提高至19.3%，有效改变了试点前小额诉讼程序的"休眠"状态，形成常态化适用趋势。试点法院大力完善小额诉讼案件审理机制，细化适用标准、优化审理流程、组建专门审判团队、加强质量把控，全面提升小额诉讼案件质效，小额诉讼案件平均审理期限27天，少于法定审限的一半，提起再审率为0.1%，再审改发率为0.01%，实现了司法质量、效率双提升。北京、济南、成都等地法院组建"立审执一体化团队"，优化资源配置，打通程序梗阻，确保小额诉讼案件"快立快审快执"。郑州法院畅通小额诉讼案件申诉渠道，强化审判监督，按照普通程序对案件进行实质性审查，打消当事人适用顾虑。西安、宁波等地法院推进小额诉讼程序与要素式庭审、要素式裁判文书相结合，制定各类文书模板，简化规范审理环节，实现提速增效。

三是完善简易程序适用规则，繁简分流的程序运行机制基本形成。合理扩大简易程序适用范围，明确庭审程序和裁判文书简化方式，强化简易程序审限要求，真正发挥简易程序"简、快、灵"的制度优势，与小额诉讼程序、普通程序形成合理区分、有效衔接。试点法院准确把握程序适用规则，细化繁简识别标准，建立程序分流机制，推动审判工作提速增效。一年来，各试点法院共适用简易程序审结案件207.98万件，简易程序适用率达到63.8%，平均审理期限48天，较法定审限缩短42天，审理效率明显提升。简易程序案件上诉率为7.6%，二审改发率为0.8%，较试点前同比分别下降18.1个百分点和13.4个百分点，案件质量相关指标均优于全国平均水平。福州法院依托大数据技术，探索建立"人工识别＋智能化辅助"繁简识别机制，提升案件繁简识别精准度。南京法院建立简易案件快速识别和要素式审判机制，明确集中审理、要素化审判的标准化流程。合肥法院针对金融借款纠纷、融资租赁合同纠纷等批量简易案件,实行集中排期、送达和开庭,推动类案快审。试点法院在"简"字上狠下功夫,同时针对相对复杂的案件组建"精审"团队,依法适用普通程序审理,积极推行类案检索,强化专业法官会议作用,完善法律适用分歧解决机制,努力实现"简案有质量,繁案出精品"。2020年,试点法院共有6个案例被纳入最高人民法院指导性案例,公正审理广州摘杨梅坠亡再审案等一批社会广泛关注的重大案件,取得良好政治效果、法律效果和社会效果。

四是有序扩大独任审判适用范围,审判资源配置更加科学精准。明确基层人民法院独任法官可以适用普通程序审理特定情形案件,探索对简单二审案件适用独任制审理,实现审判组织与案件类型、审理程序灵活精准匹配。积极细化独任制适用标准,试点法院普遍以"正反面清单"形式规范独任制适用范围,严格依照规定适用合议制,完善独任制与合议制转换程序,打破"合而不议"顽疾,优化了司法资源配置。一年来,试点法院一审独任制适用率为84.8%,较改革前提升14.8个百分点,二审独任制适用率为29.3%,基本形成一审"独任制为主,合议制为辅"、二审"合议制为主,独任制为辅"的审判组织格局。严把独任制案件"质量关",强化审判监督管理,确保法官"独任而不放任",坚决防止案件质量下滑。试点法院独任制一审案件上诉率为6.1%,二审改发率为0.6%,同比分别下降27个百分点和29个百分点;独任制二审案件提起再审率为0.6%,再审改发数为17件,案件质量指标一定程度优于合议制案件。南京、宁波、郑州等地基层人民法院细化独任制普通程序案件类型,加强程序适用的标准化指引。北京市第一中级人民法院、上海市第二中级人民法院等强化二审独任制与专业法官会议、审判委员会的有机结合,加大对拟改判发回的独任制二审案件专业把关力度。河南省洛阳市中级人民法院、福建省厦门市中级人民法院、宁夏回族自治区银川市中级人民法院等建立二审独任制案件报备、评查机制,将二审适用独任制审理的案件纳入院庭长监督范围,参照"四类案件"标准实行常态化监管,确保"提效率不损质量"。

五是加强和规范在线诉讼,线上线下并行的诉讼模式初步形成。及时回应互联网时代群众司法需求,明确在线诉讼活动法律效力,完善电子化材料提交、在线庭审、电子送达等在线诉讼规则。积极开展在线诉讼,通过细化流程规则、加强诉讼引导、完善系统平台,探索构建从立案到执行的全流程在线诉讼模式。特别是在新冠肺炎疫情防控形势严峻的特殊时期,各试点法院依托"中国移动微法院"等在线诉讼平台,推行案件办理全流程网上运行,实现疫情期间"公正不止步、服务不掉线、诉讼零接触",确保了疫情防控和审判执行工作两不误。一年来,试点法院在线立案率为54.5%、电子送达适用率为56.1%,较试点前同比分别上升17个百分点和34个百分点。在线庭审占所有庭审的近30%,平均庭审时长46分钟,较线下庭审缩短60%,在线诉讼应用规模和质量不断提升。浙江省杭州市中级人民法院优化在线庭审智能支持手段,为法官提供知识图谱、案卷材料分析、实时归纳庭审争议焦点、同步制作裁判文书等智能化辅助。广东省广州市中级人民法院、河南省郑州市中级人民法院建设5G全流程多场景智慧庭审系统,为当事人和法官提供超高清、无延时的庭审体验。南京、昆明、苏州等地法院与当地司法局、律师协会、企事业单位等开展合作,建立专用固定电子送达地址库,推动相关主体事前作出适用电子送达承诺,大大提升送达工作质量和效率。随着在线诉讼日益普及,人民群众普遍感受到诉讼方式更加便捷、诉讼成本大大降低、解纷效率明显提升。

六是充分保护当事人诉讼权利,切实维护群众合法权益。充分尊重当事人程序选择权、利益处分权和诉讼知情权,做到"简化程序不减权利,提高效率不降标准"。针对诉前调解工作,坚持以合法自愿为基本前提,做到"分流不限流、引导不强制",严格遵守立案登记制要求,坚决防止拖延立案、抬高门槛。在小额诉讼案件中,强化法官释明告知义务,尊重当事人合意适用选择权。发送小额诉讼程序告知书、程序选择确认书、程序适用指南等,确保当事人知悉诉讼权利义务和法律后果。针对案件适用的审理程序和审判组织,赋予当事人对小额诉讼程序、简易程序和独任制审理的异议权,接受当事人对诉讼程序的监督,确保程序运行合法有序。推进在线诉讼过程中,充分尊重当事人对诉讼方式的选择权,未经当事人同意不得对其适用在线调解、在线庭审、电子送达等在线诉讼方式,当事人选择线下诉讼的,及时提供线下诉讼服务,兼顾不同群体诉讼能力和诉讼需求。

三、试点工作面临的问题和困难

当前,试点工作仍处于不断探索和深化推进阶段,还面临一些问题和困难。

一是各地工作开展不够平衡。各试点地区在落实改革任务上还存在"温差""落差"现象。一些法院和干警习惯于传统工作模式,对试点工作的重要意义认识不足。有的结合实际创造性开展工作不够,有的未根据试点推进情况和最高人民法院出台的政策,及时调整前期制定的程序规则。

二是改革系统集成效应还不突出。试点工作与司法责任制、分调裁审机制、矛盾纠纷源头化解等改革密切相关，有的试点法院统筹推进、协同配合、系统集成有待加强。部分法院未将试点工作与司法责任制综合配套改革有机结合，在优化审判团队、加强"四类案件"识别监管、完善专业法官会议制度等方面，还没有充分体现试点工作新要求，影响了试点工作效果。

三是配套保障举措还不完善。从法院内部看，部分试点地区因经费保障等问题，导致特邀调解力量配备不足、积极性不高。一些法院的电子诉讼平台和办案系统没有实现全面兼容互通，诉讼环节线上线下交互不够顺畅。少数法院设置试点考核评价指标不科学，盲目追求所有指标"高数值"，不符合司法规律。深入推进试点工作的机制不够配套，比如，法院对特邀调解组织的管理职责权限不清，相关调解主体的资质审核、管理主体和权利义务缺乏统一明确规范。当前亟待制定专门的调解法，健全诉讼与非诉讼解纷机制之间的程序衔接和效力规则。诉讼费用制度改革推进相对滞后，诉讼收费范围和标准与当事人司法需求、诉讼程序特点和司法资源投入没有形成合理匹配。

四、下一步工作举措

目前，民事诉讼程序繁简分流改革试点工作已进入"攻坚期"和"深水区"，下一阶段试点任务依然艰巨。最高人民法院将坚持以习近平新时代中国特色社会主义思想为指导，深入贯彻习近平法治思想，按照全国人大常委会授权决定要求，努力解决工作中存在的问题，确保改革试点圆满成功，加快推动完善具有中国特色、符合司法规律的民事诉讼制度。

一是强化统筹指导，推动试点深入开展。进一步健全试点工作推进机制，加强统筹指导和督察评估工作。继续会同有关部门开展联合调研，实地了解试点工作推进情况，评估工作成效。对推进缓慢、成效不大的，要找出症结，督促整改。对出现理解偏差、执行走样的，要及时纠正，切实解决部分试点地区工作不均衡、系统集成效应不突出等问题。

二是做好监督管理，完善试点配套举措。强化案件质量监督，密切跟踪试点法院审判质效，压实各试点地区高级人民法院主体责任，细化完善"四类案件"识别标准和程序规则，处理好办案质量和效率的关系。以提升审判质效为导向，健全完善考核机制，合理设置考核指标，发挥绩效考核在评估试点成效方面的作用，坚决杜绝一味追求审判效率而损害当事人诉讼权益的情况发生。

制定规范特邀调解名册管理文件，明确进入名册的标准和管理机制，提升诉前调解质效。优化升级相关信息化平台，完善系统功能，促进数据互通，提升诉讼体验，确保安全可控。

三是深入系统总结，适时建议完善相关立法。以本次中期报告工作为契机，进一步总结试点工作成效和各地成功经验，做好试点工作数据统计分析，为民事诉讼程序改革提供扎实的实证基础。适时建议修改民事诉讼法，对标对表全国人大常委会关于修法的程序、内容和时限要求，及时开展相关工作，确保按时形成修法建议稿。

四是加强宣传解读，营造改革良好氛围。加强宣传引导，回应社会普遍关切，为推动试点工作和民事诉讼法修改营造良好氛围。

附件（三）民事诉讼繁简分流改革调查问卷及其分析

一、调查问卷

您好！感谢您在百忙之中抽出时间进行本调研问卷填写！法院/司法裁判涉及纠纷解决，是国家和社会安定的重要防线，关乎社会公正与每个公民的权利福祉。请您认真对待本次调研。您的反馈将帮助我们进一步完善民事诉讼程序，感谢您的支持！

问卷填写人姓名：＿＿＿＿＿＿，身份证号码：＿＿＿＿＿＿。

一、请问您来自我国的哪个省（自治区/直辖市）：＿＿＿＿＿＿
二、请问您常住地所在的社区属于＿＿＿＿＿＿
　A. 城市市区；　B. 县级市/县城；　C. 城市郊区；　D. 乡/镇/村。
三、请问您的年龄是＿＿＿＿＿＿
　A、18岁以下；　B、18~30岁；　C、30~50岁；　D、50岁以上。
四、请问您目前教育程度为＿＿＿＿＿＿
　A. 博士生；　B. 硕士生；　C. 大学本科；　D. 大专；
　E. 中专/高中；　F. 初中/技校；　G. 其他。

五、请问您的性别是_____

　　A、男；　　　　　　B、女。

六、请问您的职业为_____

　　A. 公务员；　　　　　　　　B. 事业单位（含学校、卫生单位）；

　　C. 国有企业员工；　　　　　D. 非国有企业老板/个体户；

　　E. 非国有企业员工/公司职员；F. 自由职业者；

　　G. 农民/牧民/渔民；　　　　H. 学生；

　　I. 家庭主妇；　　　　　　　J. 无业人员/退休人员；

　　K. 其他；

七、请问您是否经常与法院打交道_____

　　A、经常打交道；　　　　　　B、很少（2~3次）；

　　C、几乎没有（1次）；　　　　D、从来没有。

八、请问您前来金融司法协同中心进行诉讼，您的身份为_____

　　A. 原告方当事人；　B. 原告方代理人；　C. 被告方当事人；

　　D. 被告方代理人；　E. 第三人；　　　　F. 其他工作人员。

九、请问您对于人民法院民事诉讼程序繁简分流改革试点是否了解关注_____（0分为最低分，10分为最高分，请您填写0~10之间的分值）。

十、请问您前来金融司法协同中心诉讼，适用的是什么程序_____

　　A、普通程序；　　　　　　　B、"小额诉讼"程序；

　　C、一般简易程序；　　　　　D、简易程序（公告）。

十一、请问您对于您在本案件中所适用的程序的满意度为_____分（0分为最低分，10分为最高分，请您填写分值）。

十二、请问您在本案件中所适用的程序已耗费的时间_____，相比过去更_____，您的评价为_____分（0分为最低分，10分为最高分，请您填写分值）。

十三、请问您认为，您在本案件中所适用的程序所耗费的资金费用_____，相比过去更_____，感觉为_____分（0分为最低分，10分为最高分，请您填写分值）。

十四、请问您认为，您在本案件中所适用的程序的便捷程度，感觉为_____分（0分为最低分，10分为最高分，请您填写分值）。

十五、请问您认为，您在本案件中所适用的司法互联网、信息化的设备、软件，感觉为_____分（0分为最低分，10分为最高分，请您填写分值）。

十六、请问您对"民事诉讼繁简分流改革"程序的总体看法是：_____

十七、请问您对"民事诉讼繁简分流改革"程序的建议是：_____

十八、请问您对金融司法协同中心的总体看法和建议是：_____

二、调查问卷分析

2020年7月底，厦门金融司法协同中心设计了"民事诉讼繁简分流改革"调查问卷并分发给来中心参与诉讼的当事人或代理人，截至12月底共收回1240份，我们对该1240份的问卷结果进行分析。

（一）本次调查对象的分析

（1）参与填写调查问卷来自福建的有1090份，云南的30份，江西的30份，江苏的20份，重庆、河北、广东、湖北、上海、辽宁、浙江的各10份。我们用图表来看更为直观。

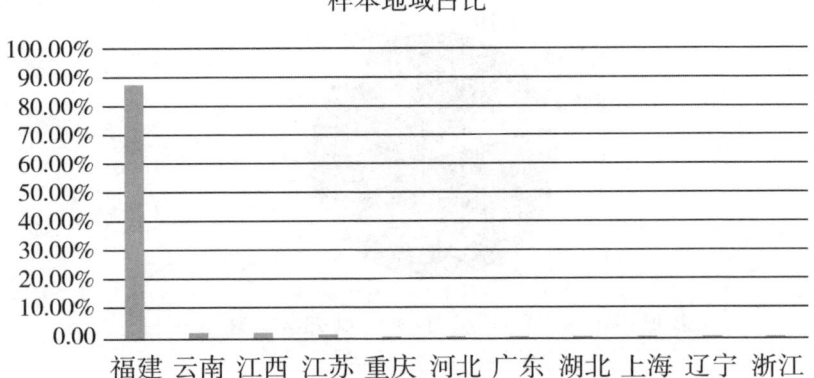

样本地域占比

图1

(2) 参与填写问卷的男性 780 人，女性 460 人，如图 2 所示。

男女比例

37.10%
62.90%

■ 男性　■ 女性

图 2

(3) 参与人常住地址，其中城市市区 980 份，乡镇村 140 份，县级市 60 份，城市郊区 60 份。

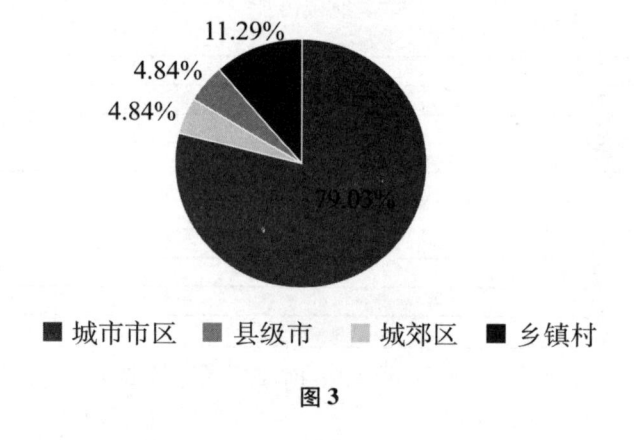

比例

11.29%
4.84%
4.84%
79.03%

■ 城市市区　■ 县级市　■ 城郊区　■ 乡镇村

图 3

（4）参与者年龄方面，30~50岁的740份，18~30岁的有440份，50岁以上的60份。

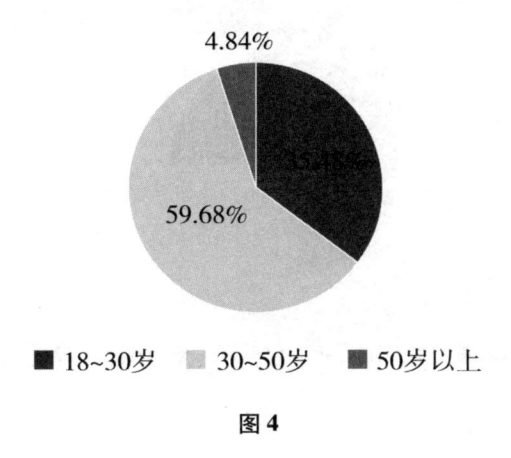

年龄构成

4.84%

59.68%

■ 18~30岁　■ 30~50岁　■ 50岁以上

图 4

（5）参与者受教育程度，大学本科有830份，硕士毕业有180份，初中毕业及以下的90份，大专毕业60份，高中毕业的80份。

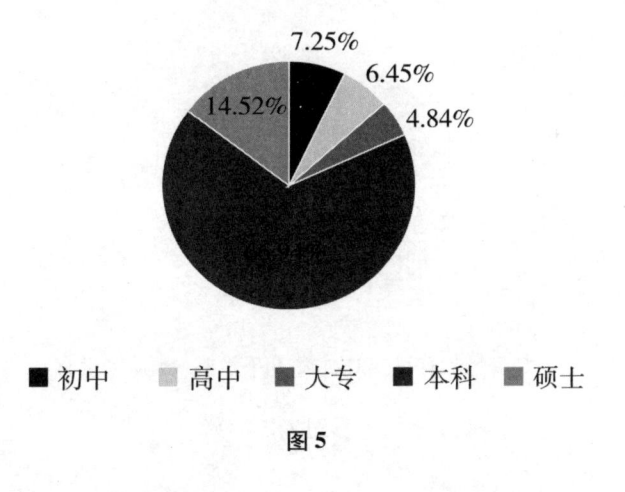

学历构成

7.25%
6.45%
4.84%
14.52%

■ 初中　■ 高中　■ 大专　■ 本科　■ 硕士

图 5

(6) 职业分布上，自由职业的有 310 份，其他的 330 份，公司职员 340 份，国有企业员工 80 份，个体户 80 份，事业单位员工 20 份，无业人员 80 份。

职业分布

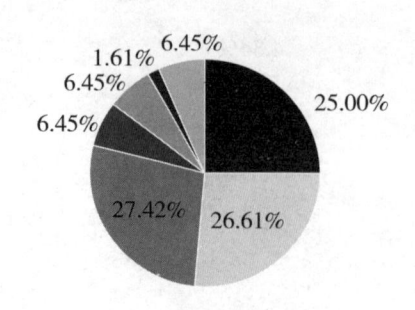

6.45% 25.00%
1.61%
6.45%
6.45%
27.42% 26.61%

■ 自由职业　■ 其他　■ 公司职员　■ 国企员工　■ 个体户　■ 事业单位　■ 无业人员

图 6

(7) 参与者和法院打交道频繁的 950 份，有过 2~3 次的 60 份，几乎没有的 70 份，从来没有的 160 份。

和法院打交道的次数

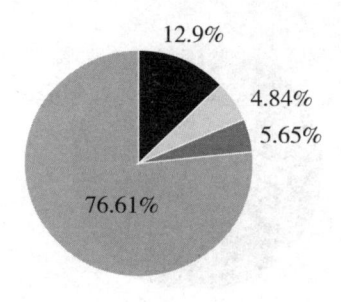

12.9%
4.84%
5.65%
76.61%

■ 频繁　■ 有过2~3次　■ 几乎没有　■ 从来没有

图 7

(8) 参与者身份，原告方代理人为 620 份，被告方当事人 260 份，原告方当事人 160 份，被告方代理人 190 份，第三人 10 份。

调查对象身份

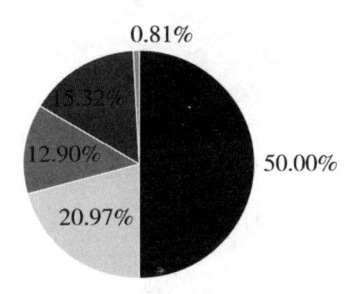

0.81%
15.32%
12.90%
20.97%
50.00%

■ 原告方代理人　■ 被告方当事人　■ 原告方当事人　■ 第三人　■ 被告方代理人

图 8

（9）参与者适用程序，一般简易程序的670份，简易程序（公告）180份，普通程序120份，"小额诉讼"程序180份，未填90份。

适用程序

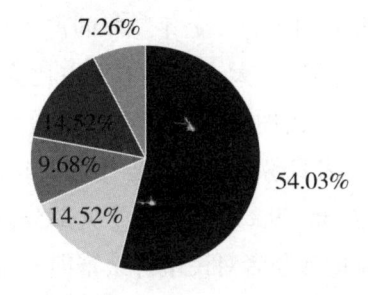

7.26%
14.52%
9.68%
14.52%
54.03%

■ 一般简易程序　■ 简易程序（公告）　■ 普通程序　■ 小额诉讼　■ 未填

图 9

（10）对民事诉讼程序繁简分流了解并关注的有820份，一般了解的有240份，不了解的180份。

对民事诉讼繁简分流了解程度

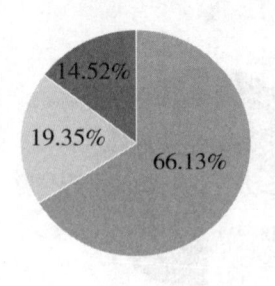

14.52%
19.35%
66.13%

■ 比较了解并关注　■ 一般了解　■ 不了解

图 10

综上，1240份样本中有87.9%的参与者来自福建省，我们由此得知中心受理的案件主要集中在福建省区域内，其他区域较少；从参与者的性别来看，男性比例62.9%大于女性的37.1%，可见当事人或代理人中男性占比大，女性较小；当事人或代理人年龄在30~50岁的占比为59.68%，18~30岁的占比为35.48%，50岁以上的仅占4.84%，以上年龄段的占比与法院受理的现实状况也比较吻合；当事人或代理人学历在大专及以上的占比为86.3%，这个数据说明绝大部分参与诉讼的当事人或代理人拥有较高的受教育程度，也说明开展繁简分流改革的可行性；从参与者身份来看，原告代理人或者当事人占比约62.9%，被告代理人及当事人占比为36.29%，这反映了大部分诉讼案件中原告主动参与性较强；最后，有85.48%的参与者对民事诉讼繁简分流改革有所了解，仅有少部分人不了解，说明大部分人对当前国家开展民事案件繁简分流具有一定的关注度，这对中心开展民事繁简分流改革具有重要助力。

（二）对金融司法协同中心的看法和建议

参与问卷调查的受访者，普遍对民事诉讼繁简分流改革持正面看法，认为经过繁简分流后的民事诉讼程序将更加高效便利，且符合发展趋势。其次，受访者认为金融司法协同中心高效便民，且节约了诉讼成本，中心的成立是司法界的新创举，中心的工作人员专业化的办事水平、良好的服务态度，值得肯定和推广。

结合中心目前的条件，部分受访者也给予了我们中肯的建议，主要有以下几点。

（1）建议加强中心的人力资源和配套服务设施，调查认为工作人员的工作量过于饱和，希望增加人员，比如设立专人解答相关的问题咨询。

（2）建议加强信息化建设，进一步利用互联网技术，提升诉讼时效。

（3）个别受访者对诉前调解不太满意，建议尊重原告意愿，对原告不愿调解的案件可直接立案，或者加强调解人员的力量，提高调解效率。另外对诉讼费发票开具流程希望有所改进。

（4）申请司法确认的时限为三十日，该期限较短，不少当事人未能及时申请，能否适当延长司法确认期限。

（5）建议加强中心的安保力量。

致谢（代后记）

经过紧张的写作，这本小书终于定稿并即将付梓。突然之间，心情很复杂，在一种如释重负的感觉之外，还有一种脱力感和莫名的、淡淡的空虚。

打开记忆的闸门，早在2017年，笔者在福建案件最多的厦门市思明区法院任研究室负责人期间，就注意到繁简分流的重大意义，与厦门大学法学院合作"繁简分流诉讼体系的法律标准与规则重构"课题，对民事诉讼繁简分流工作进行了深入研究。2019年12月底，最高法院周强院长向全国人大常委会做关于开展民事诉讼程序繁简分流改革试点工作的说明，随即全国人大常委会做出《关于授权最高人民法院在部分地区开展民事诉讼程序繁简分流改革试点工作的决定》，授权在包括厦门在内的全国15个省（区、市）的20个城市开展民事诉讼程序繁简分流改革试点工作。2020年1月15日，最高人民法院印发《民事诉讼程序繁简分流改革试点方案》和《民事诉讼程序繁简分流改革试点实施办法》，试点工作正式启动。改革的进程，超乎想象得快。紧随其后，福建省高级人民法院、厦门市中级人民法院先后召开贯彻落实会。1月21日，厦门中院召集两级法院相关人员，确定繁简分流改革的正式分工，成立包括五个既定改革项目和文书简化优化的六个实施细则起草小组，笔者牵头负责小额诉讼程序细则方案。经过一个礼拜加班加点的激烈讨论，1月31日，厦门法院繁简分流改革实施细则初步定稿。2月12日，中院召开审委会，听取各专项组召集人做改革操作规则汇报。2月17日，福建省高院通过改革试点工作分工方案；2月27日，厦门中院发布改革试点工作实施方案；2月28日，厦门法院民事诉讼程序繁简分流改革试点文件汇编编制完成……

一年多过去了，改革的推进蹄疾步稳！然而，理论研究并没有跟上实践探索的步伐。基层的首创经验需要总结，合理成分需要提炼，实践中不少问题需要理论的解答，特别是司法实务视角的民事诉讼程序繁简分流制度研究成果缺乏体系化的梳理。公众乃至法律界对民事诉讼程序繁简分流改革的了解不多，

致谢（代后记）

一定程度上影响了改革的推进。

本书的写作初心，正是为了填补这一空白。本书是一名基层人民法院审判一线法官的作品，是一部基于经济特区改革试点前沿的近两年的司法实践，反映司法机关审判观点的研究专著。二十余万字的篇幅，虽然不长，却是笔者在近年来直接参与的多个研究课题、办理的数千件民事诉讼案件、撰写的多篇论文基础上，系统思考与探索的结晶。

不经意间，笔者已经在法官这个工作岗位上工作了十余个年头。在厦门这片改革热土上，从民族路46号，到湖滨南路334号，再到鹭江道2号，变化的，是办公的场所和工作的环境；不变的，是自己对于法官这份职业无尽的热爱！

曾几何时，自己也是一名风华正茂的少年，转眼间，已是人到中年，儿女绕膝。岁月如流水，时光荏苒，青春不再，回望过往岁月，2008年从母校上海交通大学毕业以来，我很幸运，能够始终在这七尺审判台上，默默耕耘，无悔初心。

此时此刻，心中充满感激。感恩父母大人，含辛茹苦，育我成人。父母恩情，比天高，比海深！四十年来，多少件小事浮现脑海。犹记得年少轻狂，让父母生气，令父母失望。可怜天下父母心，养儿方知父母恩。这几年，经历了许多事情，特别是今年春节，父亲罹患重病，我一个人在医院陪护的那些日子，无尽的排队，手术室外自己惶恐无状，看着老父突然苍老消瘦的模样，竟无语凝噎……紧接着，又是母亲的眼疾，日复一日黄斑病变和飞蚊症的折磨，母亲不忍我操心，总是说自己没事，我也居然就相信了，痛悔自己的大意和粗心，儿时那么美丽的一双明眸啊，如今，连日常生活都有困难。有时候，夜深人静之时，真想大哭一场，伤心自己日日操劳，未能日日承欢膝下，煎熬自己的大意和不孝。感恩我的妻子，你对我的支持和鼓励，在我痛苦茫然之时，给我一个心灵的港湾；在我夜夜晚归，挑灯加班之时，照顾好家庭，让我无后顾之忧地坚持下去，完成本书的写作。感恩我的岳父、岳母，在我分身乏术之时，代我接送、教养子女，还有我最甜蜜的负担汤米和贝果，感谢你们给我带来的成长还有欢乐。这本小书，是爸爸给你们的成长礼物。请相信，你们的健康和茁壮成长，是爸爸内心最大的幸福和愿望。

感谢恩师上海交通大学郑成良教授、林良明教授、王鹭教授、刘英飞老师，在学校期间，你们教我知识，鼓励我求知。离开校园，你们依然默默地关心着我。饮水思源、爱国荣校，虽然离校日久，但母校的教诲，我始终未敢忘怀。感谢厦门大学吴旭阳副教授，为本书提供了不少观点启发，诸多指正。感谢厦门大学林秀芹教授、刘学敏教授、郑金雄教授，你们对我的帮助太多，我铭记在心。感谢厦门市法学会吴少鹰副会长，还有厦门市社科联潘少銮主席、庄志辉副主席，三位领导对年轻后辈的热情提携与无私帮助，让人感念于心，感谢李文泰老师的辛劳直接促成了这本小书的诞生。感谢厦门中院傅远平副院长、崔建华主任、刘旺俾主任、吴密菱主任、李隽主任、王欣欣副庭长、黄鸣鹤副主任、李婧法官、王帆法官助理，给我机会和动力开展研究，使本书的研究不与实际状况脱节，并有那么一点价值。感谢我的领导思明法院刘新平院长、孙晓岚副院长、李辉东专委、陈维生庭长，感谢王长安法官助理、杨婧书记员，还有厦门金融司法协同中心，特别是思明法院金融审判团队的亲爱的同事们，还有许多限于篇幅没有一一写出但也应诚挚感谢的领导、专家和朋友们，以及所有曾经关心、帮助和支持过我的人们，谢谢你们！正是你们的宽容、关心和支持，才为本书的诞生提供了可能。

　　谨以本书献给所有参与我生命的人，感谢你们！当然也要献给那个在办案和工作之余，抽出几乎全部个人时间写作，从不轻言放弃的自己。你辛苦了！

　　本书的完成，是一个阶段的结束，更是新的阶段的开始。虽然为了这本小书，笔者付出了大量的心血，但毕竟个人才疏学浅，资料掌握有限，写作持续时间长，内容难免有不当之处，章节之间的衔接可能不够紧密，基层一线的站位可能偏低，观点难免失之偏颇，对一些问题的批评可能过于尖锐，基于问题意识提出的解决方案可能脱离实际，并不可行，一些参考他人的部分也可能未能完全标注，在此一并向各位先进、同人致歉，希望读者们能够对笔者宽容以待，从字里行间体察作者的苦心。

　　子在川上曰，逝者如斯夫！一个人，最幸福的事情，莫过于能够择一业，终一生。欣逢盛世，希望自己能始终初心不改，珍惜在审判岗位的点滴时光，皓首穷经、滴水穿石、久久为功，把自己融入新时代的改革大潮之中，在国家推进法治中国的伟大征程中阔步前行，为中华民族的伟大复兴尽自己的绵薄之力。

林鸿　撰于厦门第一广场2705室
2021年9月12日